Marie van Klant
Die Angst ist ein Arschloch

Marie van Klant

Die **Angst** ist ein Arschloch

Brighton Verlag ®

1. Auflage Ober-Flörsheim April 2014

© Brighton Verlag, Ober-Flörsheim
www.brightonverlag.com
info@brightonverlag. com

Lektorat: R. Möller
Satz und Umschlaggestaltung:
Ernst Trümpelmann

ISBN 978-3-945033-35-7

Danksagungen:

Meiner lieben Tochter, meinen Psychologen und Therapeuten, dem Verlag und allen Freunden und Bekannten, die während dieser Zeit weiterhin an mich geglaubt haben und auch weiterhin zu mir stehen …
Dieses Buch widme ich meiner Tochter.

Vorab:

Es geht hier nicht um „normale" Angst, sondern um ANGST- und PA-NIKATTACKEN.

Es gibt Wege aus der Angst und aus der Panik. Ich hätte es nicht geglaubt. Es ist ein Teufelskreis, der uns schwer im Griff hat. Steige mit mir ein in eine Welt, die nur diejenigen verstehen werden, welche am eigenen Leib erlebt, und noch mehr in der Seele, gespürt haben, wie unberechenbar das Unterbewusstsein uns einholen kann. Angst und Panik haben Macht über uns, aber nur so lange, bis wir anfangen, sie zu verstehen.

Niemand sieht meine Angst …

Ich schminke mich. Niemand sieht meine Angst.
Ich gehe in ein Café. Niemand sieht meine Angst.
Meine Arbeit erledige ich fast perfekt. Niemand sieht meine Angst.
Ein Lachen, das fröhlich wirkt. Nur ich verstehe es. Niemand sieht meine Angst.
Das Einkaufen fällt mir schwer. Niemand sieht meine Angst.
Autofahren kann ich längst nicht mehr. Niemand sieht meine Angst.
Urlaub und Erholung? Das war einmal. Niemand sieht meine Angst.
Menschenmengen sind mir zuwider. Ich meide sie. Niemand sieht meine Angst.
Schlaflose Nächte. Niemand sieht meine Angst.
Ein Gefühl von „Durchdrehen" oder „Sterben". Niemand sieht meine Angst.
Innerlich aufgewühlt. Warum? Niemand sieht meine Angst.
Ich soll mich nicht so anstellen! Niemand sieht meine Angst.
Ich bin ein Angstpatient und mir fehlt die Kraft, es anderen zu erklären.
Denn …
„Niemand sieht meine Angst …"

© Marie van Klant

Vorwort:

Ein Buch!
Verständlich und ehrlich geschrieben!
Ich ziehe meine Seele aus, bis aufs Hemd.
Ich lasse mir in die Karten schauen. Das durfte bisher niemand.
Unverblümt und authentisch.
Peinlich, aber ok.
Erschreckend, ein klein wenig ironisch und mit vielleicht etwas eigenartigem Humor.
Aber, das bin „ich"!
Ich mag mich nicht für jemanden verstellen.
Nur so kommt dieses Buch zustande.
Seit ich 17 bin, quäle ich mich mit Angst- und Panikattacken herum.
Ich wusste nicht, was – rein sporadisch – immer mal wieder dieses fürchterliche Gefühl in mir auslöst: Symptome wie beim Herzinfarkt, Schlaganfall, Ohnmacht, bis hin zur Angst davor, eventuell verrückt zu werden oder zu sterben.
Bis vor ungefähr vier Jahren.
Heute bin ich 47 Jahre alt und ganztags berufstätig. Es geht mir, wie fast allen, mal gut, mal weniger gut. Aber ich weiß, dass ich rein organisch gesund bin. Ich habe eine Tortur von Arztbesuchen hinter mir. Und manchmal versucht die Angst mich heute noch zu überlisten, aber ich versuche mittlerweile stärker als sie zu sein.
Ich habe mich 2001 von meinem Mann getrennt und bin seit sechs Jahren geschieden. Meine 21-jährige Tochter, auf die ich sehr stolz bin, lebt seit einiger Zeit in den USA. Sie ist verheiratet und hat mich zur „stolzen" Oma gemacht. Eigentlich gab sie mir die Kraft, dieses Martyrium überhaupt so lange durchzustehen. Ich konnte, durfte und wollte mich ihr zuliebe nicht aufgeben.
ANGST und PANIK sind nicht einfach nur Worte! Was verbirgt sich dahinter??? Kann man diesem Teufelskreis wirklich entfliehen? Kann man ihn durchbrechen? Was machen Angst und Panik mit unserer Seele, unserem Körper und unserem Wohlbefinden? Ist damit ein normales Leben überhaupt noch möglich? Angst und Panik hauen selbst den stärksten Mann um, weil sie Macht über uns haben.
Ich möchte dich jetzt gern mitnehmen in diese eigene Welt. Lass dich

darauf ein und vielleicht siehst du dein Gegenüber dann mit anderen Augen. Nicht verrückt oder in irgendeiner Weise psychisch stark angeknackst, oder vielleicht sogar reif für die Klapsmühle! Nein, meistens intelligent und höchst sensibel. Auf irgendeine Art krank und doch nicht krank. Leute, wie du und ich!

Ein Tabu-Thema??? Vielleicht.

Fängt man an, sich mit diesem Thema zu beschäftigen und will man sich von Angst und Panik befreien, muss man bereit sein, sein Seelenleben preiszugeben. Das ist nicht immer einfach ist. Aber was hat man dadurch zu verlieren?

Du kannst nur gewinnen, wenn du dazu stehst und es zulässt, Hilfe anzunehmen.

Aber ich habe einen Trost: „Ich bin nicht allein mit meiner Angst." Halte auch du dir das immer vor Augen und du wirst feststellen, dass dir dieser Gedanke gut tut.

Der „Angstkäfig" war verschlossen. Er öffnet sich und bald werde ich wieder frei sein. Ich glaube ganz fest daran. „Glaube" versetzt bekanntlich „Berge" und „die Hoffnung stirbt zuletzt". Dafür bin ich bereit, einiges in meinen Leben zu ändern. Ich bin nicht nur bereit dazu, ich weiß, dass es sein muss, damit es mir besser geht.

Dieser Angstkäfig wurde irgendwann geöffnet. Naiv und vertrauensvoll setzte ich mich hinein, aber unbewusst. Ich saß darin fest und konnte mich nicht selbst befreien. Die Tür wurde für eine sehr lange Zeit verschlossen. Es brauchte eine Ewigkeit, bis sie wieder geöffnet wurde - ganz langsam nur, und Stück für Stück.

Nun möchte ich dich mit auf eine sonderbare Reise in meine Seele nehmen, was auch mir sicherlich nicht leicht fällt.

Steige ein und schnall dich fest! Ich nehme dich jetzt gern mit auf meine „Achterbahn der Gefühle" … das „Arschloch Angst" immer im Schlepptau … und von Panikattacken geschüttelt.

Begleite mich ein wenig auf meinem Weg durchs Leben. Hab keine Angst und fürchte dich nicht vor dem, was kommen wird! Es ist vorbei und es wird nie mehr so werden, wie es einmal war. Gib mir deine Hand und halte sie fest! Lasse deine Seele baumeln und höre mir zu! Wenn du dich schlecht fühlst, gib mir ein Zeichen! Dann machen wir eine Pause. Ich möchte nicht, dass es dir nicht gut geht, denn ich weiß, wie schlimm das ist oder sein kann. Komm, wir setzen uns auf eine Bank, irgendwo, wo es uns beiden gut geht. Ich erzähle und du hörst zu.

Beschreibe mich, bevor du mir zuhörst!

Ja, ich bin stark. Selbstverständlich habe ich mein Leben immer im Griff gehabt und niemand konnte mir je etwas anhaben. Ich sehe aus wie eine verwöhnte Göre. Immer ganz angenehm gestylt und einigermaßen gut gekleidet. Verbal kann ich gut austeilen. Probleme habe und hatte ich nie, und so weiter und so fort.

Toll, hört sich gut an! Trifft den Punkt aber nicht wirklich! So also würdest du mich einschätzen. Gut, das kann ich verstehen und kann damit umgehen.

Nun hör mir genau zu und dann sage mir anschließend, was du in mir siehst!

Solltest du bei meiner Geschichte an einen Punkt kommen, an dem sich Unwohlsein breitmacht, weil du dich ein wenig selbst erkennst, drücke in Gedanken meine Hand und ich streichle in Gedanken deine Seele. Ich nehme dich in den Arm. Weine dich aus! Ich tröste dich. Nimm dieses Angebot ungeniert an und frage nicht nach dem „Warum?"! Die Antworten wirst du selbst herausfinden. Wir schaffen das. Alles wird gut ... Ich wünsche dir viel Kraft.

Der Countdown läuft

Dezember 2004

Es war kurz vor Weihnachten. In der Firma war, wie immer um diese Jahreszeit, viel zu erledigen. Irgendwie eigenartig, aber ich dachte, ich würde das alles nicht schaffen und freute mich doch eigentlich auf meine zwei Wochen Urlaub. Diese innerliche Unruhe, mein Herz klopfte wie verrückt. Ich hatte das Gefühl, ich stände kurz vor einem Herzinfarkt. Der Stress fraß mich irgendwie auf. Durchfall und Dauerkopfschmerzen machten sich breit.

Endlich der lang ersehnte Weihnachtsurlaub! Ich brauchte noch einen schönen Tannenbaum. Wollte es mir und meiner Tochter ja schließlich zu Weihnachten so gemütlich machen wie möglich, wenn schon der Mann fehlte und die Verwandtschaft in ganz Deutschland verstreut war. Also wieder ein Weihnachten allein, zu zweit.

Der Mann, den ich kennenlernte und der mir auch sehr viel bedeutete, wollte Weihnachten lieber mit seinem einsamen Bruder verbringen. Auch das noch! Ich hatte mich so auf ein kleines Familienfest nach Jahren gefreut. Eine Abfuhr, die mich sehr traf.

Ich wollte einen besonders schönen Christbaum kaufen (es muss ja immer alles perfekt sein). Ich fuhr unzählige Stellen ab, weil mir alle Bäume zu hässlich oder zu teuer waren. Im Endeffekt kostete mich dieser Baum dann doch eine Stange Geld, da ich auf einem Baumarkt- Parkplatz vor lauter Stress einen Auffahrunfall verursachte. Zwei Stunden musste ich auf die Polizei warten, mich mit meinem Gegenüber herumärgern.

Ich wollte keinen „echten Tannenbaum" mehr!!! Nächstes Jahr gibt es einen „künstlichen Baum"!

Endlich hatte ich den tollen Baum erstanden, jedoch entpuppte er sich daheim als Oberkrücke. Meine Tochter und ich mussten sägen. Aber ohne Säge ist das ein Problem in einem Mutter- Tochter- Haushalt. Stimmt nicht, denn der Hund war männlich. Aber der konnte uns auch nicht helfen. Also, das überdimensionale Küchenmesser raus. Die Prozedur nahm ungehemmt ihren Lauf. Vom Stamm musste etwas weg. Was heißt etwas? Ganz schön viel sogar, denn in diesem alten Baumständer passte davon nicht so viel rein. Es roch nach Harz und die Finger klebten wie Vogelleim. Alles spielte sich im Wohnzimmer auf dem schönen Teppich, der mit Zeitungspapier ausgelegt war, ab. Die Äste, welche noch zuviel und zu breit waren, mussten irgendwie den „schönen Tannenbaum" verlassen. Wir, meine Tochter und ich, versuchten uns in Schnitzattacken. Wir schwitzten!

Ich wollte zu Weihnachten keinen „echten Baum" mehr!

Meine Tochter war nicht zu bremsen und schnitzte sich ins Bein. Die Hose war hin, Blut machte sich breit. Eine Freundin kam kurz zu Besuch. Sie amüsierte sich köstlich über unsere unbeholfenen Versuche, diesen störrischen Tannenbaum irgendwie zu bezwingen. Sie half uns mit einem besseren Küchenmesser aus. Ich glaube, wir wollten nun alle keinen „echten Tannenbaum" mehr. Der Teppich war auch etwas von unserer Küchenmesserattacke mitgenommen.

Ich musste noch den Baum schmücken. Die Wohnung musste ebenfalls geputzt werden. Am nächsten Tag, Heiligabend, sollte es Entenbraten, Rotkohl und Klöße geben.

Stress!

Warum, um Himmels willen, tut man sich so etwas nur jedes Jahr wieder an? Fröhliche Weihnachten - na, ich weiß nicht.

Der Stress machte sich immer mehr bemerkbar. Aber ich war nicht zu bremsen. Es ging mir nicht gut. Ich fuhr meine Schiene ungebremst weiter, merkte aber innerlich, dass ich gar nichts auf die Reihe bekam. Alles war mir irgendwie zuviel. Ich war ständig müde und musste mich ausruhen. Ich hatte das Gefühl, ich konnte das alles nicht mehr regeln. Der Haushalt, die Tochter, ein Hund und dann zu allem Übel auch noch Weihnachten fast allein. Als Möchtegern- Perfektionistin für mich fast undenkbar. Das schlechte Gewissen überkam mich und ließ mich nicht mehr los.

Ich konnte diesen Gedanken ans Alleinsein nicht ertragen, und das Alleinsein erst recht nicht.

Und dazu das ständige Grübeln: Mache ich alles richtig? Was mache ich falsch???

Ich fühlte mich wie ein seelisches und körperliches Wrack. Meine Gedanken kreisten und ließen mich nicht mehr los. Ich fühlte mich krank und leer. Äußerlich ließ ich mir das nicht anmerken, da ich ja eine starke Frau war, die ihr Leben meisterte. Immer gut drauf ... Beruf, Haushalt, Kind, Hund. Hat bis jetzt ja auch immer funktioniert. Aber irgendetwas brodelte in mir. Was war los???

Ich konnte die Zeichen, die mir Körper und Seele gaben und mich förmlich anschrien, ihnen irgendwie zu helfen, nicht interpretieren. Die Zeit fehlte mir einfach, mich mit mir und meinen eigenartigen Symptomen zu beschäftigen.

Als sehr lebenslustiger, fröhlicher Mensch machte ich mir Sorgen um meiner selbst. Das Essen schmeckte nicht mehr wie immer. Ich war nicht so gut drauf wie immer. Das Lachen fiel mir schwer - und immer wieder dieser unangenehme Gedanke ans Alleinsein. Er rückte immer mehr in den Vordergrund. Ich versuchte ständig, diesen Gedanken zu verdrängen, wie so viele andere negative. Ich stellte sie lieber irgendwo ab. Es war für mich einfacher, nicht darüber nachzudenken, sonst könnten vielleicht Probleme auftauchen, die ich nicht gebrauchen konnte und für die ich überhaupt keine Zeit hatte. Ich mochte mich nicht damit beschäftigen. Das löste Unwohlsein in mir aus. Das ist heute noch so, aber in abgeschwächter und veränderter Form.

Die Probleme ließen sich auf Dauer jedoch leider nicht verdrängen. Was war nur los mit mir?

Ich hatte das Weihnachtsfest mehr schlecht als recht über die Bühne gebracht und war völlig ausgelaugt. Der Durchfall und die innerliche Unruhe brachten mich an einen Punkt, an dem fast nichts mehr ging.

Das Schlimmste war, ich hatte nach acht Jahren Abstinenz wieder angefangen zu rauchen. Mir bekamen die Zigaretten nicht. Ich fühlte mich jedes Mal ganz schlecht. Der Kreislauf fing an zu spinnen: Zittern, Herzklopfen, der ständige Durchfall und das schlechte Gewissen! Ich verstand das alles überhaupt nicht und zog meinen Stiefel weiter durch. Ich war eigentlich schon am obersten Limit angelangt. Oberkante Unterlippe! Es war mir egal.

Der Weihnachtsurlaub war vorbei. Der erste Tag danach, auf der Arbeit, machte mich völlig platt. Ich ging im Anschluss des Feierabends zur Hausärztin, völlig ausgelaugt, saft- und kraftlos. Sie schrieb mich erst einmal für zwei Tage wegen des Durchfalls krank.

Ich hatte immer noch diese innere Unruhe in mir. Die Achterbahn begann sich langsam in Bewegung zu setzen. Ich war nicht schwindelfrei, verstand das jedoch zu dieser Zeit nicht. Gedanken machten sich immer mehr breit. Ich wollte mich einfach nicht mit ihnen beschäftigen. In meinem Kopf lief alles durcheinander. Es entstand Chaos in meinem Gehirn.

Der „Super- Gau" …

Meine Tochter fuhr morgens gegen 7.00 Uhr zu ihrer Ausbildungsstätte. Ich war mit dem Hund allein zu Hause.

Ich wusste, dass eine Freundin noch die ganze Woche Urlaub hatte und auch zu Hause war. Das Frühstück hatte ich hinter mir. In mir war das Gefühl der Leere und des Krankseins.

Ich stand in der Küche am Fenster und zündete mir eine Zigarette an - versuchte sie zu genießen. Obwohl sie mir nicht bekam, ich wusste es, nahm ich zwei bis drei Züge …

Urplötzlich, in Bruchteilen von Sekunden, fing ich an zu zittern. Mir wurde schwarz vor den Augen. Ich hatte das Gefühl, umzufallen. Schwindel vom Allerfeinsten holte mich in einem Tempo ein, dass ich überhaupt nicht zum Überlegen kam. In meinen Adern stockte das Blut. Ich war blutleer, konnte nicht mehr richtig denken. Mein Mund wurde ganz trocken, mein Herz überschlug sich ständig. Ich hatte Angst, den Boden unter den Füßen zu verlieren. Mein Verstand setzte irgendwie aus. Ich sah Nebel und dachte nur noch: Jetzt ist er da, der Herzinfarkt von den Zigaretten!

Ich wollte hier raus!!!! Wohin? Ich musste hier weg. Ich brauchte schnellstens Hilfe!!!! Im Affenzahn schnappte ich mir das Mobil- Telefon. Das alles spielte sich in einem Zeitraum ab, den ich nicht richtig beschreiben kann. Es waren nur Bruchteile von Sekunden. Ich hatte das zwingende Gefühl, ich müsse alles auf einmal machen und schaffe es aber nicht. Die Luft wurde eng, als ich versuchte, irgendwie unwirklich zum Fahrstuhl zu rennen. Weg, weg, weg … Ich konnte kaum noch atmen und mein Herz sprintete. Der ganze Körper war auf Alarmbereitschaft für diesen Herzinfarkt. Ich musste zwei Etagen tiefer mit dem Fahrstuhl fahren. Meine Freundin sollte helfen und einen Arzt rufen. Ich schaffte es nicht, die Treppen zu gehen. Ich fiel fast um. Mir war, als ob der Fahrstuhl Ewigkeiten brauchte, bis er endlich auf unserer Etage hielt. Ich hielt mich an der Wand fest, um nicht umzufallen. Mit letzter Kraft versuchte ich meine Freundin anzurufen, schaffte es auch und schrie nur noch in das Telefon: „Mach die Tür auf! Mach die Tür auf!!!"

Sie kam zum Fahrstuhl und war fürchterlich erschrocken, wie sie mich in meinem Zustand sah. Weiß, wie eine Wand. Ich konnte kaum reden. Mein Mund war trocken, als hätte mir jemand eine Tüte Mehl hineingestreut. Von Speichel keine Spur. Das Reden fiel mir schwer. Der

Brustkorb zog sich zusammen, dass mir das Atmen schwer fiel. Ich kam mir vor wie ein Fisch, der an Land gezogen wurde, und schnappte nach Luft. Zum Gehen war ich fast zu schwach. Alles in mir brodelte.

Das Sofa, ich legte mich erst einmal dort hin. Meine Freundin stellte mir Fragen. Ich konnte immer nur antworten: „Ich habe einen Herzinfarkt." Sie wollte den Notarzt rufen.

Nein, nein, bloß keinen Notarzt! Ich dachte, ich würde sowieso gleich sterben. Ich war kein Mensch mehr, nur eine erbärmliche Kreatur. Ich hatte panische Angst vor dem, was in mir vorging und was vielleicht noch kommen würde, und dass alles noch schlimmer kommen könnte. Aber schlimmer konnte es nicht mehr kommen, dachte ich jedenfalls. Der totale Zusammenbruch und nichts ahnend, dass es dann doch noch schlimmer kam.

Der gleiche Tag …

Mittlerweile hatte ich mich ein wenig gefangen, war aber schlapp, müde, mein Herz klopfte. Meine Tochter kam gegen 13.00 Uhr von der Arbeit nach Hause. Es war Mittwoch und sie musste nicht bis abends arbeiten. Ich war immer noch bei meiner Freundin. Sie rief meine Tochter an. Wir fuhren mit dem Fahrstuhl auf unsere Etage und gingen wieder in die Wohnung. Ich hatte kein gutes Gefühl. Angst, Angst, Angst! Was war das? Was ist da mit mir passiert? Ich versuchte, etwas zu essen. Nichts schmeckte mir. Ich hatte keinen Appetit. Das Herz beruhigte sich kaum. Ich legte mich aufs Sofa, um mich von dem Erlebten ein wenig auszuruhen. Meine Tochter saß ebenfalls im Wohnzimmer und sah fern. Es vergingen Minuten, bis dieser Horror von vorn begann.

Ich sah den Tod vor mir und wollte nicht schon wieder an irgendetwas Kontrolle über meinen Körper und meinen Geist abgeben müssen. Die nächste Fahrt stand an!

Mir wurde ganz mulmig. Sehstörungen, Mundtrockenheit, Herzjagen, Panik vor dem, was jetzt anstand. Ich sprang vom Sofa auf. Meine Tochter wollte einen Arzt rufen. Ich schämte mich unendlich vor meiner Tochter, dass sie mich so schwach erleben musste. Wie konnte ich ihr so etwas nur antun? Das gleiche Spiel begann von vorn, nur noch heftiger. Ich dachte, mein Herz würde das alles nicht mehr schaffen.

Wieder runter zur Freundin. Auch sie hatte jetzt Angst, dass ich sterbe. Sie sollte den Notarzt rufen, wusste aber nicht, wo. Sie blätterte irgendwie unbeholfen im Telefonbuch herum. Mir fiel die Feuerwehr ein. „Ruf die Feuerwehr an! Schnell!" Ich starb fast. Mir war hundeelend. Ich sah aus, als würde ich aus einer Geisterbahn kommen. Die Angst stand mir nun im Gesicht geschrieben. Angst davor, zu sterben! Ich war völlig am Boden zerstört und kämpfte um mein Leben wie eine Löwin um ihr Junges. Ich hatte Angst, dass es mir nicht gelingen würde. Ich wollte noch nicht sterben. Nicht jetzt und nicht hier!

Diesen Zustand wünscht man seinem ärgsten Feind nicht!

Ich konnte nicht aufstehen. Aber meine Freundin hatte Angst, dass ich in ihrer Wohnung sterbe. Sie schleppte mich zum Fahrstuhl. Oh Gott! Jetzt musste ich wieder an den Ort, wo es mich heute bereits zweimal erwischt hatte. Ich hielt es kaum aus und hatte keine Kraft mehr. Aus lauter Angst hyperventilierte ich in eine Plastiktüte. Irgendwie auf dem Sofa angekommen, hörte ich das Geräusch vom Notarztwagen. Dieser markerschütternde Ton hatte mir bisher immer Angst gemacht. Aber jetzt war ich froh, dass Hilfe kam. Egal, von wem und egal, wie!

Drei Sanitäter kamen freundlich auf mich zu und fragten mich aus. Sie nervten mich. Sauerstoff in die Nase. Es brannte. Blutdruck sehr hoch, Puls ebenfalls. Mein Verdacht: Unterzuckert? Warum? Darauf komme ich später zurück. Es bestätigte sich nicht. EKG - kein besonderer Befund. Die Männer schlugen vor, dass ich mit in die Klinik fahre, um einen Hinterwandinfarkt auszuschließen. Wieder Angst. Was? Ich ins Krankenhaus? Das ging gar nicht! Ich wurde doch hier gebraucht. Der Haushalt musste gemacht werden, und ich konnte doch meine 16- jährige Tochter unmöglich allein mit dem Hund lassen. Was sollte denn aus ihnen werden, wenn ich nicht da war? Oder noch schlimmer, wenn es etwas Ernsthaftes wäre? Es musste ja ernsthaft sein, bei den Symptomen …

Sie überredeten mich irgendwie doch, mit in die Klinik zu fahren. Mein Deal: Ich wollte aber am gleichen Abend wieder zu Hause sein. Unrealistisch - ich weiß. Ich durfte mir die Klinik aussuchen. Also, ich - wie eine 90- jährige - mit den drei jungen Männern zum Fahrstuhl und ab in den Krankenwagen. Wieder ein EKG bis zur Klinik. Auf der Fahrt ins Krankenhaus ging es mir ein wenig besser. Ich wollte zurück nach Hause - durfte aber noch nicht. In der Notaufnahme der Klinik angekommen, wollte ich von der Liege aufstehen - durfte ich aber nicht. Das war nichts für mich, so abhängig zu sein und auch noch Hilfe anzunehmen. Ich schämte mich und es war mir äußerst peinlich.

Die Schwestern in der Notaufnahme begrüßten mich. Na toll! Eine Bekannte, die als Krankenschwester auf der Station arbeitete. Das baute mich auf. Ein Riesen- Hallo, wir frotzelten herum und kicherten. Die Sanitäter schauten sich an und verstanden mich offensichtlich nicht. Eben noch am Sterben und jetzt der Clown. Ich wurde mit der Liege in ein Zimmer geschoben und durfte mir ein Bett aussuchen, was ich doch aber gar nicht wollte. Ich mochte das alles nicht und merkte, wie ich mich innerlich sträubte. Hoffentlich war ich hier bald wieder raus, am liebsten gleich.

Ich musste zur Toilette, wollte mich aber stark zeigen. Die Krankenschwestern fragten mich, ob ich Hilfe bräuchte. Quatsch, alles kein Problem für mich! Von wegen. Klar würde ich das allein schaffen. Mein Körper war jedoch völlig schwach. Ich dachte, ich müsste gleich zusammenbrechen. Mir war schwindelig.

Nur keine Schwäche zeigen! Sonst würde ich vielleicht heute nicht mehr rauskommen. Rein ins Zimmer und schon waren die Krankenschwestern da. Ich musste so ein „niedliches Nachthemd" anziehen, was hinten offen ist, und wo man den Po sieht, wenn die Bettdecke verrutscht. Na, das fehlte mir gerade noch. Und daheim lagen die Negligés im Schrank. Ich stellte fest, dass meine Eitelkeit auch in den schwierigsten Phasen meines Daseins zu mir stand und dachte: Hoffentlich sehe ich jetzt nicht ganz runtergekommen aus? Es waren schließlich noch mehr Betten in diesem Zimmer, die heute sicher nicht leer bleiben würden. Ich war müde, traute mich aber nicht einzuschlafen. Ich hatte ja dieses Nachthemd an und die Bettdecke könnte verrutschen und - ich bin Seitenschläfer. Meine Schminke war total außer Kontrolle geraten. Ich schämte mich ins Bodenlose. Ich hatte meine Maske verloren. Seit Jahren setzte ich sie täglich auf, um meine Stärke nach außen zu zeigen. Ohne sie sah ich krank und leer aus.

Ich war krank und leer.

Es ging los. Blutdruck messen, EKG, Kanüle legen für Blutentnahme. „Warum sind Sie hier? Hatten Sie das schon mal?" Ärzte belagerten das Zimmer, standen vor meinem Bett und fragten mir Löcher in den Bauch. Schilddrüse, Wechseljahre? Der Blutbefund musste erst da sein. Das EKG lief und lief. Der erste Blutbefund ergab keine Besonderheiten und auch das EKG zeigte keinen Hinterwand- Infarkt an. Auch die nächsten Blutbefunde, die sofort in regelmäßigen Abständen kontrolliert wurden, waren unbedenklich. Puls und Blutdruck wollten nicht so recht dahin, wo sie eigentlich hin sollten. Aber auch das alles war nicht weiter beängstigend.

Aber was war das denn? War ich etwa ein Hypochonder?

Ein junger Arzt kam zu mir. Er stellte mir Fragen, Fragen, Fragen. Mir fiel etwas ein. Ich hatte das eigentlich schon oft, nur in abgewandelter und schwächerer Form. Mein Gehirn musste erst einmal Parallelen dahingehend ziehen. Ich hatte im Kopf, dass ich mir so eine Panikattacke am obersten Limit vorstellen könnte. War es das tatsächlich? Ich hatte zwar schon davon gehört, aber mir nie irgendwelche Gedanken darüber gemacht. Ein Verdacht machte sich in mir breit. Ich lief seit Jahren mit Angst- und Panikattacken herum und wusste es nicht. Weder ich, noch irgendein Arzt wussten, was mir wirklich fehlte. Hatte ich mit meiner Vermutung recht?

Meschugge, balla- balla, trallala, hopsasa? Total verblödet, doof, verrückt oder wat denn nu?

Mein Seelenleben hatte mich nie richtig interessiert. Jedenfalls nicht diese Art und Weise. Wem sollte ich auch meinen geistigen Müll aufschwatzen. Es war niemand da. Keine Fragen, keine Antworten! Es versuchte einmal jemand, an der Oberfläche herumzukratzen, aber ich ließ es nicht zu, weil ich Angst davor hatte, mir damit wehzutun. Ich hatte zu dieser Zeit jedoch nicht begriffen, was da so alles in meinem Kopf rumorte. Ich wollte nicht wahrhaben, dass ich ein Mensch war, der voller Probleme steckte, bis zu diesem Zeitpunkt. Mein Kopf sagte mir: Du musst etwas tun.

Aber was?

Dieser junge Arzt fragte mich, ob ich damit einverstanden wäre, wenn später eine Psychologin aus der Klinik bei mir vorbeischauen würde.

Klick … Waaas, eine Psychologin? Was soll ich denn damit? Bei mir war doch bisher alles ok. Was soll das? War ich etwa ein Fall für die Klapse? Aber ich hatte einen Arzt vor mir. Was, wenn ich wirklich reif für die Insel war? Mir schossen tausend Gedanken durch den Kopf. Was wollte diese Psychologin von mir? Wieder machte sich Angst breit. Und Fragen über Fragen. Sie wollen mich sicher mit Medikamenten ruhig stellen oder mir was einreden, schoss es mir durch den Kopf. Ich war nicht direkt verblödet, aber meine Gedanken darüber machten mir schon wieder Angst. Ich hatte sie nicht mehr wirklich unter Kontrolle.

Ich ließ mich darauf ein. Zum Glück war ja wenigstens mein Herz in Ordnung. Was konnte mir passieren, wenn ich mich mit einer Psychologin unterhalten würde? Es ging mir nicht gut. Und irgendwie war ich froh, dass mir jemand helfen wollte. Aber ging das überhaupt?

Sie war da. Was würde sie mich fragen? Was wollte sie wissen? Was wollte sie überhaupt von mir? Angst und Herzklopfen bahnten sich wieder ihren Weg.

Wider Erwarten war sie sehr nett und wirkte sehr beruhigend auf mich. Ich vertraute ihr. Einfach beneidenswert, ihre ruhige Art. Ich hätte gern etwas davon.

Ihre Fragen mochte ich aber nicht. Sie taten mir weh und die Antworten noch mehr. Kindheit, Beziehung, Eltern, Geschwister, aua, aua …

Da ich manchmal ein braves Mädchen bin, beantwortete ich diese unangenehmen Fragen. obwohl sich mein Innerstes sehr dagegen sträubte. Es war verletzend und teilweise äußerst peinlich. Aber ich merkte immer mehr, dass jemand die bereits leicht angekratzte Oberfläche durchdrang.

Was sollten diese Fragen? Warum fragte sie mich nach meinem bisherigen Leben so aus? Warum ging sie mit ihren Fragen in einen Bereich, wo niemand etwas zu suchen hatte? Nur ich durfte diesen Bereich betreten. Klar, es war nie einfach für mich, aber ich habe mich nie darum geschert. Bin doch meinen Weg gegangen. Habe immer versucht, das Beste daraus zu machen. Aber woraus eigentlich?

Habe eine nicht so schöne Kindheit hinter mir. Kannte ich aber nicht anders. Eltern geschieden. Einen Vater, der sich nicht um uns Kinder kümmerte. Mutter verstorben, als ich 15 war.

Ich hatte sieben Jahre lang einen Freund, der gesoffen, mich geprügelt und vergewaltigt hat. Einen Ehemann, der nie zu mir stand und mir täglich seine Probleme aufs Auge drückte. Für meine Probleme war nie Zeit oder Platz.

Beziehungen, die eigentlich keine waren.

Und Freunde? Na ja …

Aber später mehr darüber.

Mir ging es doch gut, dachte ich zumindest. Immer gut drauf, ein Lächeln und Pfeifen auf den Lippen. Lebenslustig und das Leben noch in vollen Zügen genießend.

Migräne, Rückenprobleme, Schmerzen, Durchfall waren da. Hat ja fast jeder. Habe nie weiter darüber nachgedacht. Höchstwahrscheinlich Hilferufe meines Körpers, mein Leben endlich mal zu ändern. Ich habe sie nicht verstanden. Angst- und Panikattacken waren lange schon meine Wegbegleiter. Ich konnte sie nicht zuordnen.

Die Achterbahn hatte längst ihre Fahrt aufgenommen. Die zwei Teufel „Angst und Panik" haben sich in mein Leben gedrängt. Ganz hinterlistig. Ich habe es nicht bemerkt! Immer schön weiter funktionieren. Klappte ja auch irgendwie.

Die Psychologin fragte mich, ob ich mir vorstellen könnte, mich in Behandlung bei einem von mir ausgewählten Psychologen zu begeben. Das könnte man heilen.

Klick … Was soll das? War ich unheilbar und psychisch krank? Ich muss doch in die Klapper. Außerdem, was kann man heilen? Was sollte ich denn bei einem Psychologen, bitteschön? Wie sollte ich diese Frage verstehen?

Ich konnte meine Gedanken einfach nicht mehr ordnen. Sie waren wirr und durcheinander. Ich wollte doch nur, dass es mir wieder besser geht. So ein Mist! Ich wollte nach Hause und wieder zur Arbeit gehen, wie immer! Ich wollte diese zwei Teufel loswerden. Sie taten mir nicht gut. Irgendwie musste ich sie aber besiegen. Nur wie? Ich wusste doch gar nicht, dass sie in mir schlummerten und sich nur ab und zu bemerkbar machten, ganz, ganz hinterlistig.

Mir blieb nichts anderes übrig! Ich musste anfangen, mich Problemen zu stellen, von denen ich auch nicht wusste, dass sie mich begleiten und irgendwann einholen werden. Irgendwo vergraben, aber wo? Und was für Probleme waren das? Ich hatte keine Ahnung. Durch das ständige Verdrängen wusste ich wenig von ihnen, da ich mich nicht mit ihnen beschäftigt hatte.

Knicken, lochen, abheften. Das war bisher für mich einfacher.

In meinem Kopf begann alles zu arbeiten. Gedanken schossen wie Blitze umher. Ich musste das alles irgendwie sortieren. Nur wie und wonach? Meine Gedanken spielten verrückt. Es war die Achterbahn, die ich zum Stillstand zwingen musste. Sie war äußerst kompliziert. Hilfe, ich hatte doch keine Bedienungsanweisung! Ich brauchte eine, ganz dringend. Nur so konnte ich sie bezwingen. Wie konnte ich dieses Monster nur stoppen?

Ich war mir aber immer noch nicht im Klaren darüber, was diesen

Crash ausgelöst hatte und was im Moment mit mir passierte. Ich hatte es noch nicht begriffen. Vielleicht konnte ich es ansatzweise einschätzen, aber die Zusammenhänge fehlten mir. Was war es was mich nur so aus der Bahn werfen und mein ganzes Leben so plötzlich umkrempeln konnte? Ich versuchte, mich dagegen zu wehren, schaffte es aber nicht allein. Es ging mir nicht mehr so gut, wie vorher. Ich wusste nicht, ob es jemals wieder so sein würde, wie vorher.

Je mehr ich mich gegen dieses Arschloch wehrte, desto mehr hatte es mich im Griff. Aber bis dato wusste ich das nicht. Es bekam meine Aufmerksamkeit und spielte mit mir ein ganz übles Spiel.

Ich ließ mich auf den Vorschlag der Psychologin ein, wusste aber keinesfalls, was mich erwarten würde. Es war mir peinlich. Ich bekam in der Klinik einen Betablocker, da Puls und Blutdruck noch nicht am Ziel angekommen waren. Aber ich durfte abends nach Hause, jedoch unter der Voraussetzung, mich am anderen Tag bei meiner Hausärztin zu melden.

Endlich war ich zu Hause. In mir steckte ein Gefühl von Angst, das mich nicht mehr verlassen wollte. Unwohlsein, Angst vor der Angst, Angst am laufenden Band. Ich wusste nicht, dass dies Angst war. Ich war unfähig, diese Gefühle zuzuordnen. In welchem Raum sollte ich mich daheim aufhalten, um dieses eklige und äußerst unangenehme Gefühl von innerer Unruhe loszuwerden? Ich wusste es nicht! „Arschloch Angst" begleitete mich ab jetzt auf Schritt und Tritt.

Am nächsten Tag wollte ich zur Hausärztin fahren. In der Wohnung hatte ich ein ständiges Unwohlsein in mir. Ich wollte die Wohnung verlassen. Die Angst wurde immer stärker und überkam mich wieder, aber in abgewandelter Form. Jetzt war es Angst, Angst, Angst und Panik. Aber wovor eigentlich? Ich hatte keine Ahnung. Ich wusste nicht, was Körper und Seele in mir abspulten.

Mit dem Fahrstuhl musste ich in die Tiefgarage fahren. Eigentlich hatte ich auch Angst davor, die Wohnung zu verlassen. Ich wusste nicht mehr ein noch aus. Wo war mein Handy, wenn ich Hilfe benötigen würde? Ah, in der Tasche. Mein Körper zitterte. Wie sollte ich jetzt Auto fahren? Ich fand ja kaum das Schlüsselloch, so bebte alles in mir. Ich musste schnell zum Arzt. Angst, Angst, Angst! Was war nur mit mir los? Ich verstand das nicht und steigerte mich da hinein. Ich setzte mich ins Auto und fuhr mit 10 km/h durch die Ortschaft, um keinen Unfall zu provozieren. Wenn ich jetzt sterben würde, tat es vielleicht nicht so weh, als wenn ich schnell fuhr. Zum Glück waren auf dieser Strecke nur 30 km/h vorgeschrieben. Ich hatte vor lauter Angst und Zittern das Auto kaum unter Kontrolle. Ich musste aber fahren, da ich zu schwach zum Laufen war und Angst hatte, umzufallen. Sehstörungen, Schwindel, Mundtrockenheit, Zittern und, und, und. Alles in mir war seit den Attacken außer Kontrolle. Ich hatte es einfach nicht geschafft, das allein zu regeln. Immer wieder kam die Wut in mir darüber, dass es etwas gab, was mich wie eine Zwangsjacke gefesselt festhielt.

Endlich war ich bei meiner Hausärztin angekommen und erleichtert, dass ich es bis zu ihr geschafft hatte. Hier war ich sicher. Wenn mir etwas passieren würde, hätte ich gleich Hilfe. Ein beruhigender Gedanke! Aber die Angst schlummerte weiter in mir. Sie war wie ein böses Kind, das in den schwierigsten Phasen der Pubertät angekommen war. Ich hatte dieses Kind nicht gewollt, es aber großgezogen. Und jetzt bekam ich die Quittung, doppelt und dreifach. Dieses ungewollte Kind war sehr anhänglich, aber es benahm sich unmöglich. Es tanzte mir längst auf der Nase herum, und ich tanzte schön nach seiner Pfeife. Ich war sein großer Spielplatz, wo es sich tummeln und austoben konnte, wie es ihm gefiel. Die Pubertät sollte irgendwann vorbeigehen. Aber es dauerte seine Zeit.

Der Hausärztin erzählte ich von meinem Super- Kracher am Tag vorher. Es wurde spekuliert. Schilddrüse, das Herz, Wechseljahre? Ich ließ mir eine Überweisung für die Psychosomatik der Klinik ausstellen. Diese Überweisung forderte ich sehr widerwillig an, da ich immer noch nicht begriff, dass ich unter Panikattacken und Angststörungen litt.

Meine Gedanken: „So, jetzt ist es soweit! Ich muss zum Psychiater und mich aufs Sofa legen." Wieder spukten Gedanken in meinem Kopf herum. Oh Mann, jetzt hatten sie mich! „Ich muss sicher in die Geschlossene. Die Klapsmühle erwartet mich. Dort werde ich mit Medikamenten vollgestopft. Ich bin jetzt ein Versuchskaninchen der Sonderklasse."

Diese konfusen Gedanken waren nicht zu bremsen. Dabei wollte ich doch einfach nur, dass sie endlich aufhörten, mich zu quälen. Ich konnte keine Lebensfreude mehr empfinden. Alles war leer, dumpf und unübersichtlich. Die Angst ist ein „Arschloch"! Ich wollte mich doch gar nicht mehr mit „Arschlöchern" abgeben. Das hatte ich doch mittlerweile gelernt. Ich brauchte sie nicht. Aber ich konnte sie nicht abschütteln.

Sie klebte an mir wie Pech. Und sie saß fest, gaaanz tief in meinem Inneren, viel zu tief. Ich hatte sie nur nicht erkannt, denn sie hatte sich gut verkleidet. Wenn sie nichts Gutes konnte, das jedoch funktionierte hervorragend. Sie hatte mit mir eine Freundschaft geschlossen, aber leider einseitig und immer zu ihren Gunsten. Ich war ihr Zuhause und sie hatte in mir ihr Wohlfühlklima gefunden. Ihr Versuch, sich zu vermehren, war ihr auch gut gelungen. Angeklopft hatte sie bereits öfter. Ich hatte sie nicht hereingelassen. Aber irgendwann hatte sie es geschafft, ihren Fuß in die Tür zu setzen. Ab diesem Zeitpunkt war sie immer stärker geworden und hatte es ausgenutzt, mir ihre Überlegenheit zu präsentieren. Und das vom Feinsten! Gelernt ist gelernt! Sie wollte mit mir einen Pakt eingehen, aber ich wollte nicht! Ich musste diesen verdammten Teufel loswerden, mit welchen Mitteln auch immer! Sonst würde ich mein Leben nicht mehr in den Griff bekommen. Sie hatte sich einfach mit mir in die Achterbahn gesetzt und bestimmte den Zeitpunkt von Höhen, Tiefen und Geschwindigkeit. Die Angst machte sich einen Spaß und spielte mit mir nach Lust und Laune Jo- Jo. Sie war echt gut drauf, im Gegensatz zu mir. Sie hatte mich in die Ecke gedrängt. Ich musste mich von ihr befreien. Aber wie???

Die Hausärztin verschrieb mir Betablocker. Niedrig dosiert, morgens eine halbe Pille. Ich erhielt Überweisungen, um eine ernsthafte Krankheit auszuschließen. Und die Überweisung für die Psychosomatik. Ich traute mich nicht zu fragen, was das ist. War für mich alles Eintopf ... Psychologie, Psychosomatik. Erst später habe ich erfahren, worin der Unterschied liegt. Auf alle Fälle habe ich gedacht, ich wäre nicht mehr ganz knusper. Mensch, und das in meinem Alter! Ich wollte arbeiten gehen, aber ich konnte nicht! Die Angst steckte mir in den Gliedern. Sie machte mich schwach. Ich dachte, dass ich unheilbar krank bin. Allein schon dieser Gedanke machte mich hilflos.

Ich fuhr also prompt mit meiner mir gerade aufgedrückten Überweisung in die Psychosomatik. Allein die Fahrt mit dem Auto dorthin war für mich katastrophal. Zum Glück war die Psychosomatik nicht so weit entfernt und lag im Ort. Ich musste einen Parkplatz nehmen, der vielleicht 300 Meter von der Klinik entfernt war. Der Weg wurde für mich zur Qual. Fast unfähig vor Schwäche zu gehen, musste ich mich an einer Wand festhalten, da alles in mir zitterte. Ich wollte umkehren, weil ich Angst hatte, dass ich zusammenbreche. Mein Herz überschlug sich.

Die Zitteranfälle verließen mich nicht. Mein Mund war trocken. Ich konnte kaum atmen. Mir war kalt und heiß zugleich. Ich musste aber die Überweisung abgeben. Es war dringend, sonst würde ich durchdrehen. Endlich angekommen, sagte man mir: „Sie werden angerufen, wenn ein Termin frei ist." Was sollte das denn jetzt bitte schön? Ich war ein Notfall! Ich brauchte Rettung! Jetzt! Aber es vergingen Wochen, bis man mich da raus holte. Ich war in einem Zustand angelangt, der fast nicht mehr lebenswert war.

Die Wohnung war nicht mehr mein Zuhause. Sie war die Hölle! Ich hatte nur noch Angst. Vor allem - vor dem Schlafzimmer, der Küche, dem Wohnzimmer. Ich hatte sogar Angst davor, ins Bad zu gehen. Mir blieb aber nichts anderes übrig. Immer Angst! Heute weiß ich, es war ANGST VOR DER ANGST!

Es hatte mich in der Wohnung erwischt und es könnte mich ja jetzt überall so extrem überkommen. Ich war nicht mehr ich. Um meine Angst loszuwerden, telefonierte ich wie ein Weltmeister, um mich abzulenken. Wenn ich telefonierte, ging es mir besser. Ein wenig jedenfalls. Aber danach war dieses mulmige Gefühl wieder stärker. Ich besuchte Freunde, einfach nur um mich abzulenken. Immer noch nicht wissend, was das wirklich war, was mich da befallen hatte.

Was war es nur, was dieses Gefühl in mir auslöste? Was war es, was mich so schwach werden ließ? Was drängte sich da in meinen Alltag und in mein Leben, in meine Seele? Ich wollte das nicht haben! Es sollte weg, verschwinden! Ich wollte wieder so sein wie vorher. Fröhlich, lustig, immer für einen Scherz zu haben. Ich wollte wieder lachen und lästern können, frotzeln und pfeifen. Selbst Musik konnte mich nicht ablenken. Kein Fernseher. Einfach nichts.

Hatte ich zu allem Übel auch noch Depressionen?

Ich schleppte mich mit dieser Angst herum, wochenlang. In meinem Schlafzimmer konnte ich nicht mehr schlafen. Dort wachte ich nachts schweißgebadet vor Angst auf. Ich war ihr Sklave. Seelenfeudalismus in perfektester Form. Ich lag auf dem Sofa und schaute gemütlich fern, soweit dies überhaupt möglich war. Urplötzlich bekam ich Sehstörungen. Alles war verschwommen. Mein Herz fing an zu rasen. Die Angst war mein Blindenhund. Nur führte sie mich auf Wege, die ich nicht vorhatte, kennenzulernen. Es waren dunkle Wege, sehr dunkle. Fast ohne Licht. Ich wollte wieder die Sonne sehen! Ich wollte wieder die Menschen aufheitern und ein wenig veräppeln. Das machte ich gern und gut. Wie sollte ich das nur wieder hinbekommen? Es war ein schwieriges Rätsel, das mir unlösbar schien. Ich schaffte es nicht allein. Und noch immer hatte ich nicht registriert, dass das alles Angst und Panik waren.

Ich besuchte fast täglich Freunde im Haus, um mich abzulenken. Aber die Angst kam ungefragt mit. Auch dort zeigte sie sich ganz ungeniert und sehr selbstbewusst. Ich brauchte etwas davon. Aber sie war mir überlegen und zwängte mir „ihren" Willen auf. Ich hatte gefälligst nach ihrer Pfeife zu tanzen und machte das auch ganz brav, einfach nur aus Unwissenheit. Meine Freunde verstanden das nicht und fragten ständig, was das denn wäre, was ich hätte? Ich konnte ihnen keine Antwort geben, da ich es ja selbst nicht wusste und nicht verstand. Ich denke, sie zweifelten schwer an mir.

Es verging eine Zeit. Ich wollte wieder arbeiten gehen, denn ich hielt es zu Hause nicht mehr aus. Die Psychosomatik hatte sich nicht gemeldet. Und ich wurde fast wahnsinnig. Die Freunde waren tagsüber nicht zu Hause, da sie ihrer Arbeit nachgingen. Ich hatte keine Ablenkung. Ich wollte aus der Wohnung fliehen. Jedes Mal, wenn sich die Angst in irgendeiner Art zeigte. Ich steckte den Wohnungsschlüssel von außen an die Tür. Nur für den Notfall, falls mir etwas passierte. Ich könnte ja wieder einen sogenannten „Herzinfarkt" erleiden. Mit dem Hund Gassi gehen, war auch so eine Prozedur. Immer das Handy am Mann oder besser, an der Frau. Falls ich den Notarzt rufen müsste. Ich ging mit dem Hund notgedrungener Weise raus. Aber alles nur kurz. Er sollte sich beeilen. Ich wusste nicht, warum ich nach Hause wollte, weil … dort hatte ich ja auch Angst. Und am besten mal die Betablocker mit in die Hosentasche stecken. Nur so, aus Vorsicht! Für den Notfall, der ja eventuell eintreten könnte, war ich erst einmal gut gerüstet. Allzu gern hätte ich während dieser Zeit einen Pakt mit dem Teufel Alkohol geschlossen, aber das wäre wohl mein Untergang gewesen. Das hätte mir völlig das Genick gebrochen. Heute bin ich froh darüber, dass ich es nicht getan habe.

Ich ging wieder arbeiten. Es erwischte mich selbst auf der Arbeit. Ich saß allein im Büro, in das ständig die Kollegen kamen. Sie mussten sich bei mir in eine Liste eintragen, wenn sie das Haus verließen und sich zurückmelden, wenn sie wieder ins Haus kamen. Ich konnte die Bürotür nicht schließen. Es könnte mir ja etwas passieren. Ich erlitt Panikattacken. So ging ich zu meiner Kollegin, um mich dort erst einmal zu beruhigen. Mein Mund war trocken. Mein Herz klopfte. Mir war kalt. Die Kälte kroch von den Zehen bis in den Kopf. Es war eine unangenehme Kälte, die ich nicht beeinflussen und steuern konnte.

Mittags musste ich mit dem Hund raus. Er begleitete mich seit Jahren zur Arbeit. Ich hatte Angst, mit ihm rauszugehen. Ich könnte ja umfallen. Und dann? Ja, was wäre denn dann? Eine sehr belebte Straße. Ein Notarzt wäre schnell da. Aber es wäre mir peinlich ohne Ende. Warum, das wusste ich auch nicht.

Ich rief in der Psychosomatik an, denn ich brauchte unbedingt einen Termin. Meine Überweisung war irgendwo verloren gegangen. Ich hielt das nicht aus! Das konnte doch nicht wahr sein! Wieder mal die A-Karte gezogen. Hilfe! Meine Verzweiflung steigerte sich ins Unermessliche. Nach circa acht Wochen rief die Psychosomatik an. Diese Zeitspanne kam mir jedoch unendlich lang vor. Endlich bekam ich und sogar kurzfristig einen Termin. Gott sei Dank! Aber was erwartete mich dort? Ein Sofa? Eine Kamera? Hypnose? Ich kannte mich damit absolut nicht aus. Nur vom „Witze reißen" darüber.

Wenn da wirklich ein Sofa steht, und ich soll mich vielleicht noch dort darauf legen, nehme ich Reißaus. Und eine Kamera geht erst recht nicht. Das lasse ich nicht mit mir machen! Wer weiß, was ich da erzählen muss. Ich spreche nicht gern über meine Ängste, Sorgen und Probleme. Schon gar nicht mit Fremden. Vielleicht werde ich dort hypnotisiert? Kann vielleicht nicht mehr aus der Hypnose erwachen. Nein, nein - alles, nur das nicht! Ich wollte die Kontrolle behalten.

Es war soweit.

Ich war ein Psycho und musste deshalb zum Psychologen. Also, auf dann! Ich hatte nichts mehr zu verlieren. Konnte ich überhaupt etwas gewinnen? Keine Ahnung, aber es blieb mir nichts weiter übrig. Mittlerweile hatten sich die Arztbesuche, die ich über mich ergehen lassen musste, auch als Flop herausgestellt. Alles ohne Befund. Organisch kerngesund. Aber auf Betablocker (rein psychisch) war ich voll angewiesen. Einfach nur vom Kopf her. Da war etwas, das konnte mich ein wenig beruhigen.

Tag „X" stand an.

Ich bin vorher noch zur Arbeit gefahren und habe mir dann für zwei Stunden frei genommen. Für diesen besagten Termin, den ich absolut nicht einschätzen konnte. Wieder einmal machte sich Herzklopfen bemerkbar. Angst davor, was mich wohl erwarten würde.

10.00 Uhr.

Ich war in der Psychosomatik der Uniklinik. Pünktlich! Ich warte 5 Minuten, 10 Minuten, 20 Minuten, 30 Minuten. Es war niemand da. Ich wollte gehen. Ich musste wieder zur Arbeit. Alles nur verschenkte Zeit? Herr Dr. H. stellte sich vor und erklärte mir, dass er noch einen wichtigen Termin wahrnehmen musste. Er entschuldigte sich bei mir.

Und ich? War ich denn nicht wichtig? Ich wartete Ewigkeiten auf einen Termin, und dann das. Ich bemühte mich freundlich zu sein und hätte ihm gern was an den Kopf „geschmissen". Eigentlich hätte ich gern gesagt: „Arschloch!" Ich verkniff es mir, denn ich wollte ja etwas von ihm, nicht er von mir. Ich war enttäuscht und wütend.

Ein großer, schlanker, netter Mann begrüßte mich freundlich und angenehm ruhig. Seine ruhige Art bremste mein Temperament, das ich allzu gern herausgelassen hätte. Vom Alter her konnte ich ihn schlecht einschätzen. Ist auch nicht meine Art. Auf alle Fälle war er sehr nett.

Das Zimmer

Ich sah das Sofa und eine Kamera darüber. Wusste ich es doch! Jetzt geht's los. Er will mich hypnotisieren und auch noch dabei filmen. Das kann er voll vergessen! Er soll jetzt bloß nichts Falsches sagen. Dann drehe ich mich um und fahre zur Arbeit. Ohne ein Wort, waren meine Gedanken.

Wider Erwarten bat er mir einen Sitzplatz auf einem Stuhl an, der mit einem weiteren an einem Tisch stand. Na ja, das Sofa kommt sicher noch und die Kamera auch. Vielleicht will er mich nur erst einmal beruhigen? Aber ich musste mich nicht auf das Sofa legen und die Kamera blieb ausgeschaltet.

Frage: „Frau v. K., wovor haben Sie Angst?"

Hä, was will der denn jetzt? Spinnt der? Na ja, Psychologe halt. Wie kommt er denn darauf? Wer braucht denn hier einen Psychologen? Sorry, aber ich musste lachen. Und habe das auch ganz offensichtlich getan. Ab und zu muss ich in Situationen lachen, wo es gar nichts zu lachen gibt. Ich wusste ja bis dato nicht, dass ich jahrelang unter Angst- und Panikattacken litt. Ich möchte mich hiermit in aller Form für meine Gedanken entschuldigen, Herr Dr. H..

„Ick hab keene Angst. Wovor soll ick'n Angst haben. Vor'm schwarz'n

Mann, oda watt?" Ich musste kichern und versuchte, eine Schutzmauer aus Eis aufzubauen. Es fiel mir schwer, weil er so nett war. Noch hatte ich ja nichts über mich und meinen Zustand begriffen. Ich lief mit etwas herum, das mich voll im Griff hatte.

Meine Gedanken wollten schon wieder anfangen, sich in Regionen zu begeben, wo sie nichts zu suchen hatten. Sie wurden aber blitzschnell ausgebremst. Ich kam nicht zum Überlegen.

„Sie haben doch meiner Kollegin letztens erzählt, dass Sie das schon Jahre mit sich rumschleppen."

Welcher Kollegin? Aha …, mein Notfall in der Klinik! Ja, ich schleppte das schon Jahre mit mir herum. Aber was denn eigentlich? Was um Himmels willen war denn das?

„Erzählen Sie mir mal, wo Sie das bekommen?"

Ich musste meinen Kopf anstrengen und mich auf irgendwelche Erlebnisse konzentrieren, die ich verdrängt habe. Also fing ich an, im Hinterstübchen zu graben. Wo bekomme ich was? Oder, was bekomme ich wo? Es war schwierig für mich. Ich konnte es immer noch nicht richtig zuordnen und verstand nicht, dass das, was ich habe, wirklich Angst und Panik sind.

Woran soll ich mich denn erinnern?

Herr Dr. H. half mir weiter. Zittern, weiche Knie, den Drang schnell wegzulaufen, Angst, ohnmächtig zu werden, zum Beispiel.

Ich erinnerte mich. „Im Park, wenn ich mit dem Hund Gassi gehe, zum Beispiel. Aber nicht jedes Mal. Meistens, wenn ich mit ihm allein gehe."

Er fragte mich, wie sich das äußert. Ich erzählte ihm, dass ich dann urplötzlich Schwindel und Sehstörungen bekomme, dass mein Herz rast, dass ich nicht mehr richtig atmen kann und meine Atmung ganz schnell wird. Mir wird kalt und heiß. Ich denke, ich verliere den Boden unter den Füßen. Ich laufe wie auf Watte. Die Wahrnehmung ist völlig gestört. Ich habe Angst, dass ich ohnmächtig werde und umfalle. Ich will dann flüchten. Am liebsten nach Hause, weil es mir peinlich ist, wenn mich jemand so sehen würde. Und noch schlimmer wäre es, wenn ich zu allem Übel auch noch umfallen würde. Ich möchte mich irgendwo festhalten, aber es sind nur Büsche da. Ich muss hier unbedingt weg! Sonst sterbe ich vielleicht, weil ich einen Herzinfarkt bekomme oder einen Schlaganfall, denn in meinem Kopf ist es dann hohl oder leer. Ich habe keine anderen Gedanken mehr.

- Ich benötigte Hilfe! Nur wer konnte mir helfen? -
Er fragte weiter und bohrte. Es gab viele Gelegenheiten, wo sich die Angst in mir austoben und herumtollen konnte – völlig losgelöst, dieser Seelenschmarotzer. Ihr ging es dabei immer besser und mir immer schlechter. Einkaufen im Supermarkt, ein Park, mit dem Bus fahren, offene Treppen, Fahren auf der Autobahn, aber auch in der Stadt, und noch so einiges mehr. Das Schlimmste aber war für mich, dass sie mich auch ans Grab meiner Mutter begleitete und dann besonders fies zu mir war. Sie ließ mich dort fast sterben oder wahnsinnig werden. Solange, bis ich dann jedes Mal vor ihr weggelaufen bin. Das hat ihr Spaß gemacht und sehr gut gefallen. Sie hatte wieder mal ihren Willen durchgesetzt und zum x- ten Mal meine Seele schwarz gefärbt. Ich wünschte heute, sie wäre einmal in dieser Lage. Aber vielleicht hatte sie ja auch eine verwundbare Stelle! Niemand ist vollkommen. Da musste es doch etwas geben, wie man diesen glibberigen Aal zu fassen bekommen konnte! Mittlerweile hatte ich ihn ein paar Mal zu fassen bekommen, aber er war immer wieder entwischt. Ich musste mich mit ihm ein wenig anfreunden, oder ihm einen Köder hinwerfen. Vielleicht könnte ich ihn dann ja packen.
Leichter gesagt, als getan.
Aber es geht ja weiter mit meiner Geschichte und die Achterbahn fuhr immer schön hoch und runter - immer das „Arschloch Angst" unbewusst mit im Schlepptau.
Herr Dr. H. sagte mir: „Das, was Sie haben, sind Angst und Panik!"
Wie jetzt? Das sollte Angst sein? Ich habe doch schon oft Angst gehabt. Allein im Dunkeln, oder wenn ich ein Knacken im Gebüsch höre. Oder Angst, dass ich nicht pünktlich zur Arbeit erscheine, weil eventuell irgendwo ein Stau ist, usw., usw. Angst gehört doch zum Leben. Hat doch jeder schon mal gehabt und durchlebt.
Ich sagte ihm das. Ich glaubte ihm das nicht. Warum erzählte er mir denn so etwas? Wollte er mich veräppeln? Ich dachte, ich bekomme hier Hilfe. Und dann so etwas. Mann, Mann …
„Ja, das, was Sie meinen, ist „normale Angst". Aber Sie leiden unter Angststörungen und Panikattacken."
Klar, ich leide! Aber an so was?
Hilfe, ich habe eine Störung im Gehirn! Ich hab sie nicht mehr alle! Na ja, so wie ich mich momentan fühlte, könnte ich mit meinen ausgeflipp-

ten Gedanken auch noch recht haben. Kann ja gar nicht anders sein. Ich verblöde! Aber ich will nicht verblöden! Wo ist hier ein Rettungsanker? Bitte, lasst es nicht zu! Dafür bin ich nicht zehn Jahre zur Schule gegangen, um mit 43 Jahren einen an der Waffel zu haben. Nicht unter diesen Umständen. Helft mir, egal wie, aber helft mir! Ich glaube, ich wäre nun auch bereit, mich auf die Couch zu legen. Nur mit dem Filmen hätte ich noch ein Problem.

Ich war doch bis jetzt „normal". Kaum ging ich zum Psychologen, hatte ich eine „Störung". Der Gedanke allein machte mir schon wieder „Angst". War ich jetzt der Angsthase in Person? Dachte ich doch immer, ich stehe über allem. Mir könnte niemand mehr etwas anhaben. Dafür hatte ich zuviel durchgemacht. Ich dachte, ich wäre stark und meine Lebensphasen hätten mich geprägt. Hatten Sie auch, aber ganz anders, als es mir bewusst war. Nach außen eine Mauer, die fast niemand durchbrechen konnte. Gleich auf Konfrontation oder etwas arrogant. Kam auch gut. Bloß keine Gefühle zeigen. Wenn man Gefühle zeigt, wird man bestraft! War ja bisher fast immer so. Außer bei meiner Tochter oder den Tieren. Da wusste ich, sie meinen es ehrlich mit mir und verstellen sich nicht. Aber alle anderen? Ich bin im Zeigen der Gefühle vorsichtig und misstrauisch geworden. Ein Schutz, um Enttäuschungen zu vermeiden. Ich drehte den Spieß einfach um. Die Menschheit wollte von mir beschissen werden. Manchmal spielte ich dieses Spiel mit. Aber es fiel mir nicht leicht, da ich im Innersten meines Herzens ein sehr ehrlicher Mensch bin. Ich musste mich aber davor schützen.

Mit Ehrlichkeit allein kommt man heutzutage leider nicht weit. Ich habe viel dazulernen müssen, kann mich aber immer noch nicht so richtig damit anfreunden. Es fällt mir schwer. Deswegen tappe ich mit meiner „Geradeaus- Meinung" meistens in große Fettnäpfchen. Aber alles andere wäre auch nicht „ich".

Ich mag Menschen nicht, die mich katzenfreundlich anlächeln und mir am liebsten eine in die Fratze schlagen möchten, weil ich ihnen – warum auch immer – unsympathisch bin. Ich will keine Freunde haben, die keine sind, die mich nur ausnutzen. Darauf kann ich verzichten. Das brauche ich nicht. Wer braucht die schon? Ich habe lange daran arbeiten müssen, um das alles zu verstehen.

Sicher gibt es auch heute noch Arschlöcher in meinen Leben. Die wird es auch weiterhin geben. Sie begegnen uns ständig und überall. Ich kann sie meistens ziemlich schnell durchschauen. Und lasse sie das dann auch merken, dass sie mir nicht behagen. Für Freunde gebe ich fast alles. Gern. Es ist nur schade, dass manche Freundschaften keine sind, oder waren. Ich ziehe mich dann auf meine Art und Weise zurück. Aber das größte aller „Arschlöcher", was mir in meinem bisherigen Leben begegnet ist, war die Angst. Mit den anderen konnte ich umgehen. Nur mit diesem nicht. Hiervon konnte ich mich nicht zurückziehen. Die anderen waren auch nicht von schlechten Eltern. Aber dieses „Arschloch" setzte dem eine „Krone" auf, die unbeschreiblich ist. Sie funkelte und strahlte in den schönsten Farben und Facetten. Einfach perfekt. Und mit mir war sie noch schöner. Sie präsentierte mich und ließ mich auflaufen. Sie war schöner. Ich musste ihr ein paar Zacken ausbrechen, damit ich wieder schöner sein konnte als sie. Am besten alle Zacken. Aber wie sollte mir das gelingen? Noch hatte ich nicht die Kraft dazu. Ich war viel zu schwach für diese schwierige Aufgabe, was aber nicht so bleiben sollte.

Ich war schwach und fühlte mich auch so. Schwäche ist nicht gut. Die Angriffsfläche ist zu hoch. Wenn man schwach ist, kann man schnell verletzt werden. Wie wir wissen, ist das in der Wildnis auch nicht anders. Ich wollte meine Schwäche nicht zeigen. Die Angst hat mir gezeigt, an welcher Stelle ich verwundbar bin. Sie bohrte immer schön weiter in dieser Wunde herum und wollte einfach nicht, dass ich stark war. Es war ein Machtkampf, der zwischen ihr und mir stattfand. Ich verlor ihn ständig. Sie sagte mir, dass ich ein Verlierer und ein Nichts war und das sehr deutlich. Mit all ihrer Kraft. Auf höchster Ebene. Seelisch und körperlich völlig durcheinander und geschüttelt. Wie sollte ich da noch klare Gedanken fassen? Ich musste aber. Ich musste das alles auf die Reihe bekommen. Die Arbeit, usw., usw. …

Herr Dr. H. sagte mir, dass man „DAS" heilen könnte.

Das sollte man heilen können?

Ich dachte, ich flippe aus vor Freude. Ich war ganz euphorisch. Ja, ich bin jetzt gleich davon befreit. Glücksmomente machten sich für einen Augenblick breit und breiter. Sie dehnten sich fast ins Uferlose aus. Geben Sie mir die Lösung! Bitte!! Gleich!!! Sagen Sie, ich soll mich auf das Sofa legen und hypnotisieren Sie mich! Ich will das loswerden. Gleich und sofort. Ich will nicht mehr mit diesen zweiköpfigen Drachen herumlaufen. Wir hacken ihnen jetzt gleich die Köpfe ab.

Denkste!

„Das kann man heilen, zu 100 Prozent sogar. Aber es braucht seine Zeit."

Sämtliche kurzzeitigen Illusionen lösten sich in Luft auf.

Pustekuchen! So eine Scheiße!

Ich musste mich also weiter quälen. Die Angst setzte gleich noch einen drauf und rieb sich vor Schadenfreude die Hände. Ich habe sie wieder glücklich gemacht. Sie hatte das Glück für sich gepachtet und es versteckt. Ich musste suchen und es finden, denn ich wollte es gern wieder haben. Ich bekam es wieder, wenn auch bis heute nicht ganz. In Bruchteilen und Stück für Stück musste ich es mir hart erarbeiten. Ich hatte die Aufgabe, ein Puzzle zusammenzusetzen. Ein Puzzle mit ganz vielen Teilen und völlig durcheinander gewürfelt. Einige Teile fehlten in diesem Puzzle. Ich musste sie irgendwo suchen. Nur wo?

Herr Dr. H. schlug mir vor, doch noch zu Hause zu bleiben und nicht zur Arbeit zu gehen.

„Nee, alles, nur dat nich! Da werd ick ja völlig meschugge. Ick bin ja froh, dat ick überhaupt arbeiten kann und´n bisschn Ablenkung hab."

Ich bin tatsächlich montags bis freitags zur Arbeit gefahren, um mich von meinen Angst einflößenden Gedanken zu befreien. Ich hielt es zu Hause, in dieser Hölle, nicht aus.

Meine Wohnung ist sehr schön und gemütlich, aber ich konnte sie nicht mehr genießen. Ich konnte gar nichts mehr genießen. Diese Angst warf mich völlig aus dem Gleichgewicht und aus der Bahn. Auf der Arbeit habe ich versucht, ein freundliches Lächeln für jeden aufzusetzen, was mir meistens auch gelang. Innerlich jedoch war ich am Boden zerstört und zerfressen. Es war für mich anstrengend und kostete mich viel, viel Kraft. Ich wollte mir das nicht anmerken lassen.

Einigen Kollegen habe ich davon erzählt. Ob sie mich verstanden haben, weiß ich nicht.

Kann man das verstehen, wenn man nicht selbst betroffen ist? Vielleicht kann ich es besser aufschreiben, was in mir vorging? Es ist für mich einfacher und für andere verständlicher. So kann ich mich besser ausdrücken. Umfassend, für jeden nachvollziehbar, ohne Umschweife, mit viel Schamgefühl. Aber kein Wort davon ist gelogen, hinzugefügt oder ausgedacht. Es steht hier so, wie es wirklich war.

Und manch einer wird sich in meinen Zeilen, wie auch immer, wiedererkennen. Das weiß ich. Vielleicht tut es gut, wenn ich den Mut habe, über Angst zu schreiben. Sie begleitet uns täglich. Beobachte einmal, wie oft du täglich mit dem Wort „Angst" konfrontiert wirst! Du wirst überrascht sein.

Ich war nun bei Herrn Dr. H. in Behandlung. Einmal in der Woche für eine Stunde weilte ich bei ihm. Manchmal waren die Sitzungen nicht so regelmäßig. Dann fühlte ich mich überhaupt nicht wohl. Die Angst wollte nicht von mir weichen, weil sie mich gern hatte. Ich fiel in Löcher. Ach was, Löcher? Das waren Krater oder was weiß ich.

Es wurden Themen angesprochen, die für mich äußerst verletzend und demütigend waren. Ich schämte mich in Grund und Boden. Meine Lebensgeschichte musste ich hier jemanden erzählen, zu dem ich absolut und in keinster Weise eine Beziehung hatte. Er stellte mir peinliche Fragen. Ich hatte noch peinlichere Antworten parat. Ab und zu mussten wir lachen. Ich merkte, dass meine fröhliche und lebensbejahende Art mich nicht ganz im Stich gelassen hatte. Das machte mir Mut. Außerdem stellte ich fest, dass es einen Menschen gab, mit dem ich über alles reden konnte. Er hinterfragte viel und hatte meine Seele längst geöffnet. Sie lag offen vor ihm auf dem Tisch. Ich hatte sie ausgebreitet, wie einen großen Teppich. Selber aber merkte ich es noch nicht. Er stellte eine Frage und ich legte mit meinen ausschweifenden Antworten los. Wenn ich nicht weiterkam, half er mir und stellte wieder eine Frage. Dann spann ich den Faden weiter. Es war erschreckend, was da so alles ans Tageslicht kam. Fast fürchtete ich mich vor meinen Gedanken und den Antworten, die ich ihm gab. Ich schenkte ihm mein Vertrauen, weil es mir gut tat.

Das sollte aber nicht so bleiben.

Während einer Sitzung erlebte ich eine Wachhypnose. Es wurde mir erst hinterher bewusst. Ich war auf dem Friedhof, wo meine Mutter begraben ist. Ich erlebte den Friedhof, wie er wirklich ist. Bunt, mit vielen Blumen auf den Gräbern. Ich ging an das Grab meiner Mutter und dachte, ich wäre bei vollem Bewusstsein. Es hatte mich wieder einmal heftig erwischt. Die Angst hatte ihre Freude mit mir. Ich zitterte und bekam kaum ein Wort heraus. Der Mund war trocken, mein Herz raste. Vor lauter Angst konnte ich kaum reden. Ich wollte dort weg, hatte wieder Angst, ich würde einen Herzinfarkt bekommen. Am liebsten wäre ich weggelaufen. Die Tränen schossen aus meinen Augen. Ich musste dort eine Zeit verweilen, bis der Psychologe mich den Weg zurückgehen ließ.

Die Angst wurde schwächer. Herr Dr. H. holte mich wieder in die Wirklichkeit zurück. Ich war fix und fertig. Es war sehr anstrengend. Nach der Sitzung bin ich wieder zur Arbeit gefahren. Aber das Erlebnis beschäftigte mich den ganzen Tag. Er wollte nicht, dass ich mich wieder zur Arbeit begebe. Das gerade Erlebte sollte ich erst einmal in Ruhe verarbeiten. Aber ich wollte mich ablenken und nicht nach Hause in diese Hölle.

Was hatte sich nicht alles in meinem Gehirn verborgen? Ich frage mich heute noch, wo ich diese ganzen Sachen da oben abgelegt hatte. Für mehr Elend reichte der Platz wahrscheinlich nicht aus, deswegen der „Super- Gau". Meine Psyche benötigte unbedingt einen größeren Raum. Er war aber nicht vorhanden. , Die Psyche war nicht fähig, noch mehr unterzubringen. Es war zu viel. Ich konnte diesen Mülleimer nicht noch mehr vollstopfen. Er lief über und schlug Alarm. Ich musste ihn vom unnötigen Unrat befreien!

In den Sitzungen tat ich dies ungehemmt. Es fiel mir jedoch schwer. Aber hier halfen keine Verheimlichungen oder Lügen. Das wusste ich und ging ganz offen damit um. Mir blieb auch gar nichts anderes übrig. Ich wollte raus aus dieser Zwangsjacke „Angst". Es waren Horror und Erleichterung zugleich. Gedanken, die verborgen waren, entschlüpften meinem Unterbewusstsein. Das musste alles erst mal verarbeitet werden.

Es war alles viel zu viel. Ich sollte stationär in der Psychosomatik aufgenommen werden. Doch ich wollte in keine Klinik. Eine psychosomatische Tagesklinik war circa 2 km von meiner Wohnstätte entfernt. Alles wäre für mich in Frage gekommen, aber nicht n so etwas Und schon gar nicht bei einer Entfernung von circa 2 km. Das hätte ich nicht ausgehalten. Was sollte aus meiner Tochter, dem Hund und dem Haushalt werden? Nur allein der Gedanke an die sogenannte Klapse und ich bekam eine Gänsehaut. Ich redete mir ein, dass ich da noch kranker herausgekommen würde. Oder vielleicht sogar gar nicht mehr?

Dr. H. respektierte zum Glück meine Entscheidung. Das ganze Umfeld dort hätte mich - dachte ich jedenfalls - wahnsinnig gemacht. Immer nur mit irgendwelchen kranken Menschen um mich herum . Wie sollte ich die Angst dort loswerden? Das wäre mir zu heftig gewesen.

Die Gedanken kreisten wieder. Hatte ich tatsächlich so richtig einen an der Waffel, wenn ich schon in die Klinik sollte? Vielleicht wollte mir Herr Dr. H. nicht die Wahrheit sagen?

Nach ein paar Sitzungen bei ihm kam dann der nächste Schock.

Ich erhielt einen Anruf von der Psychosomatik. Herr Dr. H. war krank und niemand wusste, wie lange. Ich dachte, was ist denn jetzt? Das kann er mir doch nicht antun! Er durfte jetzt nicht krank sein! Ich war doch noch gar nicht da, wo ich hin sollte! Und wieder stand eine Fahrt in der Achterbahn an. Ich dachte, in mir bricht eine Welt zusammen. Die Nachricht riss mir den Boden unter den Füßen weg. Meine einzige Vertrauensbasis war von jetzt auf gleich einfach weg. Wo sollte ich nun mit meiner Angst hin? Von der Fahrt mit der Achterbahn war mir schwindelig und schlecht. Ich konnte dieses Ungetüm einfach nicht anhalten. Wieder einmal hatte ich das kleine Stückchen Glück, das ich fand, verloren. Ich versuchte, jeden Strohhalm zu grabschen, der sich mir bot. Aber es gab enttäuschend wenig, viel zu wenig.

Meiner Tochter erzählte ich nicht allzu viel, um sie nicht zu stark damit zu belasten. Ich wollte nicht, dass sie sich unmerklich mit in die Achterbahn setzte. Die Angst hätte ein leichtes Spiel mit uns beiden. Sie hatte ja bereits ihr Netz über mich geworfen, und ich habe mich darin verhaspelt. Jetzt musste ich zusehen, dass ich da wieder rauskam. Nur WIE?

Ich quälte mich Wochen und Monate mit meiner Angst herum, immer in der Hoffnung, dass Dr. H. nicht so lange krank sei. Er fehlte mir als Vertrauensperson ungemein. Ich wollte nicht zu einem anderen Psychologen gehen, die ganze Geschichte von vorn aufrollen und wieder die ganzen Peinlichkeiten erzählen. Das hatte mich alles zu viel Kraft gekostet. Und nun sollte ich wieder zu jemandem Vertrauen aufbauen? In der Hoffnung, dass er nur kurzzeitig erkrankt war, hangelte ich mich irgendwie von Ast zu Ast. Die Betablocker und das Handy waren für die nächste Zeit meine besten Freunde und ständigen Begleiter. Ich rief laufend in der Psychosomatik an und fragte, ob Herr Dr. H. wieder gesund war. Aber Dr. H. war sehr lange krank. Jetzt überkam mich auch noch das schlechte Gewissen und ich machte mir Vorwürfe. Vielleicht war er wegen mir und meiner Lebensgeschichte krank. Diese Gedanken habe ich aber schnell wieder abgelegt. Ich versuchte auszugehen, mich mit Freunden zu treffen und tanzen zu gehen, um mich irgendwie ein wenig von den heftigen Gedanken und von der Angst zu befreien. Alles, was ich tat, half leider nur für den Moment.

Ich vermied es, im Großmarkt einkaufen zu gehen, im Schlafzimmer zu schlafen, in den Park mit dem Hund zu gehen, allein auf der Autobahn zu fahren usw., usw.

Ich wurde von Schwindelattacken und Angst hin- und hergerissen. Die Vermeidung der Angstsituationen war ab jetzt mein treuer Begleiter.

Das Jahr ging zu Ende. Kurz vor Weihnachten hielt ich es nicht mehr aus. Ich rief wieder in der Psychosomatik an. Herr Dr. H. war immer noch krank. Aber mir wurde ein Termin bei Frau Dr.B., einer Ärztin und Psychologin, angeboten. Ich war enttäuscht und zweifelte. Also sagte ich, dass ich mich wieder melde. Irgendwann rief ich dann wieder an und bekam einen Termin.

Frau Dr. B. wusste, dass ich bei Herrn Dr. H. in Behandlung war und hatte meine Akte gelesen. Sie war eine sehr nette Frau. Ich erzählte ihr einige Sachen. Leider hatte ich bei ihr nur drei Sitzungen. Sie war Ärztin auf der Krebsstation und betreute zudem noch die Hinterbliebenen. Die Zeit für mich reichte nicht. Ich war traurig, niedergeschlagen. Wo sollte ich mit meiner Angst hin? Sie sagte mir dann, dass Herr Dr. H. wohl in absehbarer Zeit wiederkäme. Aber was hieß das? Eine Woche, ein Monat, zwei Monate …?

Das Jahr war vorbei. Weihnachten und Silvester habe ich mehr schlecht als recht über die Bühne gebracht - so wie das Jahr vorher, nur ohne den „Super- Gau". Es ging mir schlecht. Ich wurde diese Angst einfach nicht mehr los. Sie regelte meinen Tagesablauf und mein Leben.

Irgendwann erhielt ich einen Anruf. Dr. H. war wieder im Dienst. Glücksgefühle umarmten mich und ich sie. Endlich konnte ich wieder hoffen, dass es weiter geht. Ich freute mich innerlich wie ein kleines Kind. Ostern und Weihnachten fielen auf einen Tag. Eigenartig, vorher hatte ich mich mit Händen und Füßen gesträubt, zu einem Psychologen zu gehen. Jetzt war ich froh darüber. Diese Gespräche gaben mir Lebensmut und Kraft. Nach jeder Sitzung fühlte ich mich erleichtert. Ich hatte soviel unnötigen Ballast abgeworfen und merkte, dass es mir gut tat. Ich krabbelte aus der Hölle heraus. Die Welt schien wieder etwas farbenfreudiger zu sein.

Aber es wäre zu schön, um wahr zu sein. Es sollte wieder einmal nicht dabei bleiben, was ich jedoch zu diesem Zeitpunkt noch nicht wusste.

Herr Dr. H. war jetzt in der psychosomatischen Klinik und nicht mehr in der Universitätsklinik tätig. Aber das war mir egal. Hauptsache, ich konnte zu ihm in die Behandlung. Ich hatte wieder einen Termin für eine Stunde, einmal wöchentlich. Wir nutzten diese Termine, um aktuelle Sachen aufzuarbeiten. Nach drei bis vier Sitzungen eröffnete Herr Dr. H. mir, dass er jetzt keine Zeit mehr für unsere gemeinsamen Sitzungen hatte. Er teilte mir mit, dass gerade eine Studie über „Angst- und Panikattacken" mit der Universitätsklinik und Amerika anlief und fragte mich, ob ich mir vorstellen könnte, daran teilzunehmen.

Ach du Schande! Auch das noch! Ich fiel von einem Koma ins andere. Misstrauen überkam mich! Was sollte ich denn in dieser Studie? Was musste ich da machen und erzählen? Die Studie war freiwillig und lief nach einem Auswahlverfahren.

Ich bat mir Bedenkzeit aus. Aber ich wusste genau, ich musste etwas tun, um dieser Falle zu entfliehen. Was hatte ich denn für andere Möglichkeiten? Ziemlich wenige! Was sollte ich tun? Die Angst und die Panik begleiteten mich doch nun schon seit Jahren, ohne dass ich wusste, was in mir vorging. Ich konnte erst dagegen angehen, nachdem herausgefunden wurde, dass sie in mir steckten. Bei jeder Attacke Angst davor zu haben, einen Herzinfarkt oder Schlaganfall zu erleiden, war nicht gerade prickelnd. Kein Hausarzt konnte in dieser Hinsicht etwas feststellen. Und der Schwindel kam angeblich von meinen Nacken- und Rückenproblemen und der sitzenden Tätigkeit. Nein, dieser Schwindel war ein Zeichen von Angst und von mehreren begleitenden Symptomen, die ich nicht zuordnen konnte. Am Herzen war nichts festzustellen. Ja, vielleicht mal etwas erhöhter Blutdruck. Die EKG´s waren ständig in Ordnung und ohne Befund. Meine Blutwerte waren bis auf etwas erhöhten Cholesterin o.k. Wo, bitte schön, sollte da der Herzinfarkt herkommen? Übergewichtig war ich nie, aber innerlich nervös und ständig in Bewegung. Ich war ein gespannter Flitzbogen. Schon immer. Stets den Schalk im Nacken und gerne lustig. In meinem Leben war ich oft am Boden, stand aber wieder auf. Ich habe immer gedacht, es gibt für jedes Problem eine Lösung und manche Probleme lösten sich von selbst. Es war ja auch so. Oder ich habe sie beiseite geschoben, einfach nur, um sie loszuwerden.

Meine Kindheit:

Ich war das Nesthäkchen. Meine Schwester ist zwei Jahre älter. Mein

Bruder, den meine Mutter bereits vor der Ehe mit meinem Vater hatte, ist sechs Jahre älter. Er war für mich immer mein „richtiger" Bruder und wird es auch immer bleiben.

Meine Eltern, dachte ich zumindest, führten eine gute Ehe. Reich waren wir nie. Wir lebten in einer Zwei- Zimmer- Wohnung mit fünf Personen in einer Kleinstadt in Mecklenburg- Vorpommern. Ich lebte gern dort. Hier hatte ich meine Freunde und die ganze Verwandtschaft, die immer für mich da waren. Ich war gut behütet. Irgendwann erhielten wir dann unser gemeinsames Kinderzimmer im Dachgeschoss des Hauses. Ein sogenannter „Plattenbau" im tiefsten Osten der ehemaligen DDR.

Vor Gesundheit habe ich nie gestrotzt. Als Kind litt ich ständig unter Mandelentzündungen und Fieber und wurde mit Penicillin vollgestopft. Ich war immer allein zu Hause, wenn ich wieder einmal krank war. Meine Eltern hatten wenig Zeit für uns, da sie ganztags berufstätig waren. Selbst samstags war Arbeiten angesagt. Die Sonntage wurden dann zumindest für ein gemeinsames Mittagessen genutzt. Wir hatten einen „Schwarz- Weiß- Fernseher". Sonntagmittag wurden immer Tiersendungen geschaut. Manchmal schmeckte mir das leckere Essen nicht mehr, wenn zum Beispiel über Schlangen und Frösche berichtet wurde. Ich ekelte mich davor. Mein Vater ging damals noch zur Jagd. Es gab dann oft tolle Gerichte.

Wir hatten einen Garten, in dem sich die ganze Familie an den Wochenenden aufhielt. Die Nachbargärten gehörten meinen Onkels und deren Familien. Es wurde viel gespielt und gefeiert. Die Brüder meiner Mutter, die ja auch Familie hatten, waren versoffen wie die Löcher. Sie schlugen ihre Kinder und ihre Ehefrauen. Ich begriff das aber in meinem damaligen Alter nicht so ganz. Bei uns daheim gab es das nicht. Wir haben zwar ab und zu auch mal das Hinterteil versohlt bekommen, aber nicht so.

Nachdem man mir die Mandeln herausoperiert hatte, ging es mir besser. Ich war ein schüchternes, sehr zierliches, aber lebhaftes Kind. Für irgendwelche Streiche war ich immer zu haben. Da ließ ich meiner Kreativität auch freien Lauf, was mir meistens nicht so gut bekam. Wir heckten ständig irgendwelchen Mist aus.

Eines Abends hatten wir Langeweile. Was könnten wir tun? Es war bereits dunkel. Meine Schwester, unsere Freundin und ich machten uns auf den Weg. Nicht weit von daheim entfernt, standen Wohnhäuser.

Von den Häusern führte jeweils eine Treppe in die Kellerräume. Diese Treppen wurden von einem kleinen Tor verschlossen. Man konnte wunderbar damit hin und her schaukeln. Also, wir rauf auf das Tor und im Dunkeln immer schön hin- und hergeschaukelt. Geschnattert, gekichert und wir haben dabei nicht gemerkt, dass dieses Tor fürchterlich quietscht. Urplötzlich wurde ich aus meiner Verträumtheit gerissen. Aua, wat war dat denn jetzt? Ich sah Sterne und mir tat die Wange weh. So schnell konnte ich gar nicht registrieren, was hier los war. Ich hörte meine Schwester und meine Freundin nur noch aufschreien, irgendetwas klatschen und wir sind alle um unser Leben gerannt. Total verstört und erschrocken!

Wir drei Mädchen hatten scheinbar so laut gelacht und mit dem schmiedeeisernen Tor rumgequietscht, bis es jemandem gereicht hat. Er wohnte über dieser Kellertreppe. Wir hatten Backpfeifen vom Allerfeinsten bekommen. Einfach so, aus dem Nichts heraus! Blödmann!!!

Die Ferien verbrachten wir bei meinen Großeltern auf dem Land, den Eltern meines Vaters. Sie lebten auf einem Bauernhof. In diesem Ort gab es einen kleinen Laden zum Einkaufen und zwei Seen zum Baden. Wir verbrachten die meisten Ferien dort. Heimweh hatte ich stets. Bis ich in diesem Dorf einen „Kinder- Freund" hatte. Er stand immer schon am ersten Ferientag am Zaun meiner Großeltern und erwartete mich. G. war ein netter und süßer Junge. Hübsch, schwarzhaarig, braunäugig, schlank, groß und braungebrannt. Er war auch das Nesthäkchen von sechs oder sieben Geschwistern. Ich besuchte oft und gern seine Familie. Zwei von seinen Schwestern waren Freundinnen von mir und meiner Schwester. Eher aber von meiner Schwester, denn sie waren in ihrem Alter. Ich war ihnen zu jung und durfte meistens nicht mit, wenn sie etwas unternahmen. Ich habe viel geheult. Aber dann war ja G. da. Soweit ich mich erinnern kann, haben wir auch viel Mist gebaut. Schwimmen über dem See! Ich konnte nicht schwimmen, aber nahm mir einen Schwimmring. G. konnte bereits schwimmen wie ein Weltmeister. Ich fühlte mich bei ihm sicher. Ob er mich hätte retten können, wenn ich tatsächlich abgesoffen wäre? Ich weiß es nicht.

G., ich und mein Schwimmring schwammen verträumt und bei schönstem Wetter über den See. So in der Mitte des Sees angekommen, hörte ich urplötzlich meinen Namen.

Meine Oma! Sie war dem Herzinfarkt nahe. Da sie nicht wusste, dass ich mit G. schwimmen ging, suchte sie mich im ganzen Dorf, bis sie mich endlich fand. Sie schrie über den ganzen See, dass es mir peinlich war. Ich bekam einen hochroten Kopf und paddelte mit meinem Schwimmring hastig ans Ufer des Sees. Von meiner Oma konnte ich mir dann eine fette Standpauke anhören. Aber ich war froh, dass ich einer kräftigen Backpfeife entkam. Hätte sie mir eine runtergehauen, wäre ich gleich wieder auf der anderen Seite des Dorfsees gelandet. Danke, Omi!

Ich war circa zehn oder elf Jahre alt und G. eröffnete mir, dass er später gern – mit mir – elf Kinder haben würde. Eine ganze Fußballmannschaft! Es schmeichelte mir, dass er so offen darüber mit mir sprach. Ich habe doch tatsächlich geglaubt, dass wir heiraten würden. Leider Kinderträume … schade, G.!

Meine Oma war eine sehr gute Köchin und man sah es ihr auch an, im Gegenteil zu meinem lieben Opa. Er sah immer etwas hager aus, war aber ein guter Esser. Es waren schöne Ferien auf dem Bauernhof. Wir durften stets in die selbst gestopften Federbetten meiner Großeltern klettern, wenn diese morgens um 3.00 Uhr aufstanden. Ich habe mich in diesen Betten wie eine Prinzessin gefühlt. Sie waren wie ein Cocon, nur aus Entenfedern. Immer schön mollig warm, mit ganz dickem Unterbett und zig Kissen.

Eines Morgens setzte sich meine Schwester auf die Bettkante des Bettes, in dem ich bereits schlief. Es war so gegen 5.00 Uhr. Sie wollte sich die Hausschuhe anziehen und zur Toilette gehen. Ich war immer schon ein unruhiger Schläfer. In meinem Schlaf oder Traum gab ich ihr einen Tritt und sie fiel vorn über. Sie hatte sich am Kopf verletzt, denn der Tritt war wohl heftig. Ich sah nur noch Sterne, denn sie hatte mir eine geklatscht. Die Nacht war vorbei. Ich konnte nicht mehr schlafen, mein Ohr summte. Danke, Schwester!

Sommerferien. Es war sehr heiß. Die Straße sah betrunken aus. Der Asphalt flimmerte vor Hitze. Meine Schwester und ich sollten mit den Fahrrädern meiner Großeltern einkaufen. Fahren konnte ich noch nicht. Ich war zu klein für die großen Fahrräder. Taschen mit Leergut belagerten die alten Schinken. Wir hangelten uns irgendwie zum Laden. Einkaufen und wieder die Lenker beladen. Meine Schwester sah einen „bunten Stock" im Straßengraben liegen und musste ihn unbedingt haben. Also, das Fahrrad mit dem Einkauf erst mal hingeschmissen, den

„bunten Stock" hochgehoben und geschrien. Hilfe, es war eine Schlange! Ich habe geschrien, bin mit dem großen Fahrrad und dem äußerst ergiebigen Einkauf gerannt und gerannt. Es war mir egal, was meine Schwester tat. Ich hatte Angst! Mein Herz klopfte und mir zitterten die Knie. Links und rechts sah ich nichts mehr.

Die Schwalben hatten ihre Nester am Haus gebaut. Mein Opa sagte uns, dass die Jungen jetzt aus den Eiern geschlüpft sind und wir sollten sie doch in Ruhe lassen. Sie würden unter Naturschutz stehen. Er brachte uns damit auf eine Idee.

Meine Schwester und ich hatten nichts Eiligeres zu tun, als uns einen Karton zu suchen und ein paar ganz junge Schwalben aus den Nestern zu holen. Wir wollten Sie mit der Hand aufziehen, und sie damit zähmen. Toll, den Karton mit den jungen Schwalben versteckten wir in der Werkstatt meines Opas. Wir fütterten die kleinen Tiere mit einer Nadel, an die wir Brotkrumen und Würmer steckten. Sie haben das auch ganz artig gefressen. Die kleinen Vögelchen piepsten. Wir konnten es auf Dauer nicht verheimlichen. Mein Opa ging in seine Werkstatt. Wir hatten uns versteckt und beobachteten ihn, immer in der Hoffnung, dass er es nicht bemerkt. Das war ein typischer Fall von „haste gedacht". Unser Unfug flog auf und wir bekamen richtigen Ärger.

Ich war mit meinem Opa mit einem Pferdewagen und zwei „echten" Pferden auf dem Feld. Der Pferdeanhänger war voll geladen mit Zuckerrüben. Wir sind auf dem Heimweg gewesen. Mein Opa bot mir an, doch mal die Zügel zu halten. Ich war ganz stolz, wusste aber nicht, dass ich die Zügel stramm halten musste. Also, ich habe die Zügel nur locker gehalten und die Pferde brannten durch. Es ging über Stock und Stein. Ich wusste nicht, wo ich mich auf dieser harten Holzbank noch festkrallen konnte. Der Wagen kippte fast um. Mein Opa versuchte verzweifelt, die Pferde wieder zu beruhigen. Es dauerte Ewigkeiten, bis es ihm endlich gelang. Ich war nur ein Fliegengewicht und flog auf der Holzbank von einer Ecke in die andere. Ich konnte mich nicht halten und war froh, als die Pferde endlich einigermaßen gezähmt waren. Meinem Opa stand die Angst im Gesicht geschrieben, und mir noch mehr. Das gab Ärger, aber nur kurz. Danke, Opi!

Im Winter sind wir auf den Seen und dem Teich, der am Haus meiner Großeltern grenzte, Schlittschuh gelaufen. Wir hatten noch diese unmöglichen Dinger zum Festschrauben. Meine Schwester und ihre

Freundin, die Schwester von G., taten sich sehr schwer damit. Es war köstlich anzusehen. Meine Schwester knickte beim Laufen immer mit den Knöcheln nach außen und die Freundin nach innen. Sie zerkratzten die schöne Eisoberfläche und sahen sehr gehbehindert aus. Wir mussten lachen.

Meine Oma hatte oft ein schweres Los mit uns. Es war bereits nachts, so gegen 24.00 Uhr. Sie suchte uns überall und rief uns. Wir versteckten uns und lachten sie aus; fast schon böse. Dann gab es immer ordentlich Schimpfe.

Es war sehr kalt. Wir liefen wieder mal Schlittschuh. Meine Schwester hatte ihre behinderten Gehversuche hinter sich. Sie schraubte ihre Schlittschuhe ab und kam auf die Idee, was denn wohl wäre, wenn sie jetzt an einem Schlittschuh lecken würde. Tja, wir wussten es auch nicht. Gesagt, getan, und siehe da, die Zunge klebte am Schlittschuh fest. Es sah zu komisch aus. Wir hätten uns vor Lachen fast in die Hose gemacht. Nun klebte die Zunge aber immer noch fest und fing bereits an zu bluten. Die Zunge sah eklig aus. Meine Schwester versuchte laufend, etwas zu sagen. Es gelang ihr aber nicht. „Hmnamab!" Hä? Ich verstand nichts. Sie meinte: „Mach mal ab!" Wir bekamen Angst und spuckten zwischen Zunge und Schlittschuh. Irgendwann war die Zunge dann vom Schlittschuh gelöst. Sie sah nicht gut aus, aber meine Schwester hat keine bleibenden Schäden davongetragen.

Ich schweife gerade vom eigentlichen „Thema" ab. Aber es ist auch schön, nette und witzige Erinnerungen aufleben zu lassen.

Es war Sommer und es war sehr warm. Wir verbrachten wieder einmal die Ferien bei meinen Großeltern. Wir spielten, lachten und hatten unseren Spaß. Völlig unbekümmert. Ich war noch zehn oder elf Jahre alt. Eine „Backpfeife", die mein Leben urplötzlich veränderte und die mich aus meinen Kindheitsräumen riss, erwischte mich von jetzt auf gleich. Mein Vater gab sich die Ehre und besuchte uns mit seinem Motorrad. Toll, denn das hatte er sonst selten gemacht. Wir waren voller Freude, als wir das Geräusch vernahmen. Die Freude sollte nicht allzu lange anhalten.

Er kam und begrüßte uns herzlich. Nur, er kam nicht allein. Wir Kinder dachten, es wäre unsere Mutter. Sie war es aber nicht. Es war die sogenannte „Freundin" meiner Mutter. Ich weiß noch, dass sie einen roten, kurzen Lederrock anhatte und Stöckelschuhe trug. Sie sah schon immer nuttig aus. Aber das habe ich zu dieser Zeit noch nicht verstanden. Nichts ahnend begrüßten wir auch sie sehr herzlich. Wir waren Kinder und die Gedanken waren noch nicht verdorben. In unserer kindlichen Naivität ahnten wir nicht im Geringsten, was da auf uns zukommen würde. Nur meine Oma war verändert. Sie ärgerte sich über den Besuch. Wir verstanden das nicht. Es war doch nicht schlimm, dass mein Vater die Freundin meiner Mutter mitbrachte. Denkste! Wir wurden eines Besseren belehrt.

Mein Vater hielt sich nicht lange bei meiner Oma auf. Meine Oma war sichtlich erleichtert darüber. Mein Vater sagte uns nur zum Abschied, dass wir doch bitte nichts unserer Mutter davon erzählen sollten. Da er immer ein sehr herzlicher und lieber Mensch für uns war, taten wir dies auch nicht. Wir vertrauten ihm und dachten uns ja auch wirklich nichts dabei.

Die Ferien gingen ihrem Ende zu. Wir fuhren freudestrahlend mit vielen schönen Erlebnissen nach Hause. Daheim angekommen, freuten wir uns auf unsere Eltern. Unsere Mutter war allein zu Hause. Auf die Frage, wo denn unser Vater sei, brach meine Mutter in Tränen aus. Ich verstand jetzt überhaupt nichts mehr. Vor lauter Schluchzen stammelte sie irgendetwas. Jetzt weinte auch meine Schwester. Was war denn los? Ich hatte meine Mutter so verstanden, dass unser Onkel eine andere Frau hätte, und sprach meine Schwester darauf an. Ich wusste nicht, warum sie weinte, wenn der Onkel sich von seiner Familie trennen wollte. „Bist du blöd? Doch nicht Onkel A., sondern PAPA!", blaffte sie mich an.

Ich verfiel in eine Art Winterschlaf und war für einen Moment im Kopf völlig blockiert. WAS? Das konnte ich jetzt nicht glauben. Was erzählte sie mir denn da für einen Mist! Ich konnte das überhaupt nicht registrieren. Ich glaube, ich hatte wohl einen Schock. In mir starb etwas. Die Wohnung sah irgendwie kahl und fremd aus, völlig anders als gerade eben noch. Das Gefühl von Geborgenheit in diesem Nest verließ mich schlagartig. Verlustangst, die ich damals noch nicht verstand, überkam mich. Gedanken fingen an zu kreisen. Was sollte jetzt aus uns werden? Meine Mutter allein, mit uns drei Kindern! Und sollte ich nie wieder mit meinem Vater lachen, frotzeln und schmusen dürfen? Ich glaubte es nicht und wollte das nicht verlieren. Ich redete mir ein, dass er wiederkommt - und er kam wieder.

Dann hatten wir auch geklärt, bei welcher Frau er sich aufhielt. Es war die Freundin meiner Mutter, mit der er bei unseren Großeltern aufgetaucht war. Auch das noch! Das Elend spann sich immer weiter. Den Sohn dieser besagten Freundin kannte ich sehr gut aus Kindergartenzeiten. Jetzt gingen wir zusammen in eine Klasse. Auweia! Was sollte jetzt werden? Ich schämte mich für meinen Vater. Aber das nützte mir sehr wenig. Ich sprach mit niemandem über meine Gefühle: Verzweiflung und Hilflosigkeit, ein Gefühl von Alleinsein und Peinlichkeit. Was wurde da wohl alles über unsere Familie erzählt? Ich traute mich kaum noch auf die Straße und in die Klasse. Ich sah jeden tuscheln. Aber was sollte ich tun? Ich konnte mich nicht zu Hause vergraben. Ich musste doch in die Schule gehen. Ich hatte Hass dem Jungen gegenüber in mir. Er hatte jetzt den Vater, der doch eigentlich meiner war. Verstehen konnte ich das nicht. Wenn ich ehrlich bin, verstand ich niemanden. Meinen Vater nicht, diese Frau nicht, den Sohn nicht! Ich musste nur unser Elend verstehen.

Mein Vater war verlogen. Er meckerte ständig, dass diese Freundin meine Mutter besuchte, und hielt uns damit alle zum Narren. Es war nicht das letzte Mal, dass er diese Tour abzog.

Es begann eine schwierige Zeit. Niemand wollte dieses heikle Thema ansprechen. Wir liefen alle mit unserer „Trauer", dem Schamgefühl, dieser Peinlichkeit und weiß ich nicht was, herum. Wir wohnten in einer Kleinstadt. Das Gerücht machte schnell die Runde. Ich schämte mich für meinen Vater in Grund und Boden. Wie sollte ich jetzt meinem Klassenkameraden gegenübertreten. Ich sprach nicht mit ihm und er nicht mit mir. Es war einfach nur ätzend.

Was hatte unser Vater uns da nur angetan? Er verließ eine Familie für eine Frau, die in der ganzen Stadt – im negativen Sinne – bekannt und berüchtigt war. Sie arbeitete in einer Kneipe, war versoffen und nahm alles an Männern mit, was nicht bei „3" auf den Bäumen war. Ich war zu jung, um das alles zu verstehen.

Wir waren alle in der Hoffnung, dass mein Vater doch zu uns zurückkehren würde. Unser Wunsch erfüllte sich tatsächlich. Mein Vater kam zurück. Wir waren voller Freude. Es wurde kein Wort darüber verloren. Aber unsere Freude hielt nicht allzu lange an. Der nächste Hammer folgte …

Mein Vater hatte uns alle beschissen, aber vom Feinsten. Er gaukelte meiner Mutter und uns Kindern vor, dass er es doch noch einmal versuchen wolle und wir ihm fehlen würden. Ich hätte nie gedacht, dass er so verlogen ist. Ich hatte immer ein riesengroßes Vertrauen in meinen Vater gesteckt. Er verstand es wirklich sehr gut, uns alle hinters Licht zu führen. Heim kam er nur noch mal, bis der Mann von der Freundin das Feld verlassen hatte und bei ihr ausgezogen ist. Dann verließ mein Vater uns ein zweites Mal und ich dachte für immer. Zurück zur Familie kam er nicht, aber …

Ich fing an meinen Vater zu hassen, weil er uns alle so verletzt und verarscht hatte. Er wurde immer fremder für uns. Weder fragte er nach uns, noch kümmerten ihn unsere Sorgen. Er genoss sein „neues" Leben in vollen Zügen. Er besaß doch tatsächlich die Frechheit und zeigte sich auf Elternabenden als der liebevolle Stiefvater meines Klassenkameraden. Wir Schüler hatten zu den Elternabenden meistens Aufführungen. Ich war hin- und hergerissen zwischen Peinlichkeit, Schamgefühl und Entsetzen. Mein Vater war mir fremd geworden. Ich konnte kaum damit umgehen und mit niemandem darüber reden, wie elend, schrecklich und schockiert ich mich fühlte. Es war kaum auszuhalten.

Ich wusste nicht, ob ich es verkrafte, ihn anzuschauen. Vielleicht würde er nicht mal zurückschauen oder mir vielleicht doch zuzwinkern. Am liebsten hätte ich ihm meine Meinung gegeigt,, was für eine erbärmliche Kreatur er doch in Wirklichkeit war und wie er auf meinen Gefühlen herumtrampelte. Ich frage mich heute noch, ob es ihm auch wehtat. Er war zum Pantoffelhelden mutiert. Vielleicht verlangte seine Freundin das von ihm, um mir so richtig zu zeigen, wie stark sie doch war und dass sie die Fäden in der Hand behielt. Es war zum Kotzen.

Er machte sich für diese Frau völlig zum Affen. Wie ein stolzer Gockel, verliebt, Arm in Arm oder Händchen haltend und knutschend, zogen die beiden durch die Stadt. Seine eigenen Kinder kannte und grüßte er nicht mehr. Er hatte nur noch ein arrogantes Lächeln für uns im Gesicht, das ihm aber auch irgendwann verging.

Meinem Vater war das Hirn in die Hose gerutscht. Er posierte mit einer versoffenen Nymphomanin und begriff es wahrscheinlich selbst nicht. Sämtliche noch funktionierende Hirnzellen schienen bei ihm beschädigt zu sein. Die größte stadtbekannte Nutte! Wo die Liebe hinfällt! Oder wie heißt es so schön? Er schwebte im 7. Himmel. Aber selbst diese rosaroten Wolken verschwanden eines Tages. Was war nur aus ihm geworden?

Das Leben war hart und ging weiter. Die Welt hörte nicht auf, sich zu drehen. Wir alle mussten irgendwie damit zurechtkommen. Aber auch nur irgendwie. Meiner Mutter ging es nicht gut. Sie wurde krank und kranker. Arbeit von morgens bis abends, drei Kinder, der Haushalt. Dann wurde sie richtig krank und konnte nicht mehr arbeiten gehen. Die Invalidenrente reichte kaum und mein Vater drückte sich vor dem Unterhalt, der ihr für uns zustand.

Hunger mussten wir nicht leiden. Aber die alltäglichen Dinge gingen uns verloren. Wir konnten uns kaum noch etwas leisten. Schöne Klamotten? Das ging gar nicht. Zum Glück hatten wir einen Onkel, ein Bruder meiner Mutter, der uns aushalf. Er wohnte im „Westen", im Ruhrgebiet. Seine Frau sammelte für uns die schönsten Sachen von den Nachbarn und schickte sie uns. Eine andere Tante, die keine Kinder hatte, half auch ab und zu mal aus. Also, es ging uns so lala.

Diese Tante wohnte in einem Dorf circa 20 km von unserem Heimatort entfernt. Die Reise mit dem Bus dorthin endete jedes Mal in einem Trauma. Dieser alte, laute, kaum gefederte und nach Benzin stinkende Bus hielt an jeder popligen Haltestelle. Stuckeldamm, das heißt Kopfsteinpflaster mit riesigen Löchern, war an der Tagesordnung. Man benötigte schon einen stabilen und gesunden Rücken für diese unangenehme Tortur. Jedes Mal, wenn der Bus hielt und dann wieder anfuhr, wurde ich blass und blasser und kotzte mir die Seele aus dem Hals. Die Tüten dafür hatte ich immer in der Hosentasche. Der Benzingestank tat sein Übriges dazu. Mir wird heute noch schlecht, wenn ich mich in einen Bus setzen muss. Ich habe einen dermaßen Ekel davor, dass ich fast jedes Mal im Bus unter Panikattacken leide.

Einmal verbrachte ich gemeinsam mit meinem Cousin die Ferien bei der Tante. Wir waren schon etwas älter und ich konnte gut mit meiner Tante umgehen. Wenn wir dort zu Besuch waren, führte uns der erste Weg immer zu den riesigen Schafställen. Von Kindheit an verzauberten mich diese riesigen Schafherden, wenn die Schäfer mit ihren Hunden und den Schafen den Ort und die Straße belagerten. Das hatte etwas Magisches für mich. Dann entluden sich im Sommer überdimensionale Staubwolken. Das war immer etwas ganz Besonderes. Meine Tante wusste von diesem kleinen Stückchen Glück für uns und begleitete uns gern dorthin.

Ich war zu der Zeit in der 8. oder 9. Klasse. Wir waren bei meiner Tante angekommen. Ich wollte erst einmal die Schafe besuchen. Mein Cousin hatte keine Lust. So ging ich allein hin. Meine Tante hatte noch im Garten zu tun. Der Weg dorthin und die Schafe mit ihren Jungen hatten immer etwas an sich, was ich nicht beschreiben kann. Ich fühlte mich dort locker und frei von allen üblen Gedanken.

Wie ich so die Schafe beobachtete, mit meiner „Wrangler" aus dem Westen, mit einer Figur - wahrscheinlich zum Lachen - dünn und mager, aber die Hosen hauteng und der letzte Rest mit Leder an den Beinen, sprach mich ein junger Schäfer an, den ich noch nicht kannte. Mit seiner und meiner neckischen Art entwickelte sich ein köstliches Gespräch. Ich weiß noch genau, wie er hieß, aber ich nenne ja hier absichtlich keine Namen.

Der junge Schäfer verwickelte mich frotzelnd in ein Gespräch. Dann stellte er die Frage, wo ich denn herkomme. Sicher aus dem Westen, hat er sich gedacht, weil ich ja in Westklamotten steckte. Ich spielte ein Spiel mit ihm und sagte, dass ich aus Hamburg sei. Natürlich nichts ahnend, wie sich das wohl weiterentwickeln könnte. Ein freches Mundwerk hatte ich ja schon immer. Es ging hin und her. Hätte er sich gleich gedacht, dass ich aus dem Westen käme. Das machte mir Spaß. Ich war so überzeugend in meiner Lügerei und dachte mir nicht mal was dabei. Es war wirklich lustig. Meiner Tante erzählte ich nichts davon.

Lügen haben aber bekanntlich kurze Beine.

Ich erzählte meinem Cousin von meinem Spiel mit dem Schäfer. Wir waren nun jede freie Minute im Schafstall. Der Schäfer lud uns zum Schafe hüten ein. Einen ganzen Tag lang! Das war echt ein unbeschreibliches Erlebnis. So etwas sollte man mal mitgemacht haben. Hunderte von Schafen, die nur von drei Hunden und einem Schäfer in Schach gehalten wurden. Diese Hunde wussten genau, was sie tun mussten. Eine Fernverkehrsstraße musste überquert werden. Alles kein Problem. Wir sind gelaufen und gelaufen, bis wir auf einer riesigen, saftigen Wiese angelangten und die Schafe dort weiden konnten. Wir haben uns erst einmal ausgeruht. Die Hunde machten es sich kurzzeitig bei uns gemütlich. Der Schäfer brauchte nur eine Handbewegung zu machen oder einen Pfiff ablassen und die Hunde wussten sofort, was zu tun war. Mit einem Stock bewaffnet, der an der Spitze einen Metallhaken aufwies, konnte er einzelne Schafe an den Hinterbeinen zu sich heranziehen, um nachzuschauen, ob die Tiere gesund waren. Zum Beschneiden der

Klauen hatte er ein rasierklingenscharfes Messer mit. Zum Ausruhen war nicht allzu viel Zeit. Die Tiere mussten ja kontrolliert werden.

Es war lustig und sehr schön. Wir hatten alle unseren Spaß. Mein Cousin und ich waren etwas ganz Besonderes für diesen Schäfer. In einem Gespräch sagte er uns, dass er uns etwas schenken wolle. Wir zwei waren vielleicht gespannt. Wir hatten ihm angesehen, dass er nicht soviel Geld besaß, um uns ein Geschenk zu machen. Mir wurde die Sache langsam etwas peinlich. Er war ja voll in der Annahme, wir seien aus Westdeutschland. Er öffnete seine Geldbörse und schenkte uns „Ostgeld". Na Hilfe! Ähhh, wat fürn Scheiß! Und wir durften uns nichts anmerken lassen. Wir wollten das nicht annehmen. Er verstand das nicht und hat sicher gedacht, er bekäme dafür von uns Westgeld. Haste gedacht …! Hätten wir ja selbst gern gehabt.

Der Tag ging vorüber. Es war toll. Aber das schlechte Gewissen machte sich bei meinem Cousin und mir breit. Wie sollten wir da wieder rauskommen, ohne diesen netten Menschen zu enttäuschen? Wieder bei meiner Tante angekommen, erzählten wir ihr von unserem Spiel. Sie war fast empört darüber und sagte, dass wir uns dafür entschuldigen müssten. Sie wollte den Schäfer für den anderen Tag zum Essen einladen, damit wir Gelegenheit bekämen, das wieder auszubügeln. Ich fühlte mich echt beschissen. Der nächste Tag war der Tag der „Wahrheit". Mir war speiübel wegen dieser Lüge, die ich jetzt erklären musste. Die Enttäuschung war unserem neu gewonnenen Freund ins Gesicht geschrieben. Aber er revanchierte sich bei mir. Ich ging weiterhin zum Schafstall. Er erzählte auch weiterhin mit mir. Täglich war in dem Schafstall ein Pferd und zwar ein Kaltblüter. Das heißt, breiter Rücken, auf dem fast ein Auto Platz hatte. Wenn die Arbeit getan war, bekam das Pferd einen Klaps auf sein Hinterteil und rannte allein circa 200 m in den Pferdestall auf seinen Platz. Es war ein sehr zahmes und liebes Pferd.

Rache ist süß!

Ich stand, nichts ahnend, ganz vertieft und in Gedanken versunken wieder mal bei den Schafen. Auf einmal schnappt mich irgendwas von hinten. Ich kam nicht zum Nachdenken. Was ich in diesem Moment nur noch mitbekam, war Höhe und dass ich die Beine breit machen musste, was eigentlich gar nicht richtig ging. Der Schäfer hatte mich auf diesen Gaul geschmissen. Er spuckte in die Hände und verpasste dem

Pferd einen fürchterlichen Klatscher auf sein Hinterteil. Das Tier rannte schnurstracks mit mir los. Ich wusste nicht, wo ich mich so schnell festkrallen sollte und sah nur noch die schwarze Mähne vor mir herflattern. Ich dachte, ich fliege da gleich runter und meine Beine hingen sonst wo. Ich glaube, ich habe das Pferd vor lauter Angst und Schreck ins Fleisch gekniffen, anstatt in seine Mähne und es rannte darum noch schneller mit mir. Außerdem hatte ich mir ein wenig in die Hose gepinkelt. Aber es war Sommer und das Pferd war sowieso vom Arbeiten nass geschwitzt. Trotzdem peinlich! Ich sah die Holztür vom Pferdestall vor mir und konnte mich gerade noch so ducken. Dann stand das Pferd mit mir auch schon an seinem Platz. Alle hatten ihren Spaß - nur ich nicht. Mir tat alles weh. Ich zitterte am ganzen Leib. Es vergingen Tage, bis ich meinen Muskelkater in den Beinen wieder los war. Ein Erlebnis, dass ich wohl nie vergessen werde. Heute kann ich darüber lachen und … ich würde es wieder tun!

Meine Mutter hatte einen Freund. Ich konnte diesen Typen überhaupt nicht leiden. Ich war im pubertären Alter und konnte nicht damit umgehen, dass jemand unser Familienleben störte. Es war jemand aus unserem Haus. Meine Mutter zerstörte jetzt auch eine Familie, denn der Mann war verheiratet. Ich hatte mir gewünscht, er würde bei seiner Familie bleiben. Er wollte uns mit Geld bestechen und sich lieb Kind machen. Ich spürte das und wollte es nicht. Er war mir nie sympathisch. Es hat sich dann auch herausgestellt, dass er ein undurchsichtiger Typ war. Besagter Mann hatte mir ein Fahrrad gekauft. Ich wollte schon immer gern ein Fahrrad haben - aber nicht von ihm. Er kaufte es mir trotzdem. An den Wochenenden und bei schönem Wetter hielten wir uns manchmal in seinem äußerst gepflegten Garten am Rand der Stadt auf. Meiner Mutter hatte irgendein Insekt ins Bein gestochen. Die Stelle entzündete sich und ging auf. Sie litt bis an ihr Lebensende unter diesen Insektenstich. Nun hatte sie ein offenes Bein.

Sommerferien - ich war im Übergang von der 9. in die 10. Klasse. Von meinem Vater hatten wir in der Zwischenzeit nichts gehört. Also, die Prüfungszeit begann. Die Ferien verbrachte ich an der Ostsee bei der Freundin meines Bruders. Es waren wieder einmal schöne Ferien.

Auch diese sollten vorbeigehen und mir das „Trauma" meines Lebens bescheren. Ich war wieder zu Hause angekommen und klingelte an der Wohnungstür. Meine Mutter öffnete. Ich war erschrocken, wie sie aussah. Krank und blass! Ich fragte, was mit ihr los sei? Sie sagte, sie wäre erkältet.

Meine Mutter sah nicht nur sehr krank aus, sie war auch sehr krank. Sie hatte wieder mit dem Rauchen angefangen, konnte es irgendwie nicht lassen. Ich dachte mir, die Zigaretten wären schuld an ihrer Krankheit und sagte es ihr.

In kürzester Zeit sah sie immer schlechter aus und hatte immer mehr Arztbesuche.

Nach circa drei Wochen war sie dann bettlägerig. Eine Krankenschwester kam jeden Tag und schaute nach ihr. Ich machte mir besorgt Gedanken. Aber das, was dann kam, ahnte ich nicht im Geringsten.

Nachmittags kam ich aus der Schule. Meine Tante, die keine Kinder hatte, saß auf dem Sofa und wollte mit mir reden. Ich sollte mich zu ihr setzen. Was sie mir dann erzählte, habe ich ihr nicht geglaubt.

„Deine Mutti hat Krebs. Sie wird bald sterben und sie wird nie wiederkommen. Sie bekommt Morphium, um die Schmerzen zu ertragen."

Ich starb in diesem Moment. Ich weiß nicht, was ich gedacht habe, konnte und wollte es nicht glauben. Es gab doch Ärzte und Medizin. Warum sollte meine Mama sterben? Es musste doch etwas dagegen geben! Ich habe es nicht geglaubt, dass sie stirbt. Meine Tante sollte recht behalten. Diesen Satz, „Sie wird nie wiederkommen.", habe ich bis heute nicht vergessen und das Wort „nie" sitzt ganz tief in meinem Innersten fest.

Ich hasste meine Tante für diese Aussage, die sie mir an den Kopf knallte. Wie konnte sie so etwas Böses sagen? Was für ein garstiges Weib! Ich hatte soviel Wut auf diese Frau, dass ich dachte, ich hätte mich nicht mehr unter Kontrolle. Ich wollte ihr eine runterhauen. Ich war hin- und hergerissen zwischen Ungläubigkeit, Wut, Trauer und Angst vor dem, was jetzt kommen würde. Was sollte denn aus mir werden, wenn Mama nicht mehr da war? Ich war das – vielleicht ein wenig verhätschelte – Nesthäkchen und längst noch nicht reif, mich allein im Leben zurechtzufinden. Was sollte aus mir werden, aus meiner Schwester, aus meinem Bruder? Wieder mal Verlustangst!

Es begann eine Zeit, die ich lieber aus meinem Gedächtnis streichen würde. Ich habe sie nie richtig verarbeiten können. Vielleicht kann ich es ein wenig mit diesem Buch tun. Es fällt mir heute noch sehr schwer, mich damit zu befassen. Aber, wie anfangs geschrieben, will ich mir in die Karten schauen lassen. Es kam dick und dicker und immer heftiger.

Mein Leben änderte sich urplötzlich. Meine Mama lag im Schlafzimmer und hatte Schmerzen, die auch die ständigen Gaben von Morphium nicht mehr lindern konnten. Sie wollte und sollte nicht im Krankenhaus sterben. Ich ging noch ein paar Tage zu ihr, konnte es aber nicht verkraften, wie sie jetzt aussah. Sie sah nicht mehr aus wie meine Mutter. Ich erkannte sie kaum wieder. Sie war so dünn. Sie konnte nichts mehr essen, tagelang nicht. Die Augen waren eingefallen und hatten dunkle Ränder. Der Tod stand ihr ins Gesicht geschrieben. Der Mund stand offen. In ihm war nur rohes Fleisch zu sehen. Sie war nur noch Haut und Knochen. Sie ist sozusagen bei lebendigem Leib verhungert. Ein wenig Trinken aus der Schnabeltasse war manchmal noch möglich. Sie wollte für mich stark sein, das sah ich ihr an. Es riss mir bald das Herz aus dem Leib. Ich wusste nicht, wie ich sie trösten sollte und hielt einfach ihre Hand. Das Schlimmste war, ich konnte ihr nicht helfen. Niemand konnte es. Ich habe mir Vorwürfe gemacht, die mich heute noch quälen. Jetzt zum Beispiel, wo ich alles wieder hochhole.
Diesen Anblick werde ich nie vergessen! In dieses Schlafzimmer, wo meine Mama so hilflos dalag, konnte ich nicht noch einmal gehen. Ich habe es nicht geschafft, das über mich zu bringen. Ich war so schockiert, dass mir jetzt noch der Atem stockt. Ich habe meine Mutter sehr geliebt. Sie mich auch. Ich weiß es, Mama! Ich hatte Angst davor, was mich dort im Schlafzimmer erwartet. Meine Mama sah doch nicht mehr wie meine Mama aus. Die Augen und der ganze Mensch von unsagbaren Schmerzen gekennzeichnet. Der Tod stand schon bei ihr am Bett. Der Körper war ausgemergelt. Sie hatte für nichts mehr Kraft, und ich auch nicht. Wie sehr habe ich mir gewünscht, dass mich mal jemand in den Arm nimmt und in dieser schweren Zeit tröstet. Wie gern hätte ich meine Mama mal in den Arm genommen und ihr gesagt, wie sehr ich sie liebe. Aber ich konnte es nicht. Ich war zu schwach dafür.
Ich habe ein schlechtes Gewissen. Es zerreißt mir heute noch das Herz. War ich deswegen eine schlechte Tochter?
Ich war ein gebrochenes, junges Mädchen, das weit und breitkeinen wirklichen Ansprechpartner mehr hatte. Elend, Elend, Elend …
Ich glaube, meine Mama konnte nicht in Ruhe von dieser Welt gehen. Einfach nur aus Sorge, was aus ihren Kindern werden würde.
Das Rad dreht sich aber unaufhörlich weiter, auch wenn man nicht mehr daran glaubt.

Meine fast heile Welt war nun ganz zerbrochen. Meine Mutter quälte sich bis zur letzten Minute. Sie fing an, vor Schmerzen zu schreien - auch nachts. Sie fantasierte und sagte: „Habt ihr denn schon einen Sarg bestellt?" Auch diesen Satz werde ich niemals vergessen. Wir Kinder hielten uns im Wohnzimmer auf. Der Fernseher war passé. Es war nachts, als sie das sagte. Wir konnten damit nicht umgehen. Es quälte uns alle. Sie wusste, dass sie stirbt. Das machte es uns noch schwerer.

Der Freund meiner Mama hatte uns alle in dieser schweren Zeit hängen lassen. Er zog aus und räumte die Wohnung aus. Meine Mutter war todkrank und er nahm Reißaus. Wo einst die Schrankwand stand, war jetzt eine kahle Wand. Das Elend nahm und nahm kein Ende. Ich verfluchte diese Pfeife von einem Mann.

Ich steckte voll in den Prüfungsvorbereitungen. Die Verwandtschaft lud uns ein. Wir sollten dort übernachten, um nicht allzu viel vom Leid meiner Mutter mitzubekommen. Aber ich wollte das nicht. Doch zu Hause hielt ich es ja auch nicht mehr aus.

Ich schlief bei meiner Cousine, das schlechte Gewissen im Nacken. Wir wussten ja nicht, wann es mit Mama zu Ende ging.

Wie das Leben so spielt! Der Tod fragt nicht. Ausgerechnet in dieser Nacht starb meine Mutter.

Morgens klingelte es an der Tür meiner Cousine, die noch bei ihren Eltern lebte. Ich ahnte Schlechtes und es war so. Mein Onkel stand vor der Tür und sagte: „Deine Mama ist heute Nacht verstorben."

Ich kann nicht richtig beschreiben, was ich in diesem Moment gefühlt habe. Es kam mir vor, als wäre ich gestorben. Ich wollte auch nicht mehr leben. Unsägliche Leere umhüllte meine Gedanken und meinen Körper. Nichts, aber auch gar nichts, war mehr von irgendwelcher Wichtigkeit. Der Spaß am Leben hatte mich verlassen. Ich war nicht fähig zu denken. Meine Mama war tot! Bedarf es noch der Worte?

Die Welt war böse und grau, und ich viel zu jung. Wo war der „liebe Gott"? Er hat uns nicht geholfen, weder meiner Mutter noch all ihren Hinterbliebenen. Ich war unfähig, das alles nur im Geringsten zu begreifen. Alles war unwirklich und ich dachte, es sei ein schlechter Traum.

Irgendwann wachst du auf, und dann ist das Leben so schön wie vorher." Denkste!

Wir wurden nicht getauft und nicht christlich erzogen. Niemand hatte mit uns jemals über Gott gesprochen. Als meine Mutter bereits im Sterben lag, habe ich versucht zu beten.

Wir waren mit der Schulklasse auf einer Fahrradtour. Die Wolken zogen und sahen anders aus als sonst. Ich sah sie mir genau an. Ich versuchte, dem lieben Gott klarzumachen, dass er doch bitte, bitte, meine Mutter nicht sterben lassen soll. Er wollte mich nicht hören oder dachte, dass ich ihn bis jetzt ja auch nicht benötigt hätte. Er hat mich im Stich gelassen. Warum ließ er nur dieses Elend zu? Fragen über Fragen, und ich erhielt nie die Antwort darauf. Gott schien Frust angestaut zu haben und ließ ihn nun an uns aus.

Die Welt zeigte sich mir, wie ich sie niemals vorher sah. Sie hatte ihr Gesicht im Handumdrehen verändert. Alles war anders, von jetzt auf gleich. Mit 15 Jahren wusste ich nicht viel vom Leben da draußen. Der berühmte Sprung ins kalte Wasser und ich konnte doch gar nicht schwimmen. Ich hatte Angst, dass ich untergehe und ertrinke. Wie sollte es weitergehen? Ich hatte keine Ahnung, keinen Plan. Völlig hilflos irrte ich umher. Ich lebte nicht mehr, ich funktionierte nur noch auf eine mir fremde Art und Weise. Den Boden unter den Füßen gab es nicht mehr. Kein kuscheliges, wohliges Nest, in dem man aufgefangen wurde. Es war zerstört und niemand konnte es wieder aufbauen. Ich war mit meiner Kraft am Ende.

Beerdigungsvorbereitungen, Prüfungsvorbereitungen, Berufsauswahl standen an. Um die Beerdigungsvorbereitungen für Mama kümmerte sich die Verwandtschaft. Zum Lernen war ich einfach unfähig. Mich quälten andere Gedanken. Ich hatte meine Vorstellungen, welchen Beruf ich wohl gern erlernen würde. Uhrmacher, Goldschmied, Dolmetscher oder Hebamme. Ich entschloss mich für die Hebamme. Meine Freundin wollte Kinderkrankenschwester werden. Wir hatten viel gemeinsam. Ich wollte sie nicht auch noch verlieren.

Der Tag der Beerdigung war da. Er war schrecklich für mich. Die eklige, feuchte und kalte Leichenhalle - ein Ort, an dem sich niemand wohlfühlen kann. Da hat man ein ganzes Leben gerackert, um anschließend allein im Sarg so unwürdig aufgehoben zu sein. Grausam.

Ich weiß nicht mehr, wie viele Menschen zur Beerdigung erschienen sind, um meiner Mutter die letzte Ehre zu erweisen. Aber mein Vater stand unverschämterweise in der letzten Ecke mit einem Blumenstrauß. Ich kann mich nur noch dunkel daran erinnern. Er begrüßte seine Kinder nicht. Er umarmte sie nicht und spendete ihnen keinerlei Trost. Ich kann das bis heute nicht verstehen. Sein eigen Fleisch und Blut. Einfach nur traurig und herzlos. Was war er für ein Mensch? Was ist er für ein Mensch?

Der Sarg meiner Mutter wurde ins Grab gelassen. Ich hatte so etwas noch niemals vorher erlebt. Am liebsten wäre ich hinterher gesprungen. Das Leben hatte keinen Sinn mehr. Ich hatte mich kaum unter Kontrolle. Was sollte denn jetzt ohne sie werden? Es gibt für alles eine Lösung, und sei es auch eine schlechte. In mir waren nur noch Trauer und Einsamkeit.

Der elendige Tag war vorbei.

Das Leben, was war das schon in dieser Leere?

Wir alle wussten nicht, was kommt.

Ich ging weiter in die Schule. Zu Hause fühlte ich mich nicht mehr wohl. Es war ja keins mehr da. Ich ging zwar in die Wohnung, aber es erwartete mich nicht mehr das, was ich mir erhofft hatte. Kühle schlug mir entgegen. Meine Schwester und ich weinten um die Wette. Mein Bruder war in der Nähe von Berlin. Seine Freundin wohnte an der Ostsee. Was war hier nur los? Wirrwarr und Durcheinander - Chaos!

Das Jugendamt ließ sich blicken und redete mit meiner Schwester. Sie war 17 Jahre alt. Sie musste unser Zuhause nicht verlassen, aber ich durfte nicht mehr dort wohnen.

Schule, Sportunterricht und der nächste Hammer folgte.

Während des Sportunterrichtes in der Turnhalle rief mich plötzlich meine Lehrerin zu sich. Sie sagte mir, ich solle mal vor die Tür gehen. Es würde jemand auf mich warten.

Auf mich? Wer sollte dort schon auf mich warten?

Ich ging raus und schaute nach. Schock! Ich drehte mich auf dem Absatz um und ging wieder in den Sportunterricht. Ohne ein Wort. Meine Lehrerin sagte mir, ich sei vom Sportunterricht freigestellt. Ich sollte doch bitte wieder rausgehen.

Ich weigerte mich und stritt mich mit ihr auf Teufel komm raus. Aber es blieb mir nichts anderes übrig. Ich musste raus.

Tja, wer erwartete mich dort? Mein VATER! Ich hatte keinen Bock ihn zu sehen. Er hatte uns alle verarscht. Was wollte er jetzt von mir? Ich wollte nicht mit ihm reden. Was gab es zwischen uns schon zu reden. Ich war störrisch wie ein Esel. Schließlich hatte ich nicht vergessen, was er uns angetan und wie er uns in der größten Not hängen lassen hatte. Er hatte Misstrauen in mir ihm gegenüber geschürt. Wie sollte ich meinem eigenen Vater denn noch vertrauen? Aber ich konnte ihm nicht entkommen.

Während des Sportunterrichtes musste ich mich mit ihm in ein Büro setzen. Nicht ahnend, um was es überhaupt ging. Was wollte er von mir? Ich schaute meinen Vater an. Er war mir fremd geworden. Dieser Mann war nicht mehr der Papa, den ich aus den sorglosen Tagen kannte. Er hatte sich verändert. Ich hatte mich verändert. Er hatte mich verändert. Seine neue Frau hatte ihn verändert.

Er sprach kurz mit mir, wie leid es ihm doch tun würde, dass meine Mutter verstorben sei. Er hätte mit seiner jetzigen Frau (der berüchtigten Nutte!) gesprochen und sie hätten gern, dass ich zu ihnen ziehe. Ihr Sohn, mein Klassenkamerad, wäre auch damit einverstanden.

Mir wurde schlecht, als ich das hörte. Alles in mir verkrampfte. Ich musste wieder einen klaren Gedanken fassen, kam aber überhaupt nicht zur Ruhe. War das nicht alles schon genug? Nein, war es nicht. Sollte ich meiner Mama jetzt nach ihrem Tod so in den Rücken fallen? Was hätte sie mir geraten?

Die Alternative dazu war ein Heim, da ich nicht bei meiner Schwester bleiben durfte. Sie war noch keine 18.

Ich kam mir vor wie ein geprügelter und gefolterter Hund. Aber was blieb mir im Endeffekt übrig. Im Heim wäre ich total verloren gewesen. Ich wollte nicht auch noch aus meiner gewohnten Umgebung gerissen werden. Davor hatte ich Angst. Angst, was aus mir werden sollte.

Ich sagte ihm, dass ich nicht glauben würde, dass seine Frau das wirklich will. Ihm konnte ich es noch ein wenig abnehmen. Aber ihr?

Wir mussten zum Jugendamt gehen. Mein Vater, die Nutte und ich. Dort saßen wir im Büro. Nüttchen grinste mich an. Sie wusste, dass ich keine andere Wahl hatte. Ob sie das wirklich aus ganzem Herzen wollte? Ich wusste es nicht. Ich hatte das Gefühl, sie hasste mich.

Meine Geschwister verstanden meine Entscheidung nicht so richtig, dass ich zu meinem Vater ziehen wollte, sollte, beziehungsweise musste. Vor allen Dingen nicht mein Bruder. Aber eine andere Lösung für mein Problem hatte er auch nicht.

Mein Umzug war ein Witz. Ich nahm ein Bett mit und meine persönlichen Sachen. Das war alles, was mir von meinem Zuhause geblieben war. Eine Flucht in eine ungewisse Zukunft erwartete mich.

Ich war nun mit meinen wenigen Sachen in einer Zwei- Zimmer- Wohnung in einem Altbau. Das Schlafzimmer wurde für mich und meinen jetzigen „Stiefbruder" mit einem Vorhang geteilt. Von der Küche aus sah man die Bäume vom Friedhof. Ich war fremd in dieser Wohnung und bei diesen Menschen. Alles war anders als zu Hause. Es wurde nie mein zu Hause.

Ich hatte einen kleinen Trost. Jeden Tag ging ich meine Schwester besuchen, die unsere alte Wohnung behalten „durfte". Aber auch das war für mich kein zu Hause mehr. Ich fühlte mich als Gast. Eigentlich fühlte ich mich überall nur noch als geduldeter Gast.

Meine Schwester und ich gingen oft meine Tante (die Schwester meiner Mutter) besuchen, die keine Kinder hatte. Sie konnte uns ein wenig Trost spenden und uns manchmal auffangen. Aber helfen konnte uns niemand in unserer Einsamkeit und unserer Trauer. Sie war die Person, zu der wir Vertrauen fassen konnten. Als Kind mochte ich sie nicht besonders. Sie hatte keine Kinder und konnte auch nicht richtig mit ihnen umgehen. Jetzt waren wir älter und wir verstanden uns gut. Ab und zu entlockte sie uns ein Lachen aus unseren vergrämten Gesichtern. Sie durfte damals schon in den Westen reisen und brachte uns immer ein paar Kleinigkeiten mit. Wir waren dann wie verzaubert von den schönen Dingen und die Welt sah wieder etwas bunter aus. Auf der Arbeit spielt heute noch das Weckradio, das sie mir mitgebracht hatte, als ich 18 Jahre alt war. Dieses Radio hat doch tatsächlich etliche Umzüge heil überstanden und ist mittlerweile 28 Jahre alt.

Wir sprachen darüber, was mit ihrem Erbe werden soll, wenn sie mal nicht mehr da ist. Meine Schwester und ich sprachen nicht gern mit ihr darüber. Aber sie wollte alles geklärt haben und uns etwas Gutes tun. Sie konnte unser Leid, unsere Not und unsere seelische Armut verstehen. Aber wie das Leben so spielt, sollten wir auch damit kein Glück haben. Zurück zu der Zeit, in der ich bei meinem Vater lebte.

Ich fühlte mich dort nicht wohl. Die Frau meines Vaters, meine „Stiefmutter", zeigte mir sehr deutlich, was sie von mir hielt. Sie verwöhnte ihren Sohn und ich blieb auf der Strecke. Mein Vater sah hilflos und wie eine Memme zu. Sie kam nachts besoffen nach Hause. Nicht nur besoffen, sondern halb im Koma. Sie konnte sich nicht mehr auf den Beinen halten und hatte eingepinkelt. Das passierte nicht nur einmal. Sie wollte dann immer zu mir und mich wecken. Mein Vater konnte sie meistens davon abhalten. Wenn sie auf ihrer Sauftour war, habe ich nachts kein Auge zugemacht. Über ihre Affären möchte ich mich hier nicht auch noch auslassen. Das ist es mir einfach nicht wert.

Es war alles eklig und peinlich. Ich merkte, dass mein Vater seine Strafe für das erhalten hatte, was er uns angetan hatte. In mir war ihm gegenüber ein Gefühl von Mitleid und Schadenfreude. Er sprach nicht mit mir darüber. Es wurde versucht, alles zu vertuschen. Nur keine Probleme ansprechen.

Mit meinem Stiefbruder konnte ich auch nicht reden. Er war ein sehr verschlossener Junge. Vielleicht war es ihm auch peinlich. Wir gingen morgens zwar gemeinsam in die Schule und nach Schulschluss wieder heim, aber das war auch schon fast alles. An manchen Abenden wurde gemeinsam Karten gespielt, mit Vater, Stiefbruder und Stiefmutter. Nüttchen soff dann jedes Mal. Vielleicht konnte sie meine Anwesenheit nicht ertragen.

Ich hatte keine Lust mehr, das mitzumachen. Es war mir einfach nur zuwider. Ich entschloss mich, noch einmal zur Berufsberatung zu gehen und wurde fündig. Musikinstrumentenbauer, 450 km von meinem Heimatort entfernt. Das war es doch. Ein Beruf, der mir Spaß und Freude bereiten würde und mich aus dieser Hölle rausbrachte. Also bewarb ich mich dort und erhielt eine Zusage. Ich war von zu Hause nie weit entfernt gewesen. Meine neue Lehrstelle war im Vogtland und ich ein Mecklenburger Mädchen. Aber egal, Augen zu und durch! Ich war und hatte mich entschlossen. Wollte einfach nur noch weg, ohne lange zu überlegen. Mein Stiefbruder hatte sich in der Nähe von Berlin eine Lehrstelle gesucht.

Die letzten Sommerferien verbrachte ich dann gemeinsam mit meiner „Stieffamilie" bei meinen Großeltern auf dem Land. Sie waren in den Westen verreist. Nüttchen hatte sich einen Plan ausgedacht, der aber nicht aufging. Sie war immer schon sehr materiell eingestellt. Wollte und musste alles haben, was ihr gefiel.

Also, wir waren bei meiner Oma und meinem Opa im Haus. Stiefmütterchen eröffnete uns, dass wir jetzt alle gemeinsam das Haus in Angriff nehmen, entrümpeln, aufräumen, putzen und streichen wollten. Na, toll! Was verlangte sie da von uns? Es war unverschämt von ihr. In ihrer Raffgier war ihr alles egal.

In diesem Haus wusste man nicht, wo man mit Putzen und Renovieren anfangen und aufhören sollte. Dort wurde alles gesammelt. Mein „Stiefbruder" und ich schoben Frust. Wir haben gerackert von morgens bis abends, bis wir todmüde ins Bett fielen. Und das alles nur, weil sie dachte, meine Großeltern würden es ihr danken und sie würde Westgeld, das heißt D- Mark, geschenkt bekommen.

Oma und Opa kamen aus dem Westen zurück. Sie waren völlig erschrocken, wie das Haus jetzt aussah. Alles war ganz anders und es war ihnen fremd. Sie meckerten herum. Mein Opa kramte in seiner Verstörtheit auf dem Müll herum, um noch irgendetwas zu finden. Sachen, die wir weggeworfen hatten. Wieder einmal zeigte sich die Schadenfreude in mir. Nüttchen bekam nicht, was sie sich erhoffte. Nicht einmal ein Dankeschön, auch für uns Kinder nicht. Es gab gar nichts. Keinen West-Kaugummi und auch kein Stück Schokolade, die doch immer so lecker schmeckte. Na gut, aß ich eben einen harten Ossi- Kaugummi. Ich hatte kein Problem damit. Ging ja vorher auch.

Das waren völlig verhunzte Ferien, und ich hatte Wut im Bauch.

Die nächste Reise ins Ungewisse stand an.

In der Hoffnung, dass mein Vater mich auf meine Fahrt ins Vogtland begleiten würde, wurde ich wieder einmal eines Besseren belehrt. Ich hatte ja „nur" 450 km mit dem Zug zu fahren. Mehrere Male musste ich umsteigen. Die Lehrstelle meines Stiefbruders war circa 100 km entfernt. Mein Vater musste ihn mit seiner Frau dorthin bringen. Das Schlimmste daran war, dass mein Stiefbruder Geld und Leckereien bekam, die er sich mitnehmen durfte.

Mich wollte niemand begleiten, nicht einmal mein Vater. Enttäuschung auf ganzer Linie. Ich war wieder mal auf mich allein gestellt. Sie verkauften mich für dumm und dachten, ich würde es nicht mitbekommen.

Tja, Papa, wenn du diese Geschichte irgendwann tatsächlich mal lesen wirst, dann hoffe ich zumindest, dass sich spätestens jetzt das schlechte Gewissen in dir breit macht. Hast du eigentlich gedacht, ich wäre blöd? Dann hast du dich getäuscht. Und zwar schwer. Aber du hast deinen Stiefel weiterhin so durchgezogen, schade! Ich konnte das damals alles nicht verstehen und das schaffe ich bis heute nicht. Nach außen immer der besorgte Vater! Aber was steckt nur hinter deiner Fassade? Es tut mir weh, dass du heute immer noch versuchst, mir etwas vorzugaukeln.

Du denkst sicher, dich hätte niemand durchschaut. Ich habe es und ich teile es dir so mit. Es dir persönlich zu sagen, dazu fehlte mir damals noch die Kraft. Du hast niemals versucht, irgendetwas gut zu machen. All das, was du uns angetan hast, hast du ganz dezent beiseite geschoben. Du hast sogar immer noch einen draufgesetzt. Was soll ich nur von dir halten? Ich dachte immer, ich könnte dir irgendwann einmal wieder mein Vertrauen schenken. Aber es geht nicht. Ich kann mich mit dir am Telefon über belanglose Dinge unterhalten. Mehr aber auch nicht. Du kennst meine Probleme nicht und sie interessieren dich auch nicht. Du bist eigentlich ein fremder Mann. Nicht mal ein Freund. Mit Freunden kann ich mich darüber unterhalten, aber auch erst seit Kurzem. Mit dir kann ich das nicht. Du bist ein verdammter Egoist. Es interessiert dich nicht, wie es deinen Kindern geht und wie sie zurechtkommen. Nur ich mache mir ständig einen Kopf über alles. Aber vielleicht kann ich all diese Gedanken, die mich heute noch quälen, irgendwann auch einmal beiseite legen. So wie du! Ich hätte ein schöneres Leben. Und ich hoffe, dass ich das alles mit diesen geschriebenen Zeilen irgendwie verarbeiten kann.

Ich war mit dem Zug nach circa 12 Stunden Fahrt im Vogtland angekommen,. Es war abends gegen 21.00 Uhr. Eine große Reisetasche war mein Anhängsel. Ich hatte noch einen Weg von gut 3 km zum Lehrlingswohnheim vor mir. Es war kalt. Kälter als daheim. Ein Gefühl von Fremde überkam mich. Wo war ich hier? Ich fragte mich durch, aber ich verstand den Dialekt nicht. Ich dachte, ich wäre im Ausland gelandet. Deutsche Demokratische Republik - aber eine Sprache?

Ein Mädchen kam auf dem Fahrrad angeradelt. Ich sprach sie an. Sie brachte mich zum Lehrlingswohnheim. Ich war froh, dass ich meine schwere Reisetasche nach der langen Fahrt nicht schleppen musste. Sie hatte die Tasche auf dem Gepäckträger deponiert.

Im Lehrlingswohnheim angekommen, begrüßte man mich freundlich und zeigte mir das Zimmer. Ich musste es mit zwei Mädchen teilen. Nur einfache Fenster und es gab keine Heizung im Zimmer. Das Wasser gefror im Winter in den Gläsern. An den Fensterscheiben blühten Eisblumen. Einen kleinen Bahnheizkörper durften wir uns anschalten, solange wir uns im Zimmer aufhielten. Er schaffte es nicht, den Raum aufzuheizen. Das ganze Haus war kalt. Im Winter schliefen wir im Trainingsanzug im Bett und Wadenkrämpfe rissen uns aus dem Schlaf.

Wir Lehrlinge hatten alle eine Aufgabe. Es gab einen Plan für den Küchendienst, für den Toilettenreinigungsdienst, und so weiter und so fort. Von Woche zu Woche wechselte er. Jeder musste alles machen. Der Küchendienst wurde morgens um 5.00 Uhr mit der Trillerpfeife geweckt. Es war wunderbar!!! Das Beste am Frühstück waren die gekochten Eier. Sie waren meistens verfault. Immer für eine Überraschung gut. Ich konnte jahrelang kein Frühstücksei mehr essen.

Die Anfangszeit im Lehrlingswohnheim war sehr schwierig. Wir waren alle aus unseren Nestern gerissen worden. Die Lehrlinge dort kamen aus der gesamten DDR. Viele waren zum ersten Mal weit weg von zu Hause. Fast alle wurden von ihren Eltern begleitet. Traurigkeit und Weinen waren an der Tagesordnung. Einige hatten so starkes Heimweh, dass sie die Ausbildung abbrechen wollten. Der harte Kern hielt durch, mich inbegriffen. Ich fand dort viele Freunde. Irgendwie teilten wir alle das gleiche Schicksal, nur ich hatte das härteste Los gezogen. Ich kam mir verloren vor. Mir fehlte der Halt. Selbst diese Freunde konnten mich nicht aus meinem bösen Traum rütteln. Eigenartige innere Einsamkeit holte mich ständig ein. Aber ich konnte mich ab und zu aus diesem bösen Traum befreien. Ich hatte auch Heimweh nach meinem Zuhause und nach meiner Mama. Es war aber nichts mehr von dem kuscheligen, wohligen Heim da und Mama auch nicht. Wonach hatte ich nur Heimweh? Ich musste stark sein und mich durchbeißen, um nicht völlig zu verzweifeln. Äußerlich zeigte ich diese Stärke, aber innerlich war ich von Trauer, Leid und Ohnmacht völlig zerfressen. Es interessierte niemanden, aber auch wirklich niemanden. Keiner hat jemals danach gefragt, wie ich das alles verkraften würde.

Die Ausbildung war sehr gut und machte mir Spaß. Ich hatte wieder ein wenig Abwechslung und musste mich auf die Arbeit konzentrieren. Nur das Lernen fiel mir schwer. Mein Kopf war nicht frei. Ich hatte zuviel erlebt. Aber es half ja alles nichts.

An den Wochenenden gingen wir in die Disco. Es war auch sonst immer was los. Wenn es uns im Internat mal langweilig war, spielten wir Tischtennis oder haben Mitbewohnern beim Üben auf ihren Instrumenten zugehört. Geld hatten wir nicht viel. 80 Ost- Mark. Zum Leben zu wenig, zum Sterben zu viel. Die Kosten für das Internat, die Busfahrkarte, das Essen, die Schulbücher, ab und zu mal eine Kleinigkeit nebenbei. Mehr war nicht drin. Und ich wollte jedes Wochenende nach Hause fahren. Das war utopisch. Ich konnte es mir nicht leisten. Aber ich gönnte mir die Fahrt so alle 14 Tage. Es war jedes Mal eine Katastrophe. Ich war zwölf Stunden und mehr unterwegs. Für circa zehn Stunden konnte ich dann wenigstens Zuhause sein. Oder besser, was vom Zuhause noch übrig war. Ich wollte meine Schwester sehen und den Kontakt zu ihr nicht verlieren.

Die Ausbildungszeit war schön und schwierig zugleich. Ratten tummelten sich im Plumps- Klo und in den Duschräumen herum. Es gruselte mich, zur Toilette zu gehen. Ich hatte Angst, dass die Ratten mich dann von unten anknabberten und hielt mir die Ohren zu, um ihr Gekreische nicht mit anhören zu müssen. Jedes Mal war ich froh, wenn ich diesen Platz unversehrt verlassen konnte. Der Duschraum konnte nicht beheizt werden. Das Wasser kam meistens eiskalt aus der Dusche. Fußpilz machte die Runde. Wenn man ein Wannenbad nehmen wollte, musste man sich in eine Liste eintragen. Es war nur eine Badewanne für circa 30 Heimbewohner vorhanden. Die Badewanne befand sich im Waschraum der Jungen. Die Abtrennung für die Badewanne ging nicht bis zur Decke hoch. Die Jungs hielten sich meistens im Waschraum auf, wenn wir Mädchen baden wollten. Sie mutierten zu Spannern. Aber wir Mädchen wussten uns zu helfen. Es blieb uns auch gar nichts anderes übrig. Der Zusammenhalt untereinander war enorm, da wir alle irgendwie das gleiche Schicksal teilten. Wir waren eine große Familie. Nur unsere gemeinsamen Eltern passten nicht. Der Leiter des Internats hatte eine schwule Ader. Er war zwar verheiratet, aber wir hatten immer das Gefühl, er sei anders gepolt. Ob es wirklich so war, weiß ich nicht. Auf alle Fälle benahm er sich ab und zu so. Ein weiterer „Erzieher" wohnte gemeinsam mit seiner Frau im Lehrlingswohnheim. Er kam mir damals schon sehr alt vor. Das Schlimmste jedoch war, dass beide, der Internatsleiter und der Erzieher, völlig „rote Socken" waren. Sie waren vom System der DDR sowas von überzeugt, dass ich heute noch eine Gänsehaut bekomme, wenn ich daran denke.

Sie nahmen mich in die Mangel. Ich sollte in die SED, die rote Partei, eintreten. Das widerstrebte mir. Ich war kein überzeugter Kommunist. Noch nie. Ich konnte mich nicht damit anfreunden. Ich hatte Augen, Ohren und einen Kopf zum Denken. Erschwerend kam noch hinzu, dass ich meinen eigenen Kopf hatte und mich niemand, aber auch wirklich niemand, von irgendetwas überzeugen konnte, von dem ich nicht überzeugt war. Ein Problem bahnte sich an. Die beiden machten sich Gedanken, wie sie mich in diese Partei einschleusen konnten. Und ich machte mir Gedanken, wie ich es wohl anstellen könnte, nicht dort eintreten zu müssen. Ich musste mir etwas einfallen lassen. Der Druck wurde groß und größer. Ich ließ mir Ausreden einfallen. Sie zählten nicht. Der Tag der Entscheidung stand an. Ich musste antanzen. Dann habe ich ihnen erklärt, dass ich das noch nicht entscheiden könnte, weil ich zu jung wäre. Sie schauten sich an. Ich wusste, dass ich damit nicht landen konnte. Es blieb ihnen aber nichts anderes übrig und sie mussten meine Entscheidung zähneknirschend akzeptieren. Sie konnten mich ja nicht zwingen. Auch das wusste ich. Aber die Strafe ließ nicht auf sich warten. Ich musste jeden Abend nach dem Abendessen in der Zeit von 19 bis 21 Uhr funken. Wir hatten im Keller des Internats einen Funkraum. Der alte Erzieher war ein überzeugter Funker. Jetzt durfte ich das Morsealphabet von der Pike auf lernen und wurde zum Tastfunker ausgebildet. Es interessierte mich nicht die Bohne. Aber ich ließ es mir nicht anmerken. Ich tat so, als würde es mich interessieren. Ich steckte sie in den Sack. Sie haben nicht damit gerechnet. Ich bekam Ausgeh- und Heimreiseverbot. Das konnten sie aber auf Dauer auch nicht durchziehen. Also nahm irgendwann das „normale" Internatsleben wieder seinen Lauf.

Die Ausbildungszeit war vorbei. Wir wurden ein wenig auf das Leben da draußen vorbereitet.

Vom Ausbildungsbetrieb wurden wir übernommen. Jetzt ging es darum, eine Wohnung zu finden.

Die Arbeit machte Spaß, aber der Verdienst war ein Hohn. Es reichte kaum zum Leben. Ich nahm mir mit zwei Internatsfreundinnen eine Zwei- Zimmer- Wohnung. Es war ein uraltes, großes Haus. Immer schön kalt. Hohe Räume und ein kleiner Kohle- Ofen im Wohnzimmer. Das Schlafzimmer hatte keine Heizmöglichkeit. Eine Kochgelegenheit mit zwei elektrischen Kochplatten sollte unseren Speiseplan erheitern und die Küche beheizen. Die Toilette war aus Holz und befand sich im Hof. Im Winter war es dort eklig kalt. Dafür herrschte im Sommer der Gestank, puh!

Wir genossen diese Zeit. Abends schaute niemand auf die Uhr, wenn wir mal später kamen. Wir gingen aus und luden uns Besuch ein.

Ein Nachbar, der um die Ecke wohnte, bekam mit, dass drei junge Mädchen, oder besser Teens, jetzt fast Wand an Wand mit ihm wohnten. Er besuchte uns. Als Geschenk brachte er richtig guten Wein mit. Es war ein eingebildeter Fatzke. Schwere Goldkette, schicker Anzug, aber er sah trotzdem doof aus und war es zu allem Übel auch noch. Von wegen, Kleider machen Leute. Er war so um die Vierzig und „angeblich" Fotograf. Er lud uns zu sich ein. Es stellte sich schnell heraus, was er wollte. Eines Abends fragte er mich, ob er von mir „schöne, erotische" Bilder machen sollte. Ich fiel aus allen Wolken, ließ es mir aber nicht anmerken. Ich veräppelte ihn nach Strich und Faden. Er merkte es nicht. Wir Mädchen ließen ihn auf unsere Art auflaufen und haben nie wieder etwas von ihm gehört. Wir hatten nichts verloren.

Eine Weile wohnten wir in der WG. Eines Abends erzählte eine meiner Mitbewohnerinnen, dass sie in einer Gaststätte einen hübschen und sehr netten Kellner kennengelernt hatte. Sie sagte, dass er ihr gefallen würde. Neugierig, wie ich war, wollte ich ihn mir auch mal ansehen. Gesagt, getan. Also gingen wir in die besagte Gaststätte. Es sollte sich später als ein riesengroßer Fehler meines Lebens herausstellen.

Dieser besagte Kellner hatte Dienst. Er bediente uns und war wirklich ausgesprochen nett. Zu allem Übel sah er auch noch ganz gut aus. Groß, kräftig, aber nicht dick, 20 Jahre jung. Er hatte eine nette Art an sich, die mir sehr imponierte. Locker, flockig, ein großer Junge halt. Mein Typ. Wir verabredeten uns. Ich dachte, ich hätte endlich wieder mein Glück gefunden. Seine lustige Art imponierte mir ungemein. Ich dachte so bei mir, dass das passen könnte. Doch ich hatte kein bisschen Ahnung, was mich mit diesem Typen erwartete. Wir waren jung und uns stand die ganze Welt offen. Naiv ließ ich mich auf ihn ein. Ich hatte niemals vorher schlechte Erfahrungen gemacht, was sich aber ändern sollte.

Die erste Zeit mit ihm war schön. Er umgarnte mich. Und ich ließ es zu. Nicht ahnend, dass ich ihm längst verfallen war. Ich hatte einen Menschen gefunden, an den ich mich anlehnen konnte. Ich hatte wieder Halt in der Fremde. Er war ein ausgeflippter Typ und gut drauf, wie ich. Ich zog aus der WG aus und zu meinem Freund. Seine Mutter hatte zusammen mit ihrem zweiten Mann ein Lokal. Sie bewohnten eine schöne Wohnung über diesem. Mein Freund hatte dort ein kleines Zimmer. Auch andere Angestellte wohnten dort. Gegessen haben wir im Lokal, da wir keine eigene Küche hatten. Die Mutter meines Freundes war eine sehr angenehme Person, jedoch vom Gaststätten- Stress völlig überdreht. Ich konnte mit ihr Pferde stehlen.

Ihr Mann war mir nie geheuer. Er machte „krumme" Geschäfte und war versoffen. Ich konnte ihn anfangs nicht durchschauen. Je länger ich dort wohnte, desto mehr „entpuppte" sich die Familie. Sie war völlig verkorkst. Die Frau schuftete von morgens bis abends. Der Mann besorgte ständig irgendwelche Dinge, die es eigentlich gar nicht zu kaufen gab. Ich verstand das nicht. Sie waren geldgierig.

Das Lokal war kein reines Speiselokal, sondern hatte einen Saal und eine Pension. Im Saal wurden regelmäßig Veranstaltungen wie Disko, Weihnachtsfeiern, etc. abgehalten. Stress pur. Es war eine andere Welt. An den Wochenenden half ich aus. Mal in der Küche, mal im Lokal, mal an der Bar, die Zimmer reinigen, die Betten frisch beziehen, und, und, und.

Ich sollte meinen Beruf aufgeben und bei meinem Freund mit in der Gaststätte am Tresen arbeiten. Da ich ihn gern hatte, tat ich das auch. Ich kündigte meinen Beruf. Und das Drama kam ins Rollen. Es dauerte nicht lange, bis sich meine ersten Migräne- Anfälle und die erste Panikattacke zeigten.

Wir schufteten wie die Tiere. Mein Freund war auf dem Geldgier- Trip. Schichtarbeit in der Gaststätte und wenn Zeit war, bei seinen „Eltern" aushelfen. Freizeit wurde ein Fremdwort. Wir hatten Geld und gaben es aus. Klamotten und Speisen nur vom Feinsten. Wenn es die Zeit erlaubte, ging es ins Interhotel zum Essen. Ich merkte nicht, dass ich längst in einem Spinnennetz gefangen war, aus dem ich mich allein fast nicht befreien konnte.

Wir wechselten die Arbeitsstelle, was ich nicht verstand, und haben einen Kiosk übernommen. Stress war wieder angesagt. Wir hatten einen weiten Arbeitsweg und nur ein Moped. Und das im Gebirge. Im Winter Schnee ohne Ende. Es machte keinen Spaß.

Mein Freund entpuppte sich immer mehr. Er soff und bekam sein Leben nicht mehr auf die Reihe. Er fing an, mich grundlos zu schlagen und zusammenzutreten. Manchmal dachte ich, er schlägt mich in seiner Wut tot. Warum er so war, habe ich nie herausfinden können. Er war ein Scheidungskind wie ich, nur er war total verhaltensgestört. Jedenfalls, wenn er betrunken war. Ohne Vorwarnung schlug er mich zusammen. Völlig ausgetickt und voller Hass. Am ganzen Körper hatte ich Blutergüsse. Ich war sein Fußabtreter und Frust- Ablageplatz. Er nutzte es aus. Ich wurde aus meiner fast heilen Welt gerissen. Das Leben nahm völlig andere Züge an. Ich kannte das alles nicht und ich wollte das nicht haben. Ich wollte ihn verlassen und habe es ihm gesagt. Er entschuldigte sich für seine Ausrutscher. Später fing er an, mir zu drohen, dass er mich überall finden und mich dann umbringen würde.

Was sollte ich tun? Ich war jung und ganz allein in der Fremde. Wo sollte ich hin? Fragen und Gedanken plagten mich Tag und Nacht. Angst überkam mich, wenn er nicht pünktlich nach Hause kam. Er war dann auf Sauftour. Zwei Tage, drei Tage, manchmal eine ganze Woche. Wo er sich dann aufhielt, bekam ich nie raus. Seine Klamotten waren völlig verdreckt und zerfetzt. Er sah aus wie ein Ungeheuer. Er vergewaltigte mich in seinem ganzen Hass und vergriff sich an mir. Ich ekelte mich vor ihm. Zu allem Übel war er mir körperlich völlig überlegen. Ich hatte keine Chance, mich dagegen zu wehren. Ich war eine erbärmliche Kreatur und total verängstigt. Versuche, etwas zu ändern, scheiterten bei ihm schon im Ansatz. Ich schämte mich für ihn und vor mir. Vor mir, dass ich das mitgemacht habe. Ich schäme mich heute noch dafür. Die körperlichen Schmerzen konnte ich verkraften. Sie waren irgendwann weg. Aber die seelischen Schmerzen? Sie werden mich mein Leben lang begleiten, wenn auch in abgeschwächter Form. Es sind Narben, die sich ab und zu bemerkbar machen. Kein Mann darf sich heute mehr an mir austoben oder seinen Frust ablassen. Das habe ich mir geschworen.

Er ging fremd. Ich erwischte ihn auf frischer Tat. Bei seinen Eltern war wieder mal Disko angesagt. Ich beobachtete ihn, wie er mit einem Mädchen anfing zu flirten. Die beiden verschwanden im Treppenhaus. Ich folgte den beiden durch die Massen, die sich in der Disko aufhielten, verlor sie jedoch aus den Augen. Aber ich konnte sie auf dem Mädchenklo finden. Ich riss die Tür auf und siehe da. In meiner verzweifelten Wut schlug ich auf die beiden ein. Ich hatte in diesem Moment Kraft wie ein Bär. Es war fürchterlich. Wie weit war ich nur gesunken. Anstatt froh darüber zu sein, ihn eventuell irgendwann mal los zu sein, überkam mich schon wieder „Verlustangst". Ich war in einem seelischen Folterkäfig gefangen.

Ich stellte mich auf seine Stufe. Er wusste es nicht, ahnte es nur. Er hatte keine Beweise. Ich stellte es cleverer an als er. Geistig war ich ihm überlegen, aber körperlich nicht. Das war mein Pech.

Wieder einmal eine Sauftour hinter sich gebracht, wollte er in die Sauna fahren. Ich fuhr mit, wartete aber geschlagene zwei Stunden draußen.

Ich hatte Angst, dass mein Herz die Hitze in der Sauna nicht vertragen würde. Ich war kein Mensch mehr, denn ich fühlte mich nur noch ausgenutzt, verbraucht, krank und benutzt. Er ging in die Sauna, während ich spazieren ging und mir eine Zigarette anzündete.

Ich werde diesen Moment nie vergessen. Ich war 17. Während mein Freund sich in der Sauna befand und ich spazieren ging, bekam ich urplötzlich Schweißausbrüche und Herzjagen. Mein Mund wurde trocken. Ich merkte, wie sich die Adern zusammenzogen. Ich hatte Sehstörungen, Angst und zitterte. Mein Herz pochte immer schneller. Mir war, als würde ich gleich ohnmächtig werden. Der Kopf war leer. Ich konnte nicht mehr richtig denken und mich kaum auf den Beinen halten. Die Kraft verließ mich immer mehr. Ich wollte mich irgendwo festhalten, aber es war nichts da. Ich bildete mir ein, ich hätte einen Herzinfarkt. Es war ein furchtbares Gefühl, das circa eine halbe Stunde richtig heftig war und dann langsam abflaute. Was war das? Angst, ernsthaft krank zu sein, überkam mich. Ich wollte nicht zum Arzt. Selbst davor hatte ich Angst. Das „Arschloch Angst" hatte den Fuß bei mir in der Tür. Es war die erste bewusste Panikattacke. Ich wusste es nicht. Mit wem sollte ich mich darüber unterhalten? Ich hatte zu niemandem Vertrauen. Längst war ich in der Hölle angekommen. Ich wusste nicht mehr ein noch aus. Mein Freund kam aus der Sauna. Er sah mir an, dass es mir nicht gut ging und fragte, was mit mir los sei. Ich habe ihm nur erzählt, dass mir übel war. Was sollte ich ihm erzählen? Er hätte es nicht verstanden, oder es hätte ihn nicht interessiert. Ich wusste ja selbst nicht, was das war. Aber die Angst davor, dass ich so etwas wieder bekommen würde, begleitete mich seitdem Tag und Nacht. Ich konnte mich von diesen Gedanken nicht mehr befreien. Es sollte auch lange Zeit dabei bleiben. Mir ging es schlecht. Meine „monatliche Frauenkrankheit" hatte mich auch verlassen. Ich ging zum Frauenarzt und ahnte Böses. Ich war mit 21 schwanger. Von meinem Freund wollte ich kein Kind haben, was aus einer Vergewaltigung heraus entstand. Mein Frauenarzt war sehr nett. Er versuchte mich zu überreden, das Kind zu behalten. Ich schilderte ihm meine Situation. Er verstand mich, war aber nicht dafür, das Kind abzutreiben. Er schaffte es nicht, mich vom Gegenteil zu überzeugen. Das schlechte Gewissen plagte mich. Ich war hin- und hergerissen. Was sollte ich nur tun? Der Mann, den ich einmal geliebt hatte, der meine Liebe ausnutzte und zerstörte, war ein herzloses Monster. Er stand nicht hinter mir. Ich entschied mich für die Abtreibung und kämpfe bis heute mit diesem Gedanken. Mein Freund wollte das Kind auch nicht. Er war viel zu sehr mit sich beschäftigt. Was hätte ich diesem armen Kind denn schon bieten können? Einen versoffenen, gewalttätigen Vater? Eine total verängstigte Mutter?

Ich war vier Tage in der Klinik. Nach diesem Aufenthalt war ich noch eine Woche krankgeschrieben. Schlechte Gedanken quälten mich Tag und Nacht und bereiteten mir schlaflose Nächte. Was hatte ich da nur getan? Ich hatte ein Leben zerstört, ehe es die Möglichkeit hatte, das Leben überhaupt kennenzulernen. Mit niemandem konnte ich darüber reden und lief mit meinem schlechten Gewissen herum. Ich machte mir Sorgen, aber diese Sorgen interessierten wieder einmal niemanden. Wem sollte ich das nur erzählen? Ich schämte mich dafür. Heute denke ich, dass ich damals Depressionen hatte. Mein Leben hatte sich wieder einmal auf eine sehr schlechte Art und Weise gewendet. Ich war ganz unten. Konnte es noch tiefer gehen? Wie sollte ich diesen Mann loswerden? Ich hatte keine Antwort. Grübeln! Nachdenken! Lösungen finden! Nur wie? Ich musste das unbedingt beenden. Längst war ich kein Mensch mehr. Ich war eine Marionette, die nicht mehr selbstständig denken konnte, die nur noch auf Befehle reagierte. Fluchtgedanken plagten mich. Aber der Plan fehlte mir. Wie konnte ich mich nur von diesem Menschen befreien?

Wir hatten eine Gaststätte übernommen. Wenn etwas nicht klappte, wurde ich, wie schon so oft, mit Schlägen oder Fußtritten bestraft. Eines Abends hatten wir eine Gesellschaft. Ich musste kochen und die Speisen für den nächsten Tag vorbereiten. Stress ohne Ende und ich wusste nicht mehr, wie ich das alles noch schaffen sollte. Ich bekam Kopfschmerzen, ganz plötzlich. Mir wurde schwindlig. Alles begann sich zu drehen. Die Kopfschmerzen waren unerträglich. Die linke Seite meines Körpers wurde ganz taub. Das Gesicht verzog sich. Ich hatte Sprachschwierigkeiten. Ich habe einen Mitarbeiter gerufen. Er konnte mich gerade noch auffangen, sonst wäre ich umgefallen. Mein Gesicht war völlig verschoben. Ich konnte mich sprachlich nicht mehr mitteilen. Er schleifte mich nach Hause. Eine Bekannte aus dem Haus legte mich aufs Bett und wachte dort. Ich durfte nicht zum Arzt. Mein Freund wollte das nicht. Er hatte ein schlechtes Gewissen. Ich durfte das auch nicht der Mutter meines Freundes erzählen. Zwei Wochen war ich krank und konnte drei Tage überhaupt nicht reden. Es kamen Worte aus meinem Mund, die ich selbst nicht verstand. Andere Worte gesprochen, als gedacht. Was das war? Ich werde es nicht mehr herausbekommen. Schlaganfall?

Ich war 21 und hatte wieder diese unerträgliche Todesangst und nicht einmal die Kraft, davonzulaufen, um mich von diesem Miststück von einem Mann zu befreien. Er wusste es ganz genau und nutzte meine Lage und meine verdammte Hilflosigkeit aus. In meinem Kopf zuckten ab und zu Mordgedanken, die ich aber ganz schnell beiseite schob. Das wäre der absolute Untergang gewesen.

Was für ein Leben? War das überhaupt noch ein Leben? Eltern geschieden, Mutter gestorben, Vater kein Interesse. Ich war in der Fremde. Mein Freund duldete keine Freunde um uns herum. Seelische und körperliche Folter vom Allerfeinsten ließ ich über mich ergehen. Ich war krank und am Ende.

Es wurde Zeit. Ich musste endlich etwas tun. Aber es kam alles wieder einmal ganz anders.

Wir hatten eine andere Gaststätte übernommen. Es war ein Loch. Ratten tummelten sich im Hof herum. Die Wohnung befand sich über der Gaststätte. Alle Öfen, selbst der Herd, mussten mit Kohlen beheizt werden. In der Küche dieses Lokals war es immer sehr kalt. Die Kellner, die wir eingestellt hatten, klauten und waren verlogen. Wieder Stress pur! Feiertage oder Wochenenden gab es längst nicht mehr für uns. Migräne- und Angstattacken waren an der Tagesordnung. Ich wusste nicht, was mit mir los war. Der Stress fraß mich auf und machte mich krank. Ich funktionierte irgendwie nur noch. Wenn die Migräne mich überkam, dachte ich jedes Mal, ich hätte einen Herzinfarkt. Mir war hundeübel, das Herz klopfte wie verrückt und ich bekam Sehstörungen. Ich kotzte mir die Seele aus dem Leib, jedes Mal. Ein Kellner bemerkte, dass es mir nicht gut ging und fragte nach. Ich erzählte ihm, was ich habe. Mir fiel ein Stein vom Herzen, als er mir sagte, dass das Migräne wäre. Ich wusste es ja nicht. Jetzt konnte ich etwas besser damit umgehen, da ich ja nicht unheilbar krank war. Ich war im Untergrund angekommen. Es konnte doch nicht noch tiefer gehen. Wir schufteten wie die Tiere, ohne Rücksicht auf irgendetwas. Nebenbei haben wir noch bei den Eltern von meinem Freund an den Wochenenden die Bar geschmissen.

Es war die Hölle. Stress, Arbeit, Stress, Arbeit. Ich sah keinen Ausweg und kein Licht mehr. Meine Seele war zugemüllt. Ich verdrängte meine Sorgen und meine Probleme, so gut ich konnte. Sonst hätte ich diese Zeit nicht lebend durchgehalten. Die Hölle hatte mich unbemerkt eingeladen. Ich trat bedenkenlos und von Naivität gebeutelt ein. Sie hatte mir einen Freifahrtsschein geschenkt. Ich nahm ihn an, ohne zu fragen, was mich dort erwarten könnte. Es war der Albtraum schlechthin. Gab es noch einen Ausweg? Es war die schlimmste Zeit meines Lebens. Ich wünschte, ich hätte das nie erlebt.

Aber ich kann es nicht ändern. Ich schäme mich dafür ins Bodenlose. Das hat nichts mit Selbstmitleid zu tun. Es war eine Falle, aus der ich mich nicht befreien konnte. Wenn man diese Gefühle in Worten überhaupt fassen kann, würde ich sie als Verzweiflung, Entmutigung und Demütigung beschreiben, von Peinlichkeiten und Unannehmlichkeiten übersät und zerfressen. Von Selbstwertgefühl keine Spur und Minderwertigkeitskomplexe am Stück. Ein zerstörtes, junges Leben und voller Probleme. Ich merkte, wie es immer mehr mit mir bergab ging, war aber zu schwach, mich dagegen zu wehren. Saft- und kraftlos ließ ich es geschehen. Ich war im Keller der Hölle gelandet. Ich habe die Tür dorthin geöffnet. Es war katastrophal, was ich dort sah.

Heute bin ich stärker denn je. Sicher gibt es auch jetzt noch Phasen in meinem Leben, die nicht einfach zu meistern sind. Aber ich denke, wer so etwas übersteht, sieht die anderen Probleme mit anderen Augen. Das Leben hat mir seine hässlichsten Seiten gezeigt. Ich bin hart im Nehmen geworden, jedenfalls nach außen. So etwas werde ich mir nie wieder antun und auch von niemandem antun lassen. Das habe ich mir geschworen. Jeglicher Versuch in diese Richtung wird von mir heute im Keim erstickt. Aber ich musste weiterhin Erfahrungen sammeln, die mein jetziges Leben immer noch auf ihre Art und Weise beeinflussen. Unverletzbar war ich nicht, denn Angst und Panik überrannten mich erst wirklich Jahre später und maßlos. Sie hatten mich längst gefangen und ich war machtlos ihnen gegenüber. Sie hatten genug Zeit und ich gab ihnen Nahrung in Hülle und Fülle, sich an mir zu laben und satt zu fressen. Schlemmerland. Sie bedienten sich selbst. Fett gefressen, wie die Drohnen, konnten sie in mir als Schmarotzer gedeihen. Luxus der „Extraklasse". Sie hatten einen Sechser im Lotto gewonnen und ich die Nieten gezogen. Mein ungewolltes Angebot nahmen sie gern an.

Ab und zu zeigte sich etwas, was ich zu dieser Zeit noch nicht verstand. Mein Leben musste sich unbedingt ändern. „Ich" musste mein Leben ändern! Jemand anderes konnte es nicht für mich tun. Leider wusste ich nicht, wie ich es anstellen könnte, mich aus dieser Falle unbeschadet zu befreien. Es musste einen Ausweg geben. Ich suchte ihn. Es war schwierig, ihn zu finden.

Aber, es gibt doch tatsächlich für jedes Problem eine Lösung. Manchmal muss man nicht einmal etwas dafür tun.

Und meine reale Geschichte geht weiter.

Eines Tages kam ein Postbote und übergab meinem Freund einen Brief. Er las diesen Brief und heulte wie ein kleines Kind. Ich fragte nach, was los sei. Er sollte zur Armee eingezogen werden und wollte das nicht. In meinem Innern machte sich Schadenfreude breit. Ich war ihn erst einmal los, wenigstens für eine Weile. Vielleicht konnte ich jetzt mein Leben auf die Reihe bekommen. Keine Wutanfälle, keine Schläge, keine Sauferei, keine krummen Geschäfte um mich herum.

Pustekuchen!

Mein Freund lief von Arzt zu Arzt, um nicht eingezogen zu werden. Ich hatte Angst und Bedenken, dass er vielleicht einen Arzt finden könnte, der ihm bescheinigt, dass er für die Armee untauglich ist. Er fand keinen und wurde eingezogen. Das Leben nahm endlich andere Züge an. Ich hatte die Gaststätte an der Backe, mitsamt den kriminellen Kellnern. Nebenbei machte ich den Führerschein fürs Auto. Wir hatten ein großes, schönes Auto, denn ich sollte ja meinen Freund besuchen. Regelmäßig! Zum Lernen für den Führerschein war keine Zeit. Die Gaststätte hatte mich voll in Beschlag genommen. Trotz der vielen Arbeit bestand ich die Prüfung. Jetzt war ich noch freier. Ich konnte mich bewegen. Das große Auto wurde verkauft und ich legte mir einen „Trabbi" zu. Es war mir egal. Besser schlecht gefahren, als gut gelaufen. Ich genoss meine neu gewonnene Freiheit in vollen Zügen.

In meine Heimat, der kleinen Stadt in Mecklenburg- Vorpommern, kam ich nicht mehr so oft. Die Arbeit fraß mich ja auf. Mein Vater war mittlerweile wegen schweren Asthmas Invalidenrentner. Er durfte in den Westen reisen. In West- Berlin hatte er einen Onkel, den er des Öfteren besuchte. Wir bekamen dann immer etwas vorgeschwärmt und sehnten uns heimlich danach, das auch nur einmal erleben zu dürfen. Nüttchen bestellte sich die tollsten Sachen aus dem Katalog, die mein

Vater dann mitbringen sollte. Soweit es in seiner Macht stand, tat er es auch ganz brav. Ich habe mich ab und zu mal nach einer „West"- Schokolade gesehnt. Aber Nüttchen war zu anspruchsvoll. Es blieb kein Geld für Schokolade aus dem Westen für mich übrig.

Es war wieder einmal an der Zeit, dass mein Vater nach West- Berlin reisen wollte. Diesmal wollte Nüttchen mit. Sie beantragten beide eine Besuchsreise in den Westen. Wir Kinder wunderten uns. Eigentlich durfte sie gar nicht mitreisen. Der Antrag wurde doch tatsächlich genehmigt. Die Verwunderung darüber wurde immer größer.

Der Tag der „großen Reise" stand an. Sie fuhren beide nach Berlin, mussten aber erst noch über den Grenzübergang, was ja bekanntlich nicht so einfach war. Am „Checkpoint- Charlie" war es wirklich äußerst schwierig und man musste schon richtig ausgepufft sein oder eine reine Weste haben, um dort vorbeizukommen.

Ich telefonierte zwei Tage später am Abend mit meiner Schwester, um zu hören, ob mein Vater und Nüttchen gut in West- Berlin angekommen waren. Meine Schwester sagte mir, dass die beiden wieder zu Hause wären. Hä? Jetzt verstand ich gar nichts mehr. Warum waren sie denn nicht in West- Berlin? Meine Schwester konnte mir am Telefon auch nicht mehr sagen. Ich rief meinen Vater an. Er sagte auch nicht viel dazu. Gedanken schwirrten in meinem Kopf umher, was da wohl passiert war.

Was war da los? Warum sagten sie mir nichts am Telefon? Ich machte mir Gedanken. Es ließ mir keine Ruhe. Freitagabend, nach Feierabend gegen 22.30 Uhr, setzte ich mich in den Trabbi und fuhr mit meinem Hund 450 km nach Hause. Es war Oktober und es war sehr neblig. Hinter Berlin hatte ich fast einen Crash mit einer Horde Wildschweinen. Sie rannten über die Autobahn. Kein Auto weit und breit. Ich fürchtete mich unendlich.

Endlich daheim angekommen, fragte ich meinen Vater, was los sei. Er wollte es mir erst nicht erzählen. Ich bohrte weiter. Weder er noch Nüttchen sahen glücklich aus. .

Sie wollten im Westen bleiben. Die Stasi hatte es herausbekommen und beide an der Grenze festgehalten. Sie sind so lange verhört worden, bis sie es zugaben. Es war kein Zuckerlecken. Ich wusste nichts davon. Wer hatte sie verpetzt? Mein Vater weiß es bis heute nicht. Vielleicht jemand, dem er ein klein wenig zuviel vertraute. Hinter Gitter mussten mein

Vater und Nüttchen nicht, aber mein Vater durfte nicht mehr in den Westen reisen. Das war wohl Strafe genug. Ich musste an die Geschichte „Vom Fischer und seiner Frau" denken. Ähnlichkeiten im Alltag waren ja genug vorhanden.

Es ging mir besser, denn mein damaliger Freund war ja bei der Armee und konnte mich nicht mehr triezen. Die Migräneanfälle waren nicht mehr so häufig und nicht mehr so stark. Ich fing an, das Leben ein wenig zu genießen. Jedenfalls für die Zeit, wo er nicht da war. Ich fuhr ihn besuchen und an den Wochenenden hielt ich mich bei seiner Mutter auf, meistens an Samstagabenden. Dort waren dann immer Veranstaltungen, Disko usw. Ich half aus, obwohl ich selbst von der Arbeit geschlaucht war. Meine Güte! Hatte denn das Leben nicht auch für mich mal was Schönes parat? Ich wollte auch ein Stück vom Glückskuchen haben. Wenigstens ein kleines.

Ich war wieder einmal bei den sogenannten Schwiegereltern auf Besuch. Im Saal war Disko. Meine Schwiegermutter machte mich auf einen jungen Mann aufmerksam, der zwei Jahre jünger war als ich und den sie anhimmelte. Ich verstand die Welt nicht mehr. Was war das denn jetzt? Sie war circa 45 Jahre alt und der junge Mann 23. Es war Faschingszeit und sie knutschte mit den Jungs herum. Hilfe!

Dieser junge Mann sprach mich an. Wir unterhielten uns und versuchten zu tanzen. Er konnte es nicht so gut. Es sah wahrscheinlich sehr albern aus. Er hatte einen netten Eindruck bei mir hinterlassen. Mit seiner Ex-Freundin hatte er eine Tochter. Aber sie lebten nicht mehr zusammen, denn sie hatten sich getrennt. Er tat mir leid. Ich stellte mir vor, dass er ein guter Vater gewesen wäre. Zu seinem Kind hatte er jedoch fast keinen Kontakt.

Wir trafen uns zu jeder Disko bei meinen Schwiegereltern in spe. Es bahnte sich etwas an. Wir waren jung und er hatte nichts zu verlieren. Ich eigentlich auch nicht so richtig. Aber da war ja noch mein sogenannter Freund. Der junge Mann, den ich kennenlernte, war für mich ein Sprungbrett in ein neues, besseres Leben. Er verlangte, dass ich mich von meinem Freund trenne und zu ihm ziehe. Das Problem daran war, dass er noch bei seinen Eltern wohnte. Plattenbau, eine zweieinhalb Zimmer-Wohnung.

Mein neuer Freund wollte mich seinen Eltern vorstellen. Ich war voller Freude und dachte, ich würde wieder eine nette Familie haben, die mich auffängt und die mich ein wenig von meiner Seelenlast befreien könnte. Irrtum!

Gesagt, getan. Ich war an einem Sonntag zum Mittagessen eingeladen. Das erste Mal! Ich sollte ihnen vorgestellt werden. Aufgeregt und voller Freude klingelte ich. Die Mutter öffnete mir die Tür. Eine hübsche und gepflegte Frau. Im ersten Moment ganz freudestrahlend, aber dann die Mundwinkel ganz verkniffen und nach unten gezogen. Diesen Blick von ihr werde ich niemals vergessen. Ich wusste sofort, dass sie mich nicht mag. Sie zeigte es mir sehr, sehr deutlich.

Ich hatte mir doch tatsächlich eingebildet, dass dieser Strohhalm, an den ich mich klammerte, mein Leben in eine positive Bahn lenken würde. Er war zu dünn und brach irgendwann. Wieder musste ich einen Kampf bewältigen, um überhaupt ein Quäntchen Anerkennung abzustauben. Ich durfte mein Leben nicht so führen, wie ich es mir erträumt hatte. Mein Herz und meine Seele waren geknickt. Naiv, wie ich war, dachte ich, dass es sich nur um Anfangsschwierigkeiten handeln würde. Ich wurde wieder einmal eines Besseren belehrt.

Ich trennte mich von meinem vorherigen Freund, der bei der Armee war. Aus der Wohnung konnte ich nur ausziehen, als er nicht da war. Ich glaube, er hätte mich umgebracht. Ich hatte Albträume und wusste nicht, wie ich die Angelegenheit hinter mich bringen sollte. Angst, Angst und nochmals Angst, die mich verfolgte. Tag und Nacht. Mein neuer Freund zeigte wenig Verständnis für meine Angst, da er sich das nicht vorstellen konnte. Ich erzählte ihm Bruchteile von dem, was ich durchgemacht habe. Er hat mich bis heute nicht verstanden. Nie im Leben war er in so einer Situation gewesen. Er hatte ja immer ein Nest, wo er aufgefangen wurde. Mein Freund war nicht in der Lage, mich zu verstehen. Er wollte sich auch gar nicht mit so etwas belasten. Ich lief mit meinen Problemen allein in der Gegend herum. Es war niemand da, den es interessierte. Also packte ich sie einfach beiseite. War ja auch alles viel zu peinlich für mich.

Beim Auszug nahm ich nur meine persönlichen Sachen mit. Den Rest ließ ich in der Wohnung. Es lag mir nichts mehr daran. Ich wollte einfach nur weg und ein neues, besseres Leben anfangen. Meinem Ex-Freund überließ ich alles, selbst das Auto. Wieder einmal stand ich vor dem Nichts.

Ich wohnte nun mit meinem neuen Freund bei seinen Eltern in der

Plattenbauwohnung. Seine Mutter war eine sehr ordentliche Frau. Die Wohnung war immer blitzblank. Zu Abend wurde um 17.00 Uhr gegessen. Pünktlich! Später kam nicht in Frage. Dann gab es nichts mehr. Ich war nun in einem goldenen Käfig eingesperrt.

Die Mutter trank Alkohol, immer zum Abendessen und nach dem Abendessen. Man konnte sich dann kaum noch mit ihr unterhalten. Ihre Sätze hatten keinen Zusammenhang mehr. Der Vater nahm es hin. Er schaute dafür lieber den jungen, hübschen Mädels nach. Vielleicht war das der Grund, warum sie an der Flasche hing. Die Ehe schien nicht zu funktionieren. Nach außen war aber immer alles perfekt. Was für ein verlogenes Spiel. Szenen habe ich dort nicht erlebt. Ich denke, einer beschiss den anderen. Sie haben sich sicher nie über ihre Probleme unterhalten.

Ich fühlte mich dort nicht wohl. Mein neuer Freund war eifersüchtig. Längst hatte ich die Arbeitsstelle gewechselt. Ich saß im Büro, was mir auch Spaß machte. Mir graute aber jedes Mal, wenn ich an den Feierabend dachte. Der eifersüchtige Freund, die Mutter, die trank und der Vater, na ja. Es wurden Zeiten ausgemacht, wann sich jeder im Bad aufhalten durfte und wie lange. Essen außerhalb der Tischzeiten wurde verboten. Kochen sowieso. Dann hatten sie jedes Mal ein Problem mit den Essengerüchen. Es war zum Verzweifeln. Ich wäre am liebsten dort weggerannt. Wieder war ich ausgeliefert und wieder war ich nicht glücklich. Mein Freund verbot mir, meine Arbeitskollegen zu grüßen. Er vermutete wohl hinter jedem Mann eine Affäre. Nach so etwas stand mir der Kopf überhaupt nicht. Ich hatte genug mit meinen eigenen Problemen zu tun. Wenn ich etwas angestellt hätte, würde ich es heute und hier zugeben. Aber es war nicht einmal im Ansatz so. Meine Gedanken gingen damals eher in die Richtung, wie ich das wohl dort aushalten könnte.

Die ganze Lage verschlimmerte sich immer mehr. Eifersuchtsszenen waren an der Tagesordnung. Ich heulte nur noch herum und wusste nicht, wie ich ihn davon überzeugen konnte, dass es nicht so war, wie er dachte. Ich war völlig verzweifelt. Ab und zu konnte ich mal mit seiner Cousine oder seiner Oma darüber reden. Sie waren sehr, sehr nett, und ich verstand mich mit ihnen ausgezeichnet. Aber helfen konnten sie mir auch nicht.

Wir wohnten immer noch bei seinen Eltern. Sie vergötterten ihren

Sohn. Im Gegensatz dazu zeigten sie mir sehr deutlich, was sie von mir hielten. Sie hätten es lieber gesehen, wenn ich gegangen wäre. Ständig nörgelten sie an mir herum. Alles, was ich tat, war falsch. Es kotzte mich an. Ich wollte meinem Freund nicht die Pistole auf die Brust setzen. Er hing sehr an ihnen und umgekehrt war es genau so. Er war Einzelkind und unfähig, etwas allein zu entscheiden. Die Entscheidungen nahmen ihm seine Eltern ab.

Mir ging es nicht gut. Ich merkte wieder einmal, dass mit mir etwas nicht stimmte. Die Regel blieb aus. Ich ging zum Frauenarzt. Die frohe Botschaft, die er mir so ganz nebenbei mitteilte, haute mich fast um. Ich war schwanger. Peng! Der Frauenarzt hat sich so undeutlich ausgedrückt, dass ich noch einmal nachfragen musste. Na super!

Ich war fix und fertig. Probleme über Probleme. Keine eigene Wohnung. Was sollte jetzt werden? Ich musste es meinem Freund beibringen. Nur wie? Ich rief ihn auf der Arbeit an und sagte, dass ich schwanger bin. Er sagte dazu erst einmal gar nichts. Darüber waren wir wohl beide schockiert. Eigentlich hatte ich mir den Mann, mit dem ich vielleicht mal Kinder haben wollte, doch anders vorgestellt. Aber hinterher ist man ja immer schlauer.

Er machte mir Vorwürfe. Das hatte ich auch nicht anders erwartet. Mein Leben nahm zum x- ten Mal eine Wende an, die ich so nicht wollte. Wir stritten heftig darüber, ob das Kind weggemacht werden sollte. Ich wollte das nicht, denn ich hatte ja bereits eine Abtreibung hinter mir. Nicht noch einmal dieses Gefühl, einem ungeborenen Wesen nicht die Chance zu geben, sich das Leben anschauen zu dürfen. Zweifel plagten mich dieses Mal nicht. Es gab nur eine Möglichkeit für mich. Dieses Kind wollte ich behalten.

Und wieder zeigte sich die Angst. Wie geht es weiter? Kein Geld! Wo sollten wir wohnen? Was sollten wir tun? Was werden seine Eltern sagen? Wie konnte ich diesem Mann nur erklären, dass wir das Kind behalten und ich es gebären werde?

Chaos breitete sich wieder einmal in meinem Kopf aus. Mit wem sollte ich reden? Wem konnte ich meine Ängste und Sorgen mitteilen? Es war eine Katastrophe. Mir war klar, dass ich mich nicht von dem Weg abbringen lassen würde und mich niemand, aber auch wirklich niemand, davon überzeugen konnte, diesem ungeborenen Wesen die Chance zum Leben zu nehmen. Es kam eine schwierige Zeit auf mich zu.

Die Angst war längst mein Begleiter. Ich erkannte sie nur nicht. Sie beutelte mich. Ich hatte nicht begriffen, was da in mir vorging. Ich litt unter Migräneattacken, Herzjagen, Schwindel und fürchterlichen Rückenschmerzen. Langsam, aber sicher, machten sich Vermeidungsstrategien bemerkbar, die jeder versteht, der unter Angst- und Panikattacken leidet. Ich entwickelte mich unbewusst zum „Verdrängungskünstler". Zu dieser Zeit hatte ich mir keine weiteren Gedanken darüber gemacht.

Ich wollte nicht mehr mit dem Bus fahren. Immer wieder attackierte mich die Angst. Sie ließ mich in dem Glauben, ich wäre irgendwie krank. Ich begriff es nicht, weil ich keine Ahnung hatte, was in mir vorging. Ich hatte nie von einer Angststörung gehört, geschweige denn gelesen. Sie bahnte sich ihren Weg. Immer aggressiver. Ich versuchte, mich dagegen zu wehren. Aber je mehr ich mich wehrte, oder besser, versuchte, die Angst abzuwehren, desto trotziger wurde sie. Sie war am Zug und sie gab den Ton an. Ich wurde ihr gegenüber immer schwächer und ich gehorchte. Sie setzte ihren Willen durch. Ich war ihr unterlegen, weil ich keine Ahnung hatte. Sie wuchs und wuchs wie ein riesiger, elendiger Tumor in mir, den man nicht aufhalten konnte.

Heute weiß ich, dass ich damals nicht organisch krank war. Es war eine schlimme und schier unendliche Zeit, die ich mit der Angst ausharren musste. Sie kannte meine verwundbaren Stellen, die ich vor jedermann verbarg. Die Angst kannte sich aus. Sie dockte genau an diesen brüchigen Stellen an. Es war mir unmöglich, sie zu bezwingen, da ich mit niemandem über diese Symptome sprach. Einfach nur aus Angst, dass sich in mir eine unheilbare Krankheit festgesetzt hätte. Es war mir alles zu peinlich. Ich musste stark sein. Jedenfalls nach außen. Ich hatte meine verwundbaren Punkte, von denen aber niemand erfahren sollte. Kein Arzt, kein Freund, kein Mann … einfach niemand. Ich hatte Angst, dass die Ärzte mir sagen könnten, dass ich eine unheilbare Krankheit hätte. Heute denke ich: Was für ein Quatsch! Einer unheilbaren Krankheit hätte ich sowieso nicht aus dem Weg gehen können.

Ein kleiner Schneeball, der ins Rollen kam und sich irgendwann als Lawine entpuppte. Schade, dass ich ihn aus lauter Unwissenheit zur Lawine habe werden lassen. Mein Leben hätte einfacher verlaufen können. Aber dann hätte ich auch dieses Buch nicht schreiben können.

Vielleicht musste ich all diese Erfahrungen machen, um mich heute damit auseinandersetzen zu können. Hat das Schlechte auch etwas Gutes?

Ich bin froh, dass ich mich, aus welchen Gründen auch immer, nicht habe unterkriegen lassen. Gelegenheiten gab es ja genug. Immer wieder musste ich mich von den Lasten befreien und immer wieder hat es funktioniert. Ich bin aus der Hölle herausgeklettert. Als ich am Boden lag und dachte, ich habe keine Kraft mehr, verließ mich meine Kraft nie ganz. Vielleicht hatte ich einen oder mehrere Schutzengel. Vielleicht gab und gibt mir meine verstorbene Mutter die Kraft. Ich könnte jetzt philosophieren. Aber ich werde zu keinem Ergebnis kommen.

Was ich inzwischen gelernt habe, ist, dass ich niemand für mein Leben verantwortlich machen kann. Ich allein habe das alles zugelassen und mit mir machen lassen. Ich konnte selbstverständlich den Tod meiner Mama nicht aufhalten. Versucht habe ich es. Aber es gelang mir nicht. Genauso wenig konnte ich die Scheidung meiner Eltern verhindern. Alles andere hätte ich irgendwie beeinflussen können. Ich habe es nicht gewusst. Heute zielt mein Leben in andere Bahnen. Es kann einem nur Unangenehmes durch andere Menschen widerfahren, wenn man es zulässt. Jeder, aber auch wirklich jeder, hat ständig die Möglichkeit, aus einem Teufelskreis, der ihm nicht gut tut, auszubrechen. Jeder Mensch hat ein Recht auf Glück und Zufriedenheit. Mit welchem Recht darf mich jemand verletzen? Es gibt kein „Recht" darauf und dazu! Wenn ich unzufrieden mit jemandem bin, habe ich die Möglichkeit, das anzusprechen. Wird es ignoriert, kann ich überlegen, ob es mir damit gut geht oder nicht. Wenn nicht, gibt es die Variante, zu gehen.

Es ist im Privatleben nicht anders als im Arbeitsleben. Bin ich unzufrieden, kann ich etwas ändern. Nur ich allein bin für mein Leben verantwortlich. Niemand anders! Es ist eigentlich ganz einfach. Man muss es nur verinnerlichen und begreifen.

Schaue nicht auf dein vergangenes Leben, das hinter dir liegt! Das kannst du nicht mehr ändern. Sicher, man kann bereuen, aber es bringt dich nicht wirklich weiter. Löse dich von deiner Vergangenheit! Das Leben, was du noch vor dir hast, kann dich weiterbringen. Sicher braucht es Mut dazu. Aber auch du bist ganz stark!

Das „Arschloch Angst" zeigt sich nicht bei „starken" Menschen. Es wird dort vielleicht auch versuchen, Fuß zu fassen. Aber das ist schwierig.

Nimm dir Zeit für dich! Ganz allein und denke einmal über dein Leben nach! Wie war es? Sicher sehr hart. Wir haben alle etwas durchgemacht. Der eine weniger, der andere mehr, aber jeder viel. Dieses Leben hat uns, die wir mit Angststörungen und Panikattacken herumlaufen, geprägt. Wir wollen uns von unseren Ängsten und von unserer Panik befreien. Schreibe auf, wie dein Leben weiterhin verlaufen soll! Sicher in Glück und Zufriedenheit.

Lese dir deinen „neuen" Lebensweg täglich durch und verinnerliche ihn! Es lohnt sich.

Bahne dir einen anderen Weg, wie mit einem Schneeschieber! Befreie dich endlich von Gedanken, die dich nicht loslassen wollen und sich immer wieder bemerkbar machen und dich in einer Zwangsjacke festhalten wollen! Du hast in deinem „alten" Leben nichts mehr verloren. Fang endlich an, das Leben zu genießen! Geh feiern! Geh gut essen! Geh tanzen und triff dich mit guten „Freunden"! Das tut gut.

Vergib! Wenn du nicht bereit bist, zu vergeben, kannst du nicht genießen. Schließ inneren Frieden mit dir! Komm mit dir ins Reine! Das ist wichtig. Jeder Einzelne von uns ist einzigartig und hat Liebenswertes. Nicht die äußere Schönheit zählt, sondern die Innere. Wenn du anfängst, dich zu mögen, wirst du von der Umwelt anders betrachtet. Es kostet dir manchmal vielleicht nur ein kleines Lächeln. Es werden sich Wege auftun, die du bisher nicht kanntest. Wir können unser Leben auf eine gewisse Art und Weise beeinträchtigen. Aber man kann etwas ändern. Du musst nur bereit dazu sein. Sei ehrlich zu dir selbst!

Das alles sind Lernprozesse und leider kann man sein Leben nicht von heute auf morgen verändern. Man kann nichts übers Knie brechen. Alles hat seinen Sinn. Wie mein „Arschloch Angst" auch seinen Sinn hatte. Ich weiß, dass das schwer zu verstehen ist. Ich habe auch lange Zeit gebraucht, mein Leben endlich in die Hand zu nehmen. Es war ohne Hilfe für mich nicht möglich. Glaube daran, dass du von der Angst befreit wirst! Vor allen Dingen, wenn du noch nicht allzu lange daran leidest. Je länger sich etwas im Kopf vergraben hat, umso schwieriger wird es.

Angst und Panik könnten zur „Volkskrankheit" heranwuchern. Unser Leben wird immer stressiger. Man hat immer weniger Freunde, die einen verstehen. An wen soll man sich mit Problemen wenden? An die Kinder, an den Partner oder Ehemann? Die Dunkelziffer ist sicher sehr hoch. Heutzutage, in unserer stressigen und unsozialen Welt, nimmt sich kaum noch jemand Zeit, Probleme anderer anzuhören. Wir laufen ständig allein damit herum und dürfen keine Schwäche zeigen. Täglich müssen wir stramm stehen. Der Beruf, in dem immer mehr verlangt wird, die Kinder, der Haushalt, die Ehen, die Beziehungen, die Freunde und die Freizeit müssen auch irgendwie noch in dieses Leben gepresst werden. Und wie viel wahre und wirkliche Freunde hast du? Ich meine solche, die auch in den schlechtesten Phasen deines Lebens zu dir stehen. Bei mir ist von Freundschaften nicht viel übrig geblieben. Ich bin dabei, mir einen neuen Freundeskreis aufzubauen. Einen, der mich so mag, wie ich wirklich bin. Ich möchte sagen dürfen, wenn es mir nicht gut geht und ich wünsche mir, dass das jemand versteht. Ohne dass ich für „balla- balla" gehalten werde. Ich habe tatsächlich solche Leute kennengelernt. Sie sind mir sehr wichtig. Sie wohnen nicht auf der Nase. Aber, ich kann mich bei ihnen melden, wenn es Probleme gibt. Und das ist schön. Menschen, denen materielle Dinge wichtiger sind als die Menschlichkeit selbst, tragen keine Liebe in sich. Ich möchte am liebsten nichts mehr mit ihnen zu tun haben. Sie rennen in ihrem Leben einem Phantom hinterher, hetzen sich ab und treten alles mit Füßen. Das letzte Hemd hat keine Taschen. Das wissen wir alle. Nur manche vergessen das. Haste nix, biste nix! Was für ein Schwachsinn! Und wo, bitteschön, bleiben die Gesundheit und das Glück? Die gemeinsame Zeit, die man miteinander verbringen kann? Sicher möchte ich nicht bestreiten, dass es schön und wunderbar ist, wenn man sich viel leisten kann. Aber irgendetwas bleibt dann auf der Strecke. Die Familie, die Freunde, die Freizeit. Die kostbare Zeit des Lebens rennt uns dann davon. Jedoch muss jeder für sich entscheiden, wie er sein Leben gestalten will. Das sollte mein Problem nicht sein und nicht werden.

Die Reise in der Achterbahn geht weiter … Das „Arschloch Angst" weiter im Schlepptau. Es hat ja mittlerweile, wie du beim Lesen sicher bemerkt hast, andere Dimensionen angenommen. Es ist gewachsen. Für mich ganz unauffällig. Doch es war da. Noch nicht jeden Tag, aber die Abstände verkürzten sich. In immer kleineren Schritten und immer schneller kam sie auf mich zugerannt. Gefühle, die man nicht wirklich beschreiben kann. Wenn man das nicht selbst erlebt hat, ist es schwierig, sich da hineinzuversetzen. Einfach dieses ständige Unwohlsein und diese innere Unruhe. Ich bin fast verzweifelt.

Ein Kind war unterwegs. Mein damaliger Freund und ich mussten uns ein Nest bauen. Er war eifersüchtig. Auf alles und jeden. Die Angst fuhr wieder mal mit mir hoch und runter. Ich litt unter fürchterlichen Migräneattacken. Dazu kam die Angst, das alles nicht bewältigen zu können. Seine Eltern, vorrangig seine Mutter, machten mir die Hölle heiß. Ich sollte dieses Kind abtreiben lassen. In mir war alles aufgewühlt. Je mehr sie darauf bestand, desto trotziger zeigte ich mich. Ich wollte nicht, dass andere über mein Leben bestimmten. Und schon gar nicht über das des Kindes, das ein Recht darauf hatte, diese Welt zu betreten. Ich zweifelte keine Sekunde daran, dass dieses kleine Wesen das Licht der Welt erblicken würde.

Und wieder hatte ich das Pech am Arsch kleben. Längst litt ich unter Panik und Angst und konnte das einfach zu nichts zuordnen.

Die Eltern meines Freundes machten alles noch viel schlimmer. Sie zeigten mir sehr deutlich, was sie von mir hielten. Ich hatte damals einen Hund, einen Zwergschnauzer. Die Mutter meines Freundes sagte doch tatsächlich zu mir, dass ich das alles sowieso nicht schaffen würde. Hund und Kind, damit könnte ich nicht umgehen. Sie eröffnete mir, dass wir den Hund behalten sollten. Sie und ihr Mann würden das Kind großziehen. Ich dachte, ich höre nicht richtig. Ich hasste sie für diese Aussage. Was verlangte sie da von mir? Wusste sie überhaupt, wovon sie sprach? Das eigene Kind sollte ich in fremde Hände geben. Ich fand das unverschämt. Allein dafür, dass man überhaupt solche Gedanken haben kann. Ich verstehe das bis heute nicht.

Es war eine anstrengende Zeit. Wir brauchten unbedingt eine eigene Wohnung. Ich hielt es dort nicht mehr aus. Es ging mir wieder einmal immer schlechter. Aber es interessierte niemanden. Sie waren Egoisten. Alle drei hatten sich gegen mich verschworen. Es half aber alles nichts. Wir mussten zusehen, wie es weitergeht.

Mein Freund und ich liefen von Amt zu Amt und wir bekamen immer das Gleiche zu hören. Wir „mussten" heiraten, sonst konnten wir keine Wohnung bekommen. Oh Gott, nur das nicht! Mir war schlecht, denn ich fühlte mich vom Leben betrogen. Ich wollte, dass man mir die Entscheidung überlässt, wann und wen und ob ich überhaupt jemals heiraten würde. Das war nicht der Mann, den ich heiraten wollte. Er war mir viel zu eifersüchtig und stand noch nicht mit beiden Beinen im Leben. Er wurde immer von seinen Eltern aufgefangen. Wie würde er sich als Vater unseres Kindes geben? War er reif für eine Ehe und ein gemeinsames Kind? In mir stiegen Zweifel auf. Diese Zweifel konnte ich nicht aus dem Weg räumen. Ich hatte Schlafstörungen und wälzte mich nachts im Bett herum. Die Gedanken ließen sich einfach nicht bezwingen. Was sollte ich nur tun? Ich wollte noch nicht heiraten. Wenn, dann aus Liebe. Wir kannten uns doch noch gar nicht so lange. Was sollte denn aus dieser Ehe werden? Wie konnte ich nur aus dieser Nummer kommen? Gar nicht!

Einen Heiratsantrag gab es nicht. Weder von ihm, noch von mir. Wie unromantisch war das denn? Ich wollte nie heiraten. Ich weiß nicht, ob ich es je getan hätte. Ich denke heute, dass mein Vater daran schuld war, dass ich mit dem Heiraten nichts am Hut hatte. Ich hatte Angst davor, von einem Mann genauso beschissen zu werden, wie meine Mutter es über sich ergehen lassen musste. Das Vertrauen zu Männern war mir längst verloren gegangen. Zusammenleben ja, aber heiraten? Was, wenn er sich so brutal wie mein vorheriger Freund entpuppen würde? Ich hätte das nicht noch mal überstanden.

Ich frage mich, woher ich jedes Mal die Kraft nahm, wieder und immer wieder aufzustehen. Ich hatte daraus gelernt. Nie wieder wollte ich mich von einem Mann schlagen und schon gar nicht vergewaltigen lassen. Keine körperliche Gewalt mehr! Bis dato wusste ich nicht, dass es auch seelische Gewalt gibt. Ich war ja viel zu jung. Dabei hatte meine Seele längst Leid und Gewalt erfahren. Ich verstand das damals jedoch noch nicht. Die Achterbahn fuhr schneller und schneller, aber in einem Tempo, das noch erträglich war. Manchmal fragte ich mich insgeheim, ob es anderen Menschen auch so schlecht ging wie mir? Immer wieder so ein beschissenes Gefühl, dem ich nicht entkommen konnte. Es war der Horror. Und jeden Tag setzte ich nach außen hin wieder meine fröhliche Maske auf. Innerlich war ich von diesem Monster längst angefressen. Es bahnte sich weiterhin hartnäckig seinen Weg. Was war ich für ein Mensch? Wer war ich überhaupt? Irgendwie da und doch nicht da. Irgendetwas funktionierte da in mir noch, aber was und wie? Fragen, die ich heute auch nicht beantworten kann. Ich versuchte, aus jedem Tag etwas Gutes herauszuholen. Aber es gelang mir längst nicht mehr. Den Seelenterror wollte ich nicht ständig hochkommen und wieder aufleben lassen. Also schob ich ihn beiseite. Nicht ahnend, dass er sich irgendwann wieder melden würde, und ich mich doch mit ihm befassen müsste.

Es blieb uns keine andere Wahl. Wir „mussten" heiraten. Ich hatte Albträume. Es ging mir schlecht. Einfach nur schlecht. Insgeheim hoffte ich, dass es vielleicht ja doch der Mann fürs Leben wäre. Hätte ja sein können. Wer weiß schon, was die Zukunft bringt? Ich ließ mich auf diesen Deal ein. Es war ja nicht so, dass ich meinen Freund nicht geliebt hätte. Nur heiraten wollte ich damals noch nicht. Nicht aus so einem Zwang heraus. Wenn, dann ganz romantisch. Mit Heiratsantrag und so. Ja, gern auch wie im Film. So einen Heiratsantrag habe ich mir immer gewünscht. Und, ich habe mir gewünscht, dass ein Mann mich aus Liebe heiratet und ich ihn. Nicht, weil man eine Wohnung braucht und weil ich schwanger war. Was für ein hohler Mist!

Wir mussten es den Eltern meines Freundes sagen. Angst!

Ich sagte meinem Freund, dass ich keine „große" Hochzeit wollte. Wir waren uns einig. Geld hatten wir dafür sowieso nicht. Wir kannten uns noch nicht lange. Ich kannte ihn nicht wirklich und er mich nicht. Seine Eifersucht ging mir damals heftig auf den Keks. Das war schon krankhaft. Es war fast nicht auszuhalten. Wir hatten ständig Streit. Tolle Voraussetzungen für eine gut funktionierende Ehe! Das war mir klar.

Die Eltern meines Freundes fielen aus allen Wolken, als wir ihnen von unserem Vorhaben berichteten. Ich war ihnen nie gut genug gewesen. Sie sagten mir das auch deutlich. Ständig versuchte ich, es ihnen recht zu machen. Sie ignorierten mich. Wo war ich da nur hineingeraten? Ich hatte die Hoffnung, dass sich das Verhältnis zwischen uns ändern würde, wenn ich mit ihrem Sohn verheiratet und ein Enkelkind da wäre. Haste gedacht!

Also, Arschbacken zusammenkneifen, Augen zu und durch.

Warum nur hatte ich damals nicht die Kraft, mich aus solchen Beziehungen, die keine Perspektive hatten, zu lösen? Wer und was zwangen mich dazu, mir das alles anzutun und antun zu lassen? Immer wieder hatte ich die leise Hoffnung, oder ab und zu einen Hoffnungsschimmer, dass alles gut werden würde. Ich habe zuviel zugelassen. Ich habe einfach viel zu viel mit mir anstellen lassen. Nur, um ein bisschen Liebe zu erhaschen. Und trotzdem gab es viel, viel zu wenig davon für mich. Ich habe sie nicht dort gefunden, wo ich sie vermutet hatte. Die Liebe war ganz woanders. Sie steckte in mir selbst. Ich habe sie nicht bemerkt. Ich bin nicht gut zu mir gewesen. Warum sollten es dann andere tun? Ich habe mich nicht mit mir und meiner selbst beschäftigt. Ich kam überhaupt nicht auf die Idee. Ständig in dem Rad, es doch anderen so recht wir möglich zu machen. Hatte „ich" nicht auch das Recht glücklich zu sein und es mir einmal so richtig gut gehen zu lassen? Eine schlechte

Scheinwelt bauschte sich da auf. Ganz unbewusst versuchte ich doch tatsächlich, immer die starke und gute Person zu spielen. Bemerkt habe ich das erst viele Jahre später. Jetzt, wo ich den Knall endlich gehört habe! Aber auch nur durch meine völlig unkontrollierten Panikattacken. Ich „musste" mein Leben total umkrempeln. Diese Angst- und Panikattacken haben einen Vorteil. Man schafft es nicht, sich verheizen zu lassen - bis zum bitteren Ende. Ich bin kein Psychologe, leider. Ich denke, es ist eigentlich eine gute Schutzfunktion. Mittlerweile kann ich das so schreiben oder sagen.

Dieses Krankheitsbild hat doch auch etwas Gutes. Ich kann hier nur von mir reden oder besser schreiben. Und ich kann nur immer wieder bestätigen, dass es mir gut tut, auf mich selbst zu achten. Wenn ich heute nicht in der Lage bin, die Wohnung zu putzen, dann lasse ich es auch dabei. Es kommen wieder bessere Tage. Es ist wie eine große Welle. Immer auf und ab. Ich bin froh, dass ich arbeiten gehen kann und in der Lage bin, dieses Buch zustande zu bringen. Diese Zeilen rütteln mein Innerstes auf. Ich begebe mich wieder in Zeiten, die ich lieber aus meinem Leben gestrichen hätte. Doch ich möchte Menschen aufbauen, die nicht mehr weiter wissen oder Angst davor haben, weil sich ihr Leben durch Angst und Panik verändert hat. Es geht immer wieder weiter. Selbstverständlich kostet das viel Kraft und manchmal auch Disziplin. Ich bin keine 20 mehr und möchte es auch nicht mehr sein. Das, was ich durchgemacht habe, möchte ich nicht noch einmal haben. Ich finde es nur ein bisschen schade, dass ich es erst jetzt begriffen habe. Und ich bin froh über jedes Jahr, welches ich älter werden darf. Ich habe immer meine Mutter vor Augen. Sie wäre gern älter geworden. Da nehme ich doch die Falten, die Veränderung meines Körpers und die Wehwehchen gern in Kauf. Nur die Angst hätte es fast geschafft, dass ich mich aufgebe. Ich bin froh, dass ich professionelle Hilfe angenommen habe und es Menschen gibt, die in der Lage sind, das verkrüppelte Selbstbewusstsein in ein anderes Licht zu rücken. Ich bin längst keine Perfektionistin mehr. Die Eitelkeit hat mich noch im Griff. Aber das darf sie auch. Mit ihr kann ich leben. Sie tut mir nicht weh. Meine Fröhlichkeit hat sich sicher auch verändert. Ich muss nicht mehr für jeden den Clown spielen. Aber ich habe die Fröhlichkeit nicht ganz verloren. Ich brauche sie.

Das Wichtigste ist jedoch, dass ich bemerkt habe, dass in mir immer noch ganz viel Liebe ist. Sie hat mich nicht verlassen. Mittlerweile achte ich doch mehr darauf, dass es mir gut geht, ohne dabei völligem Egoismus zu verfallen. Heute habe ich die Kraft zu sagen, wenn es mir nicht gut geht. Mich interessiert nicht, wenn andere damit ein Problem haben. Das ist nicht mehr meine Sache. Warum auch? Ich muss andere in dieser Hinsicht nicht mehr belügen, nur um Anerkennung zu erhalten. Ich muss auch nicht mehr nach jedermanns Pfeife tanzen. Heute entscheide ich, was mir gut tut und was nicht. Und es kommt noch besser. Ich entscheide, wer mir gut tut und wer nicht. Ich möchte, nein, ich will nicht mehr so tief sinken und die Hölle spüren. Das kommt für mich nicht mehr in Frage.

Es gibt keinen Mann, der mich jemals wieder so verletzen wird, weil ich es nicht mehr zulasse. Das habe ich mittlerweile auch begreifen und lernen müssen. Ich weiß natürlich nicht, was das Leben noch zu bieten hat und lasse mich gern überraschen. Vielleicht werde ich für einen Moment auch wieder in alte Verhaltensmuster verfallen. Aber ich weiß ebenso genau, was ich im Leben nicht mehr haben möchte. Ich stelle dies hier überhaupt nicht in Frage.

Heute würde ich derartige Dinge nicht mehr durchstehen, denke ich zumindest. Das Leben hat für mich eine Wende angenommen. Und das ist gut.

Generalisierte Angst. Angst vor allem. Angst daheim, Angst da draußen. Angst vor Krankheiten, Angst vor dem Autofahren. Angst eine Tür zu schließen und dann eingesperrt zu sein. Angst davor ins Bett zu gehen, Angst, das Badezimmer zu betreten. Angst in die Küche zu gehen, Angst auf dem Sofa zu liegen. Was für ein Scheißdreck ist das denn? Wozu braucht man denn solche Angstgefühle? Das ist kein Leben. Man fühlt sich nicht mehr als Mensch, sondern als Kreatur.

Aaaannnnngggggsssstttt!

Wut überkommt mich. Du blödes Arschloch! Jetzt reicht´s mir aber mit dir! Ich habe von dir die Schnauze gestrichen voll. Ich habe dich nicht in mein Leben gerufen. Was willst du hier? Wer gibt dir das Recht, dich so in mein Leben einzumischen? Was habe ich dir getan, dass du so eklig zu mir bist? Ich zahle es dir heim! Aber doppelt und dreifach. Damit du endlich mal weißt, wie das ist, von irgendetwas durchgeschüttelt zu werden und sich wie ein Nichts zu fühlen. Ich will dich nicht haben! Verschwinde endlich! Wo kommst du überhaupt her? Such dir einen anderen Spielplatz! Dieser hier ist besetzt. Es ist kein Platz mehr für

dich da! Du dreckiges Miststück, jetzt nehme ich dich in die Mangel.
So, wie du es die ganze Zeit mit mir gemacht hast. Ich schicke dich
zum Mond. Und das ohne Rückfahrkarte, damit du hier auf Erden
niemandem mehr Leid zufügen kannst und endlich ein für alle Mal
verschwunden bist. Du elender Schmarotzer! Ich hasse dich für das,
was du mir und allen anderen, bei denen du dich verbreiten konntest,
angetan hast. Ich will dich endlich vernichten! Ich kratze dir die Augen
aus! Du kriegst eine verplettet, dass dir Hören und Sehen vergehen. Der
Spieß wird umgedreht und dann sehen wir mal, wie es dir dabei geht.
Nun setze ich dich in die Achterbahn. Ich lasse dich solange damit fahren, bis dir kotzübel ist und du nicht mehr kannst, und mich auf Knien
bittest, das Monster abzustellen,. Jetzt bist du mit „Arschbacken zusammenkneifen" dran. Hihi …!
Du hast mir die schönsten Jahre meines Lebens geraubt und mich immer und immer wieder denken lassen, ich wäre krank.
Gerne würde ich sie auf diese Art und Weise aus meinem Leben ver-
bannen.
Aber!!! Ich habe ja gelernt, dass ich ganz lieb zu dir sein muss und dich
annehmen muss, wie ein kleines Kind. Ich darf dich nicht verjagen. Ich
muss mit dir leben und gut zu dir sein. Ich muss dich kommen und
wieder gehen lassen. Und wenn du ein Problem hast und dich bei mir
meldest, muss ich mich mit dir befassen und dich in den Arm nehmen.
Ich muss mir Zeit mit dir nehmen. Na, wenn das keine Liebe ist?! Ich
muss etwas annehmen und gern haben, was ich überhaupt nicht haben
möchte. Ich habe das erst nicht verstanden und mich gleich dagegen
gesträubt.
Genau hier ist der Schlüssel zum Glück! Zulassen und annehmen!
Dazu aber später mehr.
Und weiter geht´s auf meiner Reise ins Ungewisse.
Längst war ich benommen und eingenommen von Angst. Immer mehr.
Ich fand keinen Ausweg. Kein Arzt stellte irgendwas in dieser Richtung
bei mir fest. Demzufolge hatte die Angst auch die Möglichkeit, sich in
mir zu manifestieren, was sie auch ausgiebig tat. Die Chancen, sich im-
mer weiter zu entwickeln und mich immer schwächer werden zu las-
sen, standen gut. Sie nahm diese ungehemmt und ohne zu fragen wahr.
Die Schwangerschaft nahm ihren Lauf. Der Bauch wuchs und wuchs.
Wir mussten jetzt endlich handeln. Eine Wohnung musste her, egal

wie. Notfalls auch mit einer Hochzeit. Gedanken quälten mich und ich konnte die Zeit der Schwangerschaft nicht genießen: Migräneattacken am Stück, Probleme ohne Ende. Das Leben fand hierfür seine eigene Lösung. Wir machten einen Termin auf dem Standesamt klar. Eine Hochzeit mit insgesamt fünf Personen. Mein zukünftiger Mann, seine Oma, seine Eltern und meine Wenigkeit. Ich konnte die Nächte vorher überhaupt nicht schlafen. Das Grübeln ließ mir keine ruhige Minute. Ich hatte Angst davor, was da wohl auf mich zukommen würde. Es war eine andere Angst. Angst vor der Zukunft. Die Zeit auf dem Standesamt kam mir vor wie eine Ewigkeit. Ich überlegte, ob ich „ja" sagen sollte. Was blieb mir übrig? Am liebsten hätte ich meine Unterschrift nicht aufs Papier gegeben. Ich habe es doch getan. Der Tag verlief nicht wie ein Hochzeitstag. Wir sind anschließend Mittagessen in einem Lokal gefahren und das war es auch schon. Nichts Besonderes also. Hochzeitsbilder gab es nicht. Wir sind nicht zum Fotografen gefahren. War das schon ein schlechtes Omen für die darauf folgende Ehe?

Ich hatte damals noch zehn Wochen bis zur Entbindung. Wir sollten endlich eine Wohnung erhalten. Ich war in eine Studie über vorzeitige Wehen bei „Spätgebärenden" gerutscht. Mein Gott, ich war damals 25 Jahre alt und „spät gebärend". Ist das lustig? Also, ich musste von der Arbeit in die Frauenklinik fahren. Untersuchungen und CTG standen an. CTG ist ein Wehenmessgerät. Wie ich so auf der Pritsche liege, völlig in Gedanken versunken, wurden die Schwestern ganz nervös. Diese vorzeitigen Wehen waren extrem stark. Mein Bauch spannte sich zu einer spitzen Tüte, immer wenn eine Wehe kam. Ich hatte sie gar nicht bemerkt. Es entstand irgendwie Hektik um mich herum. Eine Ärztin kam und sagte mir, dass ich mit diesen Wehen die Klinik nicht mehr verlassen könnte. Ich wollte aber arbeiten. Wir mussten doch noch die Wohnung herrichten. Ich bat und bettelte sie an, mich doch wieder heimzulassen. Das derzeitige Zuhause befand sich zu dieser Zeit aber doch noch bei meinen Schwiegereltern, die in der Nähe der Klinik wohnten. Auf mein Verlangen hin schrieb sie mich gesund. Jedoch musste ich noch mit der Auswertung des CTG's zur Chefärztin. Es gab einen Riesenärger. Die andere Ärztin hat wegen mir einen auf den Deckel bekommen, weil sie mich wieder arbeiten geschickt hat. Ich musste versprechen, nicht mehr zur Arbeit zu fahren, sondern geradewegs heimzugehen. Am anderen Tag musste ich wieder in der Klinik antanzen. Man wollte sehen, ob die Wehen nur kurzfristig so stark waren. Ich habe die ganze Nacht nicht geschlafen und merkte, was mir am anderen Tag blüht. Die Wehen wurden immer stärker. Bei der Untersuchung in der Klinik bestätigte sich mein Verdacht. Ich durfte zehn Wochen eher, als der errechnete Geburtstermin es vorgab, in die Klinik einrücken. Ich war fix und fertig. Mein schlechtes Gewissen kam jetzt auch noch dazu. Dabei hätte ich an diesen vorzeitigen Wehen überhaupt nichts ändern können. Mir war schlecht. Ich habe nur geheult, denn ich wollte nicht in die Klinik. Nicht jetzt schon. Eigentlich wollte ich überhaupt nicht in die Klinik. Es kommt aber auch immer anders, als man denkt. Was für ein Mist aber auch!

Das Zimmer in der Klinik bewohnte ich mit vier anderen jungen Frauen. Eine davon wurde für mich eine gute Freundin. Wir lachten und heulten um die Wette. Die Hormone spielten völlig verrückt. Jammern und Witze reißen, immer abwechselnd. Die andere junge Frau war, vom Spaßfaktor her gesehen, voll auf meiner Wellenlänge. Wir beide hatten wirklich nur Quatsch im Kopf. Nur so konnten wir es dort einigermaßen aushalten. Zu allem Übel amüsierten wir uns auch noch über die Frauen, die „frisch" entbunden hatten, wie sie vor Schmerzen herumwatschelten und die Gesichter verzogen. Wir waren ja noch nicht so weit. Wir waren kindlich naiv und hatten unseren Spaß, ohne daran zu denken, dass es uns vielleicht auch so gehen könnte.

Zehn Wochen in der Frauenklinik. Das war echt kein Zuckerlecken. Täglich musste ich irgendwelche Untersuchungen über mich ergehen lassen. Die Ärzte stellten Geräusche an meinem Herzen fest. Daraufhin musste ich in ein anderes Krankenhaus, zum Belastungs- EKG und so weiter und so fort. Man sagte mir, ich hätte einen Herzfehler. Ich dürfte das Kind nicht auf „normalem" Weg entbinden. Entweder durch eine Zangengeburt oder per Kaiserschnitt. Es wäre alles zu belastend für mein Herz. Nach der Entbindung müsste ich gleich am Herzen operiert werden.

Das war mir alles zu viel. Ich wollte dieses Kind aber auf normalem Weg zur Welt bringen. Nie mehr sprach mich jemand wegen dieser Herz- Operation an. Das ist im Sande verlaufen, bis heute. Sämtliche Untersuchungen ergaben, dass ich nicht an einer Herzkrankheit leide. Weder unter Angina Pectoris, was mir eingeredet wurde, noch sonst irgendwas. Wie soll man da noch, bitteschön, klar denken? Was für ein

Quark! Ich habe das damals auch irgendwie verdrängt. An einen Herzfehler habe ich nie geglaubt.

Das Essen war nicht besonders in dieser Klinik. Meistens reichte es kaum zum Sattwerden. Jeden Abend zwei Scheiben Brot, Leberwurst und Blutwurst. Mittags einen Klecks auf dem Teller, etwas für den hohlen Zahn. Ich war verfressen wie eine zehnköpfige Raupe und wurde einfach nicht satt. Mein Mann musste mir etwas zu Essen von daheim bringen. Wir nahmen der Schwester die Kelle für das Essen aus der Hand und füllten uns die Teller selbst. Dafür haben wir dann auch Geschirr gespült. Eigentlich hatte ich strengste Bettruhe. Aber in meinem jungendlichen Leichtsinn war mir das egal. Nach ungefähr drei Wochen in der Klinik erhielten meine neu gewonnene Freundin und ich ein Zwei- Bett- Zimmer. Da wurde es für uns erst richtig spaßig. Wir spielten Karten bis in die Nacht. Es war dort sehr hellhörig und wir bekamen Ärger mit den Nachtschwestern. Aber sie konnten uns nicht böse sein. Sie mochten unsere heitere und fröhliche Art. Freitags wurden wir immer nochmal ans CTG angeschlossen. Wenn die Wehen nicht so stark waren, durfte man übers Wochenende nach Hause. Ich hatte leider nie das Glück. Wir hangelten uns die ganze Zeit so durch. Eine Wohnung hatten wir inzwischen auch. Mein Mann und mein Schwiegervater hatten alle Hände voll zu tun. Die Wohnung war circa 15 km entfernt und musste noch renoviert werden. Es war eine Zwei- Zimmer- Wohnung. Kein Bad, kein Balkon. Ofenheizung. Im Schlafzimmer waren die Wände bis zur Hälfte verschimmelt. Dort befand sich kein Ofen. Aber das alles wusste ich in der Klinik noch nicht. Meine Freundin durfte über die Wochenenden heimfahren. Bei ihr waren die vorzeitigen Wehen nicht mehr so stark. Sie fehlte mir sehr. Auch ich wollte da raus. Ich hatte immer das Gefühl, dass ich da im Leben nicht mehr rauskäme. Einmal packte ich die Gelegenheit beim Schopf. Es war wieder ein Freitag und das CTG stand an. Eine Schwester schloss mich und meinen Bauch an das Gerät an. Sie hatte viel zu tun und verließ den Raum, in dem ich ungefähr zwanzig Minuten ausharren musste. Ich dachte nur, jetzt oder nie. Ich nahm den Gurt vom Bauch und siehe da, es wurden keine Wehen angezeigt. Ein schlechtes Gewissen hatte ich natürlich auch, aber ich hielt es dort nicht mehr aus. Ich hatte das Empfinden, dass diese Klinik mich depressiv machte. Nur liegen und schlafen, das war nichts für mich.

Die Schwester schaute sich die Auswertung an und strahlte übers ganze Gesicht. Sie sagte mir, dass sie das noch der Ärztin zeigen müsste, ich aber sicher übers Wochenende nicht in der Klinik bleiben müsste. Tatsächlich, es hatte funktioniert. Ich durfte aber nur unter der Voraussetzung die Klinik verlassen, wenn ich mich bei meinen Schwiegereltern aufhielt und nicht noch woanders. Sie wohnten ja einen Katzensprung entfernt. Es war mir egal. Hauptsache nicht in dem Gefängnis. Ich wollte mich mal wieder richtig satt essen und nicht schon um fünf Uhr zum Fiebermessen geweckt werden. Außerdem hatte ich die Blut- und Leberwurstbrote satt bis oben hin. Ich musste versprechen, mich zu schonen und sofort in die Klinik zu kommen, wenn irgendetwas sei. Risikoschwangerschaft! Ich war froh, dass ich aus der Klinik raus war. Ich hatte fast 20 kg zugenommen. Jeder, der mich traf, wunderte sich über meinen riesigen, besonders dicken Bauch und alle sprachen mich an. Selbst die Ärzte waren verwundert und sagten, ich würde ein Riesenbaby bekommen.

Ich war bei den Schwiegereltern. Meine Schwiegermutter kam nach Hause und sagte, ich solle doch gleich mal in die „Kaufhalle" gehen. Draußen wäre ein Stand, an dem es Bananen gäbe. Na, was soll ich sagen oder schreiben. Das gab es ja zu DDR- Zeiten wirklich äußerst selten. Ich versuchte, mich daran zu erinnern, wie eine Banane schmeckt. Seelisch und moralisch hatte ich mich voll darauf eingestellt und freute mich wie ein kleines Kind auf zwei Bananen, die ich gleich vernaschen könnte. Ich machte mich, so schnell ich konnte, auf den Weg. Eine riesige Menschenansammlung erwartete mich. Ich stellte mich brav an. Sonst wollten mich die Leute immer vorlassen, wenn sie mich mit meinem Bauch gesehen haben. Aber jetzt hoffte ich vergebens darauf. Sicher, ich hätte darauf bestehen können. Das war mir dann aber doch zu peinlich. Ich wusste nach einer Weile nicht mehr, wie ich noch stehen sollte. Alles tat mir weh. Es dauerte und dauerte. Endlich, ich war an der Reihe. Die Bananen waren ausverkauft! Hä? Nein, das wollte ich einfach nicht glauben. Konnte es wirklich und tatsächlich so dumme Zufälle geben? Ja, leider. Enttäuscht wackelte ich wieder nach Hause. Ich verstand die Welt nicht. Sicher, weder mein Leben, noch das meines ungeborenen Kindes, hing von diesen zwei Bananen ab. Aber sie hätten mich einfach für den Moment glücklich gemacht. Nicht mal diese zwei blöden Bananen waren mir vergönnt.

Eigenartigerweise wird immer gelacht, wenn ich die Story von den Bananen erzähle. Und ich erzähle sie heute noch oft und gern. Das kann sich ja im „goldenen Westen" niemand vorstellen, was das für mich bedeutet hat. Einfach nur mal einen anderen Geschmack auf der Zunge erleben. Das wollte ich. Na ja, egal! Aber das ärgert mich heute noch, dieser Scheiß. Was für ein innerliches Drama und eine riesengroße Enttäuschung! Selbst zwei Bananen, die man nicht bekommt, wenn alles schon darauf eingestellt ist, können einem den Boden unter den Füßen fast wegreißen. Wie man sieht, lebe ich noch, auch ohne diese zwei „blöden" Bananen. Ich bin nicht gesünder und nicht kranker dadurch geworden.

Das Kind sollte ich am 16. Januar zur Welt bringen. Silvester stand vor der Tür. Die Vorbereitungen wurden getroffen. Wir „feierten" bei meinen Schwiegereltern. Ich hatte immer noch vorzeitige Wehen und immer einen großen Appetit. Mittlerweile hatte ich während der Schwangerschaft zwanzig Kilogramm zugenommen und einen riesengroßen Bauch. Er sah aus, als würden sich Fünflinge darin tummeln. Meine Füße konnte ich längst nicht mehr sehen. Viele sprachen mich darauf an. Niemand konnte sich so richtig vorstellen, dass sich darin nur „ein" Kind aufhalten sollte. Die Ärzte machten mir bei jeder Ultraschalluntersuchung Angst, in dem sie mir sagten, dass das ein „Riesenbaby" wird, was sich im Nachhinein auch wieder als Seifenblase herausstellte. Ich freute mich auf Silvester. Es gab wieder etwas Leckeres zu essen. Hähnchen, Klöße, Rotkraut und Dessert. Ich aß jedes Mal für drei. Jede Mahlzeit hätte ja die letzte vor der Entbindung sein können. Ich wollte nicht zwölf oder vielleicht sogar achtzehn Stunden ohne Nahrung sein. Also haute ich mir wieder mal die Seiten dick und stopfte mich voll. Ich war angenehm satt und trank noch einen kleinen Schluck Sekt, der dem Kind sicher nicht geschadet hat. Kurz nach 24 Uhr gingen wir alle ins Bett. Gegen ein Uhr dreißig wurde ich wach. Ich dachte, ich hätte geträumt, dass ich ins Bett gemacht hätte. Mensch, war ich denn jetzt auch noch ein Bettnässer? Ich weckte meinen Mann. Wir erschraken beide fürchterlich. Das ganze Bett war tatsächlich total nass. Was war das denn jetzt? Ich hatte einen Blasensprung. Aber ich begriff das überhaupt nicht, obwohl es in der Klinik immer hieß: Bei Blasensprung sofort in die Klinik kommen!

Ich bat meinen Mann, mir doch bitte Handtücher oder irgendwas zu holen, um das ganze Wasser, was meinen Körper verließ, irgendwie aufzuhalten. Mein Mann, noch etwas angetrunken und völlig schlaftrunken, wirbelte unkontrolliert durch die Wohnung. Meine Schwiegermutter hörte uns und fragte nach, was denn los sei? Ich erzählte ihr, dass ich eine Unmenge von Wasser verlor und das nicht aufhalten könnte. Außerdem hatte ich Bauchschmerzen. Sie fragte weiter und ich antwortete, dass diese so alle drei Minuten auftreten würden. Sie wollte, dass wir schnellstmöglich in die Klinik fahren sollten, denn das Kind würde kommen. Ich dachte, sie spinnt. Aber sie hatte recht. Mein Mann wollte mich nicht fahren. Er hatte noch Restalkohol. Damals wurde das mit Führerscheinentzug bestraft. 0,0 Promille waren angesagt. Mir war das egal. Wie sollte ich denn in die Klinik kommen? In diesem Haushalt gab es zu dieser Zeit noch kein Telefon. Mein Mann fuhr mich nun doch unwillig dorthin. Es waren nur fünf Minuten Fahrzeit mit dem Auto. Dort angekommen, stellte man mir kurz Fragen. Aber ich hatte auch eine Frage. Wer war denn der Arzt oder die Ärztin, bei dem ich entbinden sollte? Der nette Arzt war gerade zum Hausbesuch. Nein, auch das noch! So ein Mist! Am liebsten wäre ich wieder umgekehrt. Aber das war leider nicht möglich. Ich musste bei der Ärztin entbinden, die mich damals mit meinen vorzeitigen Wehen gesundschreiben wollte, was ihr Ärger bei der Chefärztin eingebracht hatte. Ich ahnte Schlimmes und es kam auch so. Kann man denn wirklich so viel Pech im Leben haben? Ja, man kann!

Jetzt erwartete mich eine Tortur. Ich musste gleich in den Kreissaal. Besagte Ärztin sah mich und sagte mir, dass ich mich mit der Geburt beeilen soll. Sie würde ja schließlich schon zig Stunden am Arbeiten sein und wolle auch mal feiern. Ich dachte: Na, schönen Dank! Wie sollte ich das denn anstellen? Ich war ausgeliefert. Wieder einmal. CTG, Untersuchungen, Spritzen und, und, und. Plötzlich waren alle verschwunden. Die Ärztin, die Schwestern, und ich lag da in meinem Elend. Was, wenn jetzt das Kind kommen würde? Ich war ganz allein und hatte unerträgliche Schmerzen, die niemanden interessierten. Mein Mann war wieder heimgefahren. Er hätte mich dort nur nervös gemacht. Aber so ganz allein? Das war mir dann doch unheimlich. Die Ärzte und die Schwestern feierten. Ich roch den Zigarettenqualm und hörte sie kichern. Was war das denn? Ab und zu sah mal eine Schwester nach mir. Alles in Ordnung. Von wegen! Nichts war in Ordnung. Ich hatte jede Minute Wehen und der Muttermund wollte sich nicht öffnen. Ich versuchte, jemanden zu rufen. Mich hörte aber niemand. Längst hatte mich die Kraft verlassen. Leise Töne habe ich herausbekommen, mehr nicht. Wieder kam eine Schwester. Sie rief nach der Ärztin. Der Muttermund blieb hartnäckig zu. Jetzt geht's los, dachte ich. Aber nein, es kam schlimmer. Da sich der Muttermund nicht von selbst öffnete, wurde nachgeholfen - in Handarbeit. Ich musste im Bett hochrutschen und mich hinten an einer Stange festkrallen. Der Muttermund wurde doch tatsächlich mit der Hand geöffnet, alles ohne Betäubung. Ich starb fast vor Schmerzen. Fast elf Stunden lag ich schon im Kreissaal. Wieder ließen sie mich allein. Ich hatte Angst. Was wäre, wenn das Kind jetzt kommen würde? Die Wehen wurden immer stärker. Ich wusste nicht, wie ich sie wegatmen konnte. Die Presswehen setzten ein. Wieder versuchte ich mich akustisch irgendwie bemerkbar zu machen. Wieder hörte mich niemand. Ich wusste nicht mehr ein noch aus. Mir war schwarz vor Augen, und das vor Schmerzen. Ich schwitzte und quälte mich. Wie sollte ich das hier allein zu Ende bringen? Ich machte mir Sorgen um das ungeborene Kind und um mich. Endlich kam eine Schwester. Sie holte sofort die Ärztin, die sich alles ansah und sagte nur: „Tja, weil Sie uns nicht eher gerufen haben, sind sie jetzt bis hinten gerissen." Am liebsten hätte ich diese „blöde Kuh" gewürgt. Aber ich war ja auf sie angewiesen und das Schicksal lag in ihren Händen. Jetzt musste alles ganz schnell gehen. Das Kind erlitt bereits einen Sauerstoffmangel. Es wollte endlich raus, doch ich hatte keine Kraft mehr. Es wurde noch eine Schwester dazugeholt. Ich schaffte es nicht, das Kind allein auf die Welt zu bringen. Diese Schwester, ein Kaliber dreimal so kräftig wie ich, kniete sich hinter meine Schultern. Auf „DREI" musste ich die Augen schließen und pressen. Es wurde laut gezählt. Eins, zwei ... und bei „DREI" warf sich diese Schwester von hinten auf meinen Bauch, um das Kind mit ihren Fäusten herauszuschieben. Ich sah nur noch Sterne. Aber der Kindskopf war schon mal draußen. Den Rest habe ich dann doch noch allein geschafft. Das Neugeborene legten sie mir mitsamt der Nabelschnur auf den Bauch. Dieses Gefühl von Stolz und Glück, Bewunderung und Verwunderung kann man nicht beschreiben. Das war der glücklichste Moment in meinem ganzen Leben. Dieses kleine Wesen. Es war ein Weltwunder. So ein Gefühl kannte ich vorher nicht. Sämtliche Probleme und Schmerzen sind urplötzlich vergessen und wie weggeblasen. Das lässt sich nicht beschreiben. So etwas muss man einfach erlebt haben oder erleben. Ich musste meine kleine Tochter die ganze Zeit ansehen. Sie war ein niedlicher Wonneproppen. Ganz viele Haare und diese kleinen Finger und Füße. Was für ein Zwergnase und süßer Fratz. Von wegen „Riesenbaby". Sie war 46 cm und wog 2950 Gramm. Soviel zum Thema!

Mein Mutterinstinkt sagte mir sofort, dass ich die Kleine beschützen muss. Und dieses kleine Wesen sollte wirklich einmal groß werden und selbständig sein? Das konnte ich mir gar nicht vorstellen. Heute ist sie fast 21 Jahre alt.

Ich war Mama und zwar eine sehr stolze. Es gab momentan keine Sorgen für mich.

Das neugeborene Kind musste untersucht werden. Es war alles in Ordnung. Ich jedoch war am Verbluten. Die Ärztin schaute sich das eine Weile an und sagte, dass sie „jetzt" den Riss nähen müsste. Jetzt aber ohne Betäubung, denn dazu wäre keine Zeit mehr. Hilfe! Rette sich, wer kann! Das war ein Gefühl von „Maschendraht durch den Hintern ziehen". Einfach nur „herrlich"! Aua!!! Ich weiß nicht, was schlimmer war, die Entbindung oder das Nähen ohne Betäubung. Der hohe Blutverlust machte mich schwach. Die Ärzte konnten ihn kaum stoppen und ich sollte eine Bluttransfusion erhalten. Nach zwei Tagen regulierte sich jedoch alles wieder und ich kam ungeschoren davon.

Meine Tochter war eine ganz süße Maus. Sie hatte einen tollen Teint. Jeder in der Klinik bestaunte das. Meine Schwiegermutter stellte die Vermutung auf, wenn sie es nicht genau wüsste, dass das Kind von einem anderen Mann hätte sein können. Sie und ihre Vermutungen. Ich wusste genau, dass niemand anderer als mein Mann als Vater in Frage kam. Aber das Rätsel löste sich auch sehr schnell auf. Meine Tochter litt an der bekannten Säuglingsgelbsucht. Diese wurde jedoch von den Ärzten zu spät erkannt. Fünf Tage nach der Entbindung bekamen alle frisch entbundenen Frauen ihre Kinder wieder aufs Zimmer, nur ich nicht. Ich fragte nach. Niemand konnte mir so richtig eine Antwort auf meine Fragen geben. Es war so, dass meine Tochter Infusionen bekommen musste, um diese Gelbsucht in den Griff zu bekommen. Sie war auf der Krankenstation und bekam diese Infusionen über die Stirn und in die Hand. Sie durfte die Klinik noch nicht verlassen. Es sah nicht gut aus. Die Leberwerte waren viel zu hoch. Für das kleine Wesen bestand

Lebensgefahr. Ich war fix und fertig. Ich durfte die Klinik verlassen, aber wieder nur zu den Schwiegereltern. Ein paar Mal täglich ging ich in die Klinik, um meine Tochter zu stillen. Unsere neue Wohnung hatte ich bis dahin noch gar nicht gesehen. Ich wusste nicht, wo wir ab jetzt alle drei zu Hause waren. Endlich, nach circa drei Wochen, waren die Werte dann so weit in Ordnung, dass ich das Kind aus der Klinik mit heimnehmen durfte. Ein Jahr lang mussten wir mit ihr alle vier Wochen zu einem Leberspezialisten. Aber wenigstens war nun keiner mehr von uns beiden in der Klinik.

Die „neue" Wohnung war nichts Besonderes. Ich hatte sie ja schon beschrieben. Öfen in der Küche und im Wohnzimmer. Schimmel im Schlafzimmer an den Wänden. Die Öfen mussten Tag und Nacht beheizt werden. Die Wohnung war schlecht isoliert und hatte einfache Fenster. Wir wohnten auf einem Dorf, wo wir niemand kannten. Mein Mann fuhr morgens um sechs Uhr mit unserem alten Auto zur Arbeit und kam gegen 17.00 Uhr wieder heim. Ich hatte viel zu tun. Windeln kochen, Kohlen schleppen, das Baby, den Hund, einkaufen, kochen, putzen, waschen, bügeln. Langweilig war mir nie. Meine Tochter war ein sogenanntes „Schreikind". Die anderen Kinder in ihrem Alter schliefen alle schon durch. Sie hielt mich nachts auf Trapp. Ich war völlig fertig. Mein Mann brauchte seinen Schlaf. Also verzog ich mich mit dem Kind ins Wohnzimmer. Dort verbrachte ich die Nächte mit ihr. Tagsüber musste ich die anderen Sachen irgendwie erledigen. Immer, wenn ich mich mal kurz hinsetzen und vielleicht eine Viertelstunde ausruhen wollte, fing das Kind an zu schreien. Meine Schwiegermutter sagte, wir hätten das Kind verwöhnt. Das war aber nicht so. Sie begriff es nicht, da sie alles „besser" wusste. Ich weiß nicht, wie ich das erste Jahr überstanden habe. Ich weiß nur, dass es sehr, sehr anstrengend für mich war. Aber es hat ja alles irgendwie funktioniert.

Tagsüber fühlte ich mich einsam und allein, da ich dort niemand kannte. Es gab keinen Kinderspielplatz, wo sich Frauen mit ihren Kindern trafen. Mein Mann wurde auch immer unzufriedener. Wenn wir Streit hatten, fuhr er zu seinen Eltern und ließ mich mit dem Kind allein. Er war nicht der Traummann, geschweige denn der Traumvater. Ich hatte mir das alles nicht so kompliziert vorgestellt. Aber es kommt ja doch immer anders, als man denkt. Wenn ich mit dem Kind im Kinderwagen zum Einkaufen ging, musste ich an einer stark befahrenen Straße entlanglaufen. Einen Gehweg gab es nicht. Kopfsteinpflaster und Unmengen von Schnee komplizierten diesen Weg. Es kotzte mich an. Meistens gab es das nicht zu kaufen, was ich brauchte. Entweder fehlte es an Brot oder Butter oder Wurst, oder, oder, oder. Dann musste ich diesen beschwerlichen Weg zweimal am Tag gehen. Heizen, Kohlen schleppen, der Hund musste raus. Wasser für die Badewanne musste ich auf dem Ofen aufheizen. Wir hatten keinen Elektroboiler. Das Haus war zu alt. Vom Vermieter aus durften wir uns auch keinen Boiler anschließen lassen. Kochen war nur auf einem Kohleofen möglich. Das will auch erst einmal gelernt sein. Kuchen backen ging gar nicht. Ich hatte es einmal versucht und war dann auch davon bedient. Verkohlter Rand und innen roh. Ein „Backwunder" also, auf das ich nun wirklich keinen Bock hatte. Einfach nur ungenießbar.

Die Angst schaukelte sich wieder hoch. Schaffe ich das alles? Angstattacken fingen wieder an, mich zu quälen. Ich fühlte mich einsam. Klar hatte ich meine Tochter und genug Beschäftigung. Aber emotional war ich ausgehungert. Mein Mann redete nicht viel mit mir und fing an, ständig herumzunörgeln und zu meckern. Ab und zu hielt ich mich mit dem Kind bei unseren Vermietern auf, die über uns wohnten. Sie baten mich, doch ab und zu mal nach dem Vater der Vermieterin zu schauen, der mit in ihrer Wohnung lebte. Ich tat das auch ganz brav, ohne mir etwas dabei zu denken.

Eines Tages ging ich wieder hoch und fragte, ob er irgendetwas benötigte und ob es ihm gut ginge. Er verneinte. Ich denke, er litt wohl schon an Altersstarrsinn oder Demenz oder was weiß ich. Er erzählte mir immer die gleichen Geschichten von früher. Ich schaute auf die Uhr und dachte, ich muss jetzt aber gehen, denn ich musste ja noch etwas zum Essen kochen – auf dem Kohleherd. Also, wie ich ihm das so sage, steht der alte Sack – gefühltes Alter um die 100 - doch von seinem Sessel auf, drückt und umarmt mich und will mir einen Kuss geben. Dabei versucht er, mir seine Zunge in meinen Hals zu schieben. Ich hätte kotzen können. Ich habe ihn weggeschubst, mein Kind geschnappt und bin voller Entsetzen und Ekel die Treppen runter gerannt. In meiner Wohnung angekommen, habe ich von innen erst einmal die Tür verriegelt und verrammelt. Das war so eklig! Mich schüttelt es heute noch, wenn ich daran denke. Was sollte ich denn jetzt tun? Dieser verkorkste Typ hätte mich jederzeit, wenn ich die Wohnung verlassen wollte, abpassen können. Ich habe mich nicht getraut, es jemandem zu sagen. Weder meinem Mann noch unseren Vermietern. Ich schämte mich dafür. Also lief ich wieder mit einem Problem mehr allein herum.

Meine Tochter war fast ein Jahr alt und ich stellte einen Antrag für eine Reise in den Westen. Der Onkel meines Vaters hatte Geburtstag und ich versuchte, einfach aus einer Laune heraus, das einmal erleben zu dürfen. Im Fernsehen hatte man ja viel darüber gehört und gesehen. Eigentlich stand mein Entschluss damals schon ganz fest, nicht in der DDR zu bleiben. Ich wollte dort weg. Immer schon! Ich war nicht von diesem Staat überzeugt. Man wollte uns etwas einreden, was gar nicht so war, wie immer angepriesen oder auch angeprangert. Das soll hier aber nicht mein Thema sein und außerdem hat sich mein Wunsch ja erfüllt. Ich schickte meinen Antrag also auf die „Reise". Mir war klar, dass er abgelehnt wird. Die Hoffnung stirbt jedoch zuletzt. Die Ablehnung folgte selbstverständlich prompt. Ich erhielt Post. Kurz und bündig. Hartnäckig, wie ich nun mal war und auch noch bin, schrieb ich an den damaligen „Staatsratsvorsitzenden". Irgendwie verstand ich das alles auch gar nicht. Was sollte das? Ich war verheiratet und hatte ein Kind. Ich würde doch nie und nimmer mein Kind im Stich lassen, zumal ich wusste, was dann passiert wäre. Mein Mann wäre in den Knast gekommen, und meine Tochter hätte ich „niemals" wiedergesehen. Sie hätten sie in ein Heim gesteckt. Niemand hätte mehr etwas darüber erfahren. Nein, das war es mir wirklich nicht wert. Ich versuchte in einem Schreiben meine Gründe für eine Wiederkehr in die DDR plausibel darzustellen. Aber Pustekuchen! Wieder ein typischer Fall von „haste gedacht". Ich lebte mit dieser Entscheidung, war aber unzufrieden. Kurz bevor meine Tochter ein Jahr alt wurde, erhielt ich Post. Ich musste wieder arbeiten gehen und meine Tochter in eine Kinderkrippe geben. Mir zerriss es fast das Herz. Dieses kleine, hilfsbedürftige Wesen zu fremden Menschen geben, tat mir weh. Allein schon nur der Gedanke daran. Mir blieb aber nichts anderes übrig. Ich musste mich damit abfinden.

Wir zogen in eine Stadt um, nicht allzu weit von unserem damaligen Wohnort entfernt. Diese Wohnung war etwas besser. Zwar auch mit „Kohleheizung", aber angenehmer. Unsere Tochter hatte endlich ein eigenes Zimmer und schlief von diesem Zeitpunkt an durch. Was für ein Segen!

Ich hatte meine Probleme damit, dass ich sie in die Kinderkrippe geben musste, da ich ja wieder arbeiten ging. Jedes Mal hätte ich heulen können. Es tat mir in der Seele weh, das Kind fremden Leuten anzuvertrauen. Es fragte aber niemand danach. Weder, wie es mir ging, noch, wie das Kind sich fühlte. Sie weinte jeden Morgen fürchterlich, wenn ich sie abgegeben hatte. Auf der Arbeit konnte ich mich kaum konzentrieren, weil ich immerzu an sie denken musste. Mein Mann verstand das nicht. Es interessierte ihn auch nicht weiter. Hauptsache, das Geld stimmte. Emotionale Geschichten blieben völlig auf der Strecke. Und er ließ mich emotional verhungern.

Meine Schwiegereltern redeten uns immer mehr in unsere Ehe hinein. Ich war ihnen zu aufmüpfig und unbequem. Außerdem war ich nicht so konservativ eingestellt und werde es auch wohl nie werden. Sie gaben meinem Mann Ratschläge, wie er mich noch mehr unterbuttern könnte. Er versuchte es ständig. Natürlich wusste ich genau, woher der Wind wehte.

Wir hatten das Kind. Es sollte nicht unter einer Scheidung leiden müssen. Ich hatte das selbst durchgemacht und wünschte es niemandem. Also hielt ich aus und merkte gar nicht, wie mich das alles längst anekelte. Diese ganze Falschheit und Unehrlichkeit. Es gab dauernd irgendwelchen Streit. Was für ein Leben! Von Harmonie keine Spur. Ich machte mir Sorgen, wie das wohl weitergehen würde oder sollte. Und wie schon so oft war niemand da, bei dem ich mich mal ausheulen konnte. Wieder und immer wieder lief ich allein mit meinem seelischen Müll herum.

Meine Tochter war mittlerweile eineinhalb Jahre alt und ich stellte erneut einen Reiseantrag in den Westen. Diesmal gleich mit Begründungen für meine Rückkehr, die jeder normale Mensch doch eigentlich verstehen „musste". Ich hätte mich sonst wo hingewandt. Einfach nur, um die „andere" Seite einmal im Leben kennenzulernen. Ich verstand dieses ganze Getue wegen dem Drumherum absolut nicht. Wir sprachen doch alle die gleiche Sprache. Hier wohnten ganz „normale" Menschen und im Westen doch auch. Ich konnte und wollte nicht begreifen, warum ich meine Verwandtschaft nicht kennenlernen durfte. Waren das denn alles wirklich irgendwelche Verbrecher? Sie lebten zwar im Kapitalismus und wir im Sozialismus. Aber worin, bitteschön, bestand eigentlich der wirkliche Unterschied? Klar, drüben war alles viel bunter und lockerer. Arbeiten mussten wir hier und dort auch. Was war nur des Pudels Kern? Warum durften wir das nicht erleben?

Ich schreibe hier noch ein paar Zeilen darüber, wie ich es erlebte, für mich, ganz allein. Aber es soll nicht das „Thema" werden. Jeder von uns hat dazu andere Erfahrungen gemacht. Ich kann und möchte hier nur sagen, dass ich ja beide Seiten kennengelernt habe und kann nur für mich sprechen. Es gibt eigentlich gar keinen Unterschied. Es gibt hier Arschlöcher, so wie es sie auch im Osten gab. Und es gibt hier super nette Menschen, die es ebenfalls im Osten gab. Nur - die Zeit war eine andere. Ich bin heute froh, dass ich das alles miterleben, sehen und kennenlernen durfte und nicht vor 100 Jahren geboren bin. Unsere Zeit ist eine interessante, wenn auch sehr, sehr stressige Zeit. Und jeder sollte versuchen, das Beste für sich herauszuholen.

Ich will nicht abschweifen, denn es geht ja wieder einmal weiter.

Den „Mantel des Schweigens" habe ich längst ziemlich weit geöffnet, aber ihn immer noch nicht ganz ausgezogen. Vielleicht schaffe ich es mit diesem Buch. Ich wäre stolz, wenn ich anderen Menschen mit diesen Zeilen wenigstens für einen Moment wieder in das „wahre" Leben zurückholen könnte. Wir alle leben im „Hier" und im „Jetzt". Niemand kann das Vergangene ungeschehen machen. Und niemand weiß, was uns die Zukunft bringt. Oder kann mir jemand heute schon sagen, was morgen wohl sein wird? Nein, es gibt keine Antwort auf diese Frage. Also sollte man den Augenblick genießen. Das Leben kann so schön sein. Man muss nur bereit sein, es eventuell zu ändern. Jeder muss an sich selbst anfangen zu arbeiten. Wir können nicht verlangen, dass es andere für uns tun. Sicher können uns andere auf dem Weg in ein glücklicheres Leben behilflich sein. Aber im Endeffekt liegt es an uns, ob wir das auch wirklich wollen und tun. Nur so kann man sich von alten, eingefressenen Schemen lösen. Wir können niemand für Fehler verantwortlich machen, die wir selbst verbockt haben. Fehler sind dazu da, gemacht zu werden und um daraus zu lernen. Es wird immer wieder schlechtere und bessere Tage im Leben geben. Und es gibt Dinge im Leben, die lassen sich fast oder gar nicht verhindern. Auch diese muss man annehmen können. Es ist ein Lernprozess, den man durchlaufen muss.

Das Wort „Glück", was bedeutet es? Laufen wir nicht alle irgendwie dem „großen" Glück hinterher? Glück ist ein Moment, den man nicht greifen und nicht festhalten kann. Er ist da und verschwindet wieder.

Man muss ihn nur erkennen, diesen kleinen Moment. Wenn man viele kleine „Glücksmomente" im Leben hat, werden sie sich zu einem Schneeball aufbauschen, der immer größer wird.

Glück ist für mich, meine Tochter noch in den Arm nehmen zu können und ihr zu sagen, dass ich sie lieb habe. Ein Tag, an dem es mir mal richtig gut geht, aber auch schöne Musik oder ein schöner Tanzabend. Ich habe die Erwartungen an das Glück drastisch heruntergeschraubt. Aber sie sind da, fast täglich. Sicher wäre mir ein großer Lottogewinn auch lieb und ich wäre froh darüber. Aber es ist, als laufe man einem Phantom hinterher, wenn man sich nur an so gut wie unrealistischen „Glücksmomenten" erfreuen kann. Jeder hat selbstverständlich das Recht, davon zu träumen. Nur sollte man die kleinen, feinen Dinge im Leben darüber hinaus nicht außer Acht lassen.

Jetzt geht es aber wieder weiter, mit meinem „Arschloch Angst".

Ich hatte also den Reiseantrag gestellt. Es sollte wieder nach West- Berlin zum Onkel meines Vaters gehen. Er wurde im Oktober, kurz vor der Wende, 70 Jahre alt. Mein Vater, der ja nicht mehr in den Westen reisen durfte, und meine Schwester stellten ebenfalls einen Antrag. Wir spannen uns das so zurecht, wohl wissend, dass das ja im Leben nicht funktionieren würde. Aber wir hatten einfach diesen Traum. Ich hatte das so fest vor. Das zu beschreiben, kann ich heute nicht mehr. Insgeheim redete ich mir immer wieder ein, dass ich da unbedingt einmal hin will. Eines Tages, ich hatte eigentlich schon gar nicht mehr daran gedacht, kam ich nach Hause und mein Mann sagte, ich hätte Post bekommen. Ich öffnete den Brief. Mir war schlecht und mir wurde schwarz vor Augen, mein Herz klopfte bis zum Hals und ich bekam Bauchschmerzen und heftigen Durchfall. Zu allem Übel bekam ich auch noch eine heftige Migräneattacke. Ich glaubte das einfach nicht. Wollte mich da jemand verarschen? Wo kam der Brief überhaupt her? Dieser Brief beinhaltete einfach nur, dass ich doch tatsächlich in den Westen reisen durfte. In mir machten sich fürchterliche Zweifel breit. Wollten sie mich in den Knast stecken, wenn ich das annehme? Wer wollte mir da etwas Schlechtes?

Mein Mann regte sich darüber auf, dass mich dieser Brief so krank machte. Er sagte: „Erst wollen sie alle in den Westen reisen, und wenn es dann soweit ist, werden sie krank." Diese Worte habe ich bis heute nicht vergessen. Hilfe! Hallo? Was sollte ich denn jetzt tun? War das wirklich ernst gemeint? Der Stempel und das Wasserzeichen ließen mich dann meine Zweifel vergessen. Es war tatsächlich so. Ich rief meinen Vater an. Er und meine Schwester hatten ebenfalls eine Zusage für die lang ersehnte Reise erhalten. Wir vermuteten echt, sie wollten uns an der Grenze schnappen und ins Gefängnis stecken. Solange wir nicht über der Grenze waren, war ja alles möglich. Ich holte mein „Ticket" für den Westen ab. Davon, dass es im Osten längst ganz arg „brodelte", hatte ich ja nicht die leiseste Ahnung.

Wir drei verstanden die Welt nicht mehr. Aber wir wollten es ja so. Wir wollten verreisen und zwar nach West- Berlin. So, nun hatten wir den Salat! Was jetzt? Es war soweit. Meine Tochter und mein Mann blieben daheim. Sie durften nicht mit. Ich fuhr mit der Bahn 450 km nach Mecklenburg. Von dort aus sollte es am anderen Tag auf die Reise gehen - und es ging auf die Reise.

Im Zug nach Berlin sprachen wir nicht viel. Jeder von uns hatte Angst davor, eingesperrt zu werden. Keiner von uns glaubte wirklich daran, heil in den Westen zu kommen.

Checkpoint- Charlie! Wir mussten unsere Ausweise und den Reisepass vorzeigen. Mir ging vielleicht der Arsch auf Grundeis. Ich habe das alles nicht wirklich richtig wahrgenommen. Wie unter Drogen oder in Trance zeigte ich meine Papiere vor. Das Herz überschlug sich fast vor Angst, dass etwas passieren könnte. Blick in die Papiere, Blick zu mir, Frage nach dem Zweck der Reise und - ich war durch.

Ich drehte mich um und wollte sehen, ob mein Vater und meine Schwester es auch geschafft hatten. Sie folgten mir. Wir waren im „Westen"! Mein Vater fragte uns, ob wir erst die zwanzig West-Mark abholen oder erst mit S- und U- Bahn zum Onkel fahren wollten. Nein, wir wollten erst einmal das Westgeld in den Fingern halten. Wir schlenderten wirklich und realistisch durch West- Berlin. Mit großen Augen bestaunten wir alles. Es war anders als im Osten. Hier war alles viel bunter. Die Menschen waren freundlich und aufgeschlossen. Wir gingen in ein Kaufhaus. Mich hat dieses viele Bunte fast erschlagen. Es gab abends noch Fleisch und Brot in rauen Mengen zu kaufen. Es sah alles frisch aus. Die Welt war urplötzlich und von jetzt auf gleich anders. Ganz anders und viel schöner als in meinen Vorstellungen. Wir fuhren zur Verwandtschaft und wurden dort sehr herzlich begrüßt und aufgenommen. Eine Woche durften wir uns bei ihnen aufhalten.

Ich hatte Angst. Diese große Stadt. Aber die Neugier war stärker. Dort sollte es doch Drogenabhängige geben. Sie gab es also tatsächlich. Wir kannten das nicht. Manche Leute sind total ausgeflippt rumgelaufen. Es war einfach nur interessant. Der Onkel meines Vaters schlug vor, dass ich doch bei ihnen bleiben sollte. Er wollte mir eine Wohnung und ein Auto besorgen und ich sollte ihn und die Tante pflegen. So ein Mist! Was sollte ich tun? Nein, das kam für mich nicht in Frage. Nicht aus Überzeugung dem Sozialismus gegenüber. Ich wollte mein Kind nicht verlieren. Das hätte ich mir nie im Leben verzeihen können. Der Onkel verstand das nicht. Er sprach davon, dass es im Osten ja nicht so schlecht sein könnte, wenn ich so ein Angebot abschlagen würde. Er verstand meine Entscheidung und den Hintergrund nicht, weil er keine Ahnung davon hatte, was dann passiert. Ich habe versucht, es ihm verständlich zu machen. Aber es war sinnlos. Ich genoss die Zeit dort und schaute mir viel an. Der Preis dafür war, dass ich nachts fast nicht mehr schlafen konnte.

Ich fuhr wieder in den Osten zurück. Bepackt mit – wie konnte es anders sein – Bananen, Dosenananas, Mandarinen, Schokolade, Kaffee und einem ganz tollen Kassettenrecorder. Er war spottbillig, aber egal. Ich glaube, ich war der glücklichste Mensch auf Erden, jedenfalls für den Moment. Der Tag der Rückreise stand an. Mein Herz war schwer. Ich wäre gern noch geblieben, durfte aber nicht. Eigentlich wäre ich wirklich gern ganz dort geblieben. Aber das war unmöglich. Schweren Herzens fuhr ich wieder ins Erzgebirge. Mein Mann holte mich gemeinsam mit meiner Tochter vom Bahnhof ab. Er sah kreidebleich aus, weil er dachte, ich kehre nicht zurück.

Jetzt begann der eigentliche Albtraum. Ich hatte Blut geleckt. Was hatte ich eigentlich im Osten verloren? Ich hatte immer viel und hart gearbeitet und konnte mir für mein Geld kaum etwas leisten. An tolle Reisen war ja überhaupt nicht zu denken. Ich war noch jung und bereit zum Arbeiten. Warum sollte ich meine Arbeitskraft für „Nichts" vergeuden? Ich konnte nicht mehr richtig schlafen. Mir ging diese andere bunte Welt einfach nicht aus dem Kopf. Ich konnte das Ganze nicht richtig verarbeiten und verstand nicht, warum der Unterschied zwischen Ost und West so gravierend war. Jetzt wollte ich in den Westen, selbstverständlich nicht allein.

Im Osten Deutschlands fing es an zu rumoren. In Leipzig gab es die ersten Montags- Demonstrationen. Im Erzgebirge ging es auch los. Wir machten mit. Es war beängstigend. Die Polizei und die Armee waren aufgefahren. Sie standen mit großen Wasserwerfern bereit. Polizei und Armee waren auch bewaffnet. Ich hatte Angst, jeden Moment könnte es knallen. Ich spürte förmlich das Gewehr oder eine Kugel in meinem Nacken.

„Wir sind das Volk!"

Erst ganz leise, dann ganz laut. Aber was waren wir für ein Volk? Menschen zweiter Klasse? Deutschland einig Vaterland? Noch heute bekomme ich eine Gänsehaut, wenn ich daran denke. Ich bin froh, dass das so glimpflich für uns ausging. Es gab kein Blutvergießen. Gott sei Dank!

Ich saß abends zu Hause in der Küche. Hatte gerade geputzt und hörte noch ein wenig Radio. Irgendjemand hielt eine Rede. Ich hörte nur etwas von „Reisen in den Westen" … „ab sofort" … „jeder" …

Was für ein Blödsinn?! Was hatte ich denn da gehört? Das stimmte doch überhaupt nicht. Welcher Sender war das denn? Ich weiß es heute nicht mehr. Ich erzählte es meinem Mann. Er sagte, dass er auch so etwas gehört hätte. Aber wir hätten das sicher falsch verstanden. War aber nicht so. Wir durften „alle" in den Westen reisen. Was war denn jetzt los? Niemand begriff das so auf Anhieb.

Sollte jetzt endlich ein lang gehegter Wunschtraum in Erfüllung gehen? Sollte Deutschland wieder ein „einig Vaterland" werden? Sollten wir wirklich die uns fremde und doch nicht fremde Verwandtschaft kennenlernen dürfen? Quatsch, was für komische Gedanken! Niemand ahnte zu diesem Zeitpunkt im Geringsten, wie es kommen würde. Wer kann schon in die Zukunft schauen?

Dieser Traum wurde tatsächlich Realität. Wer, egal ob Ossis oder Wessis, hatte wirklich so etwas vermutet? Dieser Wunsch, endlich „EIN Deutschland" sein zu dürfen, erfüllte sich mit seinen guten und auch schlechten Seiten. Ich habe die Schlechten gern in Kauf genommen und bin heute wirklich froh darüber, dass es so kam, wie es kam. Ich bin dankbar dafür, dass ich das selbst und für mich erleben durfte. Sicher war in der damaligen DDR nicht alles nur schlecht. Es gab dort auch sein Für und Wider – wie überall. Meiner Meinung nach überwog jedoch das Wider. Es werden sich die Geister hierüber scheiden, das ist auch gut so. Und jeder hat seine eigene Meinung dazu, was ebenfalls gut ist. Ich für meinen Teil kann behaupten, dass es mir gut getan hat. Nun war es doch tatsächlich so, dass wir in den Westen reisen durften. Einfach so. Ich glaube, niemand verstand das so richtig. Wir durften zum „FEIND" reisen.

Der „Schwarze Kanal" bläute uns jeden Montagabend ein, dass West-Deutschland der Feind war. Ob Karl- Eduard, oder sollte ich besser schreiben „Sudel- Ede", den Westen vorher schon einmal besucht hatte? Wenn ja, dann weiß ich nicht, warum er uns so etwas verklickerte. Wir wurden ja echt für dumm verkauft. Alle Menschen im Westen waren angeblich schlecht. Aber warum? Einfach nur „Volksverblödung"!!! Die „Ossi- Monarchie" kam schwer ins Wanken und verlor Stück für Stück ihr Gesicht.

Wir konnten uns endlich ein Bild von der Realität verschaffen, reisten in den Westen und wurden dort wirklich herzlich empfangen. Es war diese unbeschreibliche Euphorie. Ich denke, es gab wenige Menschen, ob hier oder da, denen das nicht gepasst hat. Die Wessis wurden von den Ossis und ihrer Reiselust förmlich überrollt. Aber jeder hat hierzu seine eigene Geschichte. Auch das soll nicht Gegenstand meiner Geschichte werden.

Es war Dezember 1989. Uns zog es ins Rheinland. Wir besuchten die Verwandtschaft meines Mannes. Dort wurden wir wirklich herzlich empfangen. Für mich stand damals fest: Ich „will" hier her. Die Frage war nur „WIE"? Ich wollte meine junge Arbeitskraft nicht im Osten vergeuden. Dafür konnte ich mir nicht wirklich etwas leisten. Ich sprach mit meinem Mann darüber, dass ich mir vorstellen könnte, hier zu leben, am liebsten gleich und sofort. Er stimmte mir zu und sagte, dass er sich das auch vorstellen könnte. ENDLICH! Ich machte Nägel mit Köpfen und dachte nur: „Jetzt oder nie!" Das musste ich jetzt irgendwie durchziehen. Wir waren uns endlich einmal einig. Meinen Mann zog es auch in den Westen, dachte ich zumindest. Die Tante meines Mannes bot uns an, bei ihnen zu wohnen, wenn wir das wirklich wahr machen wollten. Ich freute mich innerlich wie ein kleines Kind und zog alle Register. Im Osten hatten wir noch unsere Arbeit und uns gerade eine kleine Wohnung eingerichtet. Die Möbel mussten weg. Kaum aus dem Westen zurückgekommen, setzte ich eine Anzeige für eine Wohnungsauflösung in die Zeitung. Wir verkauften alles. Aber wir mussten damals auch noch einen „Ausreiseantrag" stellen bei der Abteilung „Inneres". Ossis, die je einen Ausreiseantrag in den Westen gestellt haben, wissen, wovon ich hier kurz berichte. Die Behandlungsmethoden waren nicht die Feinsten. Mir war das alles längst egal. Es dauerte circa zwei Wochen, bis morgens jemand bei uns an der Wohnungstür klingelte und uns ein Schreiben mit dem ungefähren Wortlaut übergab, dass wir innerhalb von 24 Stunden das Gebiet der DDR zu verlassen hätten. Es war unsere „Ausbürgerungsurkunde". Da alles schon geplant war, überraschte mich das nicht wirklich. Mein Mann bekam seine Probleme damit. Er war ja Einzelkind und machte sich darüber Sorgen, dass er eventuell seine Eltern nie mehr wiedersehen würde. Wir fuhren zu den Schwiegereltern und verabschiedeten uns. Dort bekam er von meiner Schwiegermutter noch eine richtig heftige Klatsche. Sie redete ihm ein schlechtes Gewissen ein. Er wusste nicht, ob es richtig oder falsch war, was wir taten. Ich wusste es auch nicht. Aber mein Entschluss stand so was von fest. Mich hätte nichts und niemand mehr aufhalten können. Die Verabschiedung war eine Katastrophe. Abschiede haben immer etwas Melancholisches an sich. Aber das war wirklich schlimm. Zu allem Übel überkam mich jetzt auch noch das schlechte Gewissen. Ich kam mir vor, als würde ich meinen Mann in den Westen entführen. Es ging mir schlecht dabei. Aber es gab nur zwei Möglichkeiten: Hopp oder Topp. Wir entschieden uns für die Reise ins Ungewisse. Niemand wusste, was uns erwartete und was auf uns zukommen würde.

Mit unserem Trabbi machten wir uns auf in Richtung Gießen. Dort befand sich das sogenannte „Auffanglager". Es war Januar 1990 und sehr kalt. Unsere Tochter war gerade zwei Jahre alt. Viel Gepäck konnten wir nicht mitnehmen. Bettzeug fürs Kind und zwei Köfferchen. Das war unsere ganze Habe für einen Neustart.

Das Wetter war schlecht. Es war kalt und regnete in Strömen. Längst war es dunkel, als wir in Gießen ankamen. Wir mussten noch das „Auffanglager" suchen. Endlich hatten wir es gefunden. Aber es war kein Platz mehr für uns. Es war völlig überfüllt. Man verwies uns in eine dort ansässige Kaserne. Irgendwie ist dem Auto die Fahrt nicht so gut bekommen. Es muckte mittlerweile herum. An der Kaserne angekommen, überraschte uns ein Wintergewitter. Ein Blitz, ein Donner und ganz viel Schnee. Egal, wenigstens hatten wir eine Bleibe. Es war fast Mitternacht, als man uns das Zimmer zeigte. Wir erhielten Bettbezüge für die schweren Wolldecken. Im Zimmer befanden sich ein Schrank und ein Doppelstock- Bett. Es stank in diesem Zimmer fürchterlich nach Zigarettenrauch und -asche. Kein Wunder. Unter dem Bett hatte jemand höchstwahrscheinlich so an die zehn Aschenbecher ausgeleert. Wir konnten uns erst einmal von der Fahrt erholen. Das dachten wir zumindest und bezogen die Betten. Im Flur war es unfassbar laut. Irgendwelche Leute schrien sich ständig in einer Sprache an, die ich nicht zuordnen konnte. Türen knallten am laufenden Band. Unsere Tochter schrie die ganze Nacht und fand keine Ruhe. Wir haben auch kein Auge zugetan. Am anderen Tag ging es dann los. In der Kaserne waren provisorische Ämter eingerichtet, in denen man sich anmelden musste. Menschen über Menschen. Es bildeten sich Riesenschlangen, an denen man sich anstellen musste. Ich versuchte, unsere Tochter irgendwie zur Ruhe zu bewegen, während mein Mann sich am Ende einer Menschenschlange anstellte. Er war endlich an der Reihe und es stellte sich heraus, dass er falsch anstand. Drei Stunden für die Katz! Es war Freitag. Am Wochenende wurde verständlicherweise nicht gearbeitet. Diese Leute waren auch völlig überfordert. Wir wollten das Wochenende nicht in der Kaserne bei all diesen fremden Leuten bleiben. Nicht in einer Umgebung, die uns überhaupt nicht behagte und wo von uns niemand zur Ruhe kam. Mein Mann rief seine Tante an und fragte, ob wir wenigstens schon einmal am Wochenende zu ihnen kommen durften. Wir hatten Glück und fuhren mit unserem defekten Etwas von Auto von Gießen nach Rheinland- Pfalz. Die Freude war beiderseits groß. Endlich waren wir irgendwo angekommen. Wir drei konnten endlich richtig ausschlafen. Montag ist mein Mann dann wieder nach Gießen gefahren, um alles zu klären. Ich blieb mit dem Kind bei der Verwandtschaft meines Mannes. Jetzt war alles erledigt, dachten wir zumindest. Aber es ging erst richtig los. In Rheinland- Pfalz mussten wir uns überall anmelden. Es vergingen Wochen, bis alles erledigt war. Mein Mann hatte mittlerweile Arbeit im Drei- Schicht- System. Wir wohnten immer noch bei der Verwandtschaft. Eine Wohnung musste unbedingt her. Es war sehr schwierig. Wir haben uns einige Wohnungen angesehen, aber niemand wollte uns eine Wohnung vermieten. Wir hatten verständlicherweise noch kein finanzielles Polster. Drei Monate lebten wir bereits bei Tante und Onkel und zwei Nichten. Es musste sich endlich etwas tun. Das schlechte Gewissen verfolgte uns bereits. Wir kamen uns wie Schmarotzer vor. Mein Mann brachte die Zeitung mit, wenn er morgens gegen sechs Uhr von der Nachtschicht kam. Ich schaute sofort nach, wo günstige Wohnungen vermietet wurden. Nach unzähligen Wohnungsbesichtigungen hatte ich wieder einmal eine in der Zeitung gesehen, die zu uns passen könnte. Ich rief den Vermieter am Samstagmorgen kurz nach sechs Uhr an. Nachmittags war dann gleich die Besichtigung. Mein Mann musste sich für die Nachtschicht ausruhen und schlief noch, während ich mit seinem Onkel die Wohnung anschauen fuhr. Ein Hochhaus. Puh, das wollte ich nun überhaupt nicht. Aber, auch egal. Hauptsache eine Wohnung. Wir gingen zum Eingang des Hochhauses und dachten, wir trauen unseren Augen nicht. Eine große Menschenansammlung befand sich vor diesem Haus. Alle wollten diese Wohnung besichtigen. Nicht nur besichtigen. Alle hofften darauf, in diese Wohnung ziehen zu können. Ich wusste, die Chancen stehen für mich schlecht und sagte dies auch dem Onkel meines Mannes. Mein Mann hatte zwar Arbeit, doch ich war arbeitslos. Ich wusste aber auch, dass wir uns die Wohnung hätten finanziell leisten können. Ich wollte die Wohnung gar nicht erst anschauen, um der eventuellen Enttäuschung vorzubeugen. Der Onkel bestand aber darauf. Zum Glück! Die Wohnung war sehr schön. Sie hat mir gut gefallen und ich hätte sie gern gehabt. Wie das Leben manchmal so spielt, hatte ich Glück und wir bekamen sie zur Miete. Endlich hatte mal etwas geklappt. Es ging vorwärts. Von dem Geld, das mein Mann verdiente, musste erst einmal ein Gebrauchtwagen gekauft werden, damit er pünktlich zur Arbeit fahren konnte.

Wir waren froh, dass wir nun eine „eigene" Wohnung hatten. Aber es war nicht einfach. Das Geld war knapp. Die Wohnung konnte nur nach und nach mit „Gebrauchtmöbeln" eingerichtet werden. Wir mussten unsere Lebensweise einschränken. Mich störte das nicht. Ich hatte endlich das, wonach ich mich immer gesehnt habe. Das dachte ich zumindest.

Wir wohnten ungefähr ein halbes Jahr in dieser Wohnung, als ein Bescheid vom Arbeitsamt kam. Es war Freitag. Ab Montag sollte ich für ein halbes Jahr eine Schule für Computerlehrgänge mit Buchhaltung besuchen, und das ganztags. Ich war ja arbeitslos. Wir erschraken. Wo sollte ich denn nur meine Tochter auf die Schnelle unterbringen. Doch es gibt ja wirklich für fast jedes Problem eine Lösung. Ich wälzte die Zeitungen. Einen Computer hatten wir noch nicht. Und siehe da, es hatte eine Dame inseriert, die als Tagesmutter fungierte und noch Kinder aufnahm. Mir fiel ein Stein vom Herzen. Am Wochenende besuchten wir die Frau, um zu sehen, ob unser Kind dort gut aufgehoben wäre. Es stimmte alles.

Ich besuchte eine Privatfachschule. Es war anstrengend. Haushalt, Familie, Schule. Aber es gab nichts zum Überlegen. Ich musste diese Schule besuchen, um mein Arbeitslosengeld weiterhin zu erhalten. Nach der Schule wollte ich ja auch wieder arbeiten. Allein der Gedanke daran machte mich ängstlich. Was würde hier im Westen verlangt werden? Würde ich das alles überhaupt schaffen? Und wenn ja, dann wie? Mit meinem Mann konnte ich nicht darüber reden. Er wollte längst wieder zurück in den Osten, denn er fühlte sich hier nicht wohl. Ihn plagte das schlechte Gewissen gegenüber seinen Eltern. Er fing an, meine Tochter und mich ständig anzuschreien und zu beleidigen. Nichts konnte ich ihm recht machen. Ich wusste nicht mehr ein noch aus. Längst quälten mich heftige Migräneattacken und Muskelverspannungen waren an der Tagesordnung.

Die Angst fing wieder einmal an, sich bemerkbar zu machen. Ich überging alles und schaute nur nach vorn, ohne mich um mich selbst zu kümmern.

Die Zeit wurde immer schwieriger. Wir hatten wegen Kleinigkeiten ständig Ehekrach. Mein Mann setzte sich Donnerstagabend oder Freitagfrüh einfach ins Auto und fuhr zu seinen Eltern, ohne uns Bescheid zu geben, wann er wieder heimkommen würde. Meine Tochter fragte nach ihrem Vater. Sie war klein und verstand das alles überhaupt nicht. Papa war weg und niemand wusste, wann er wiederkommt. Er hatte die Bankkarte mitgenommen, sodass ich uns nicht einmal etwas zum Essen kaufen konnte. Wir waren unbeweglich. Ein Auto hatte ich ja auch nicht. So konnte es nicht weitergehen. Ich machte ihm Vorwürfe, wenn er wieder da war. Er ignorierte sie oder lachte mich aus.

Von all dem Ärger bekam ich Panikattacken. Das interessierte meinen Mann nicht. Dass das Panikattacken sind, wusste ich doch nicht. Ich dachte nur, wenn ich nichts tue, macht dieser Mann mich völlig krank. Aber ich wollte auch die Familie zusammenhalten, da ich selbst ein Scheidungskind war und wusste, wie beschissen sich das anfühlt, wenn Papa und Mama sich trennen. Unserem Kind wollte ich das ersparen. Sie sollte nicht mit diesem Scheißgefühl herumlaufen und nicht wissen, wo sie hingehört, nur weil wir unsere Probleme nicht in den Griff bekamen. Ich versuchte immer wieder, meinem Mann klarzumachen, dass es mir und meiner Tochter schlecht ging. Er verstand es nicht oder wollte es nicht verstehen. Er sah immer nur seine eigenen Probleme.

Die Panikattacken machten sich jedes Mal beim Einkaufen im Supermarkt bemerkbar. Mir wurde schwindelig. Mein Herz fing an zu rasen. Der Mund wurde trocken. Ich schwitzte und wollte nur noch flüchten. Dieses Unwohlsein, ich konnte das nicht zuordnen. Nie vorher hatte ich etwas von Panikattacken oder Angstzuständen gehört oder gelesen. Es erwischte mich im Bus. Ich wollte nach der Schule meine Tochter von der Tagesmutter abholen und hatte schon ein schlechtes Gefühl im Bauch, wenn ich nur an eine Busfahrt dachte. Diese vielen Menschen, die Enge, die Gerüche! Das Schlimmste daran war jedoch, dass ich das Gefühl hatte, eingesperrt zu sein, wenn irgendwas vorfallen sollte. Oder es könnte mir etwas passieren, das mir dann äußerst peinlich wäre. Mit solchen Gedanken lief ich herum. Ich merkte das nicht bewusst und konnte auch mit niemandem darüber reden. Wer sollte so etwas denn verstehen? Ich verstand es ja selbst nicht. Immer wenn ich wusste, ich muss mit dem Bus fahren, bekam ich Durchfall. Ich kannte niemanden, der ebenfalls unter solchen Symptomen litt. Leider konnte ich meine Gedanken nicht mal in die Richtung lenken, dass ich mich damit selbst verrückt machte. Ich bildete mir ja ein, ich sei unheilbar krank oder leide unter einer Herzkrankheit. Dass alles vom Kopf her ausgelöst wurde, vermutete ich überhaupt nicht.

Eines Tages fuhr ich gemeinsam mit meiner Tochter mit dem Auto zu einer guten Bekannten, um sie zu besuchen. Als wir wieder auf dem Heimweg waren, überkam mich dieses fürchterliche Gefühl im Wagen. Ich fing urplötzlich an zu zittern, mir wurde schwindelig und ich dachte, ich werde jeden Moment ohnmächtig. Tunnelblick, Herzrasen, und, und, und … Meine Tochter saß im Kindersitz. Sie war erst circa vier Jahre alt. Zum Glück hatte ich es nicht mehr weit. Daheim angekommen, quälte ich mich aus dem Auto. Ich fand vor lauter Zittern kaum das Schlüsselloch und konnte mich vor Schwäche fast nicht auf den Beinen halten. Um mich herum nahm ich alles nur ganz dumpf wahr. Ich aß Traubenzucker, weil ich ein flaues Gefühl in der Magengegend hatte. Mit meiner Tochter in der Wohnung angekommen, rief ich sofort den Arzt an. Er sagte, dass ich vorbeikommen sollte. Er wollte ein EKG schreiben. Ich teilte ihm mit, dass ich in meinem Zustand kein

Auto fahren könnte. Mittlerweile ging es mir zwar etwas besser, aber ich hatte Angst, dass es mich beim Fahren wieder erwischt. Wir verblieben telefonisch so, dass ich das nächste Mal, wenn „so etwas" wieder auftaucht, sofort den Arzt aufsuche. Ich machte mir Gedanken, wie ich dann eigentlich zum Arzt kommen sollte. Jedes Mal befielen mich doch Sehstörungen, Atemnot, Herzjagen, Zittern und unterschwellig eine fürchterliche Angst. Die Angst bemerkte ich aber nicht bewusst. Ich nahm immer nur die Symptome wahr. Also hatte sie Zeit und Raum, sich in mir auszubreiten. Niemand konnte das in die Richtung „Angst und Panik" lenken.

Diese „Krankheit" war noch nicht so verbreitet, wie sie heutzutage längst ist. In meinem Umfeld lerne ich immer mehr Menschen kennen, die sich damit herumplagen. Hoher Blutdruck, Zittern, Fluchtgedanken, wie auf Watte laufen, Schwindel, Nacken- und Rückenverspannungen, Herzklopfen, Herzstolpern. Wer davon betroffen ist, kann sicher unendlich viele Symptome aufzählen. Und jedes Mal ist die Angst wieder dabei, einen Herzinfarkt zu erleiden, verrückt zu werden oder zu sterben. Von diesem Gedanken sollte man sich, wenn möglich lösen, jedoch nicht ohne professionelle Hilfe. Angst und Panik sind wirklich sehr, sehr unangenehm. Ich weiß auch nicht wirklich, ob sich ein Arzt oder ein Psychologe, der das nicht am eigenen Leib erlebt hat, tatsächlich in die Situation der Betroffenen hineinversetzen kann. Aufgrund von unzähligen Studien, die bisher über diese Krankheit durchgeführt wurden, können sie sicherlich mitfühlen und versuchen zu helfen.

Man fühlt sich schlecht und niemand versteht einen wirklich. Man will das nicht haben. Aber in diesem Moment geht es nicht um „Wollen". Es ist halt da und es soll „einfach" nur wieder weg. Das ist leider einfacher gesagt, als getan. Es ist jedoch möglich, sich davon – zumindest auf einer wieder lebenswerten Art – zu befreien. Das Problem liegt hier sicher im Erkennen und Annehmen. Wenn die Ärzte nicht erkennen, wo diese Symptome herkommen, kann nicht geholfen werden. Das soll hier um „Gottes willen" kein Vorwurf an die Ärzte sein. Ich weiß selbstverständlich auch, dass diese immer mehr überfordert sind und das Budget kaum ausreicht, einigen unklaren Ursachen auf den Grund zu gehen. Mittlerweile wurde erkannt, dass Körper und Seele eine Einheit sind. Wenn die Seele krank ist, wird auch der Körper krank oder reagiert zumindest heftig. Mehr möchte ich auch dazu nicht schreiben.

Ich kann hier nur jedem Mut machen, dass es keine Schande ist, einen Psychologen aufzusuchen. Lass dir helfen und befreie dich von deinem Seelenmüll! Sicher sollte jetzt nicht jeder, der etwas Schlechtes im Leben erfahren hat, zum Psychologen laufen. Wenn sich jedoch Sachen anstauen, über die man nicht gern redet und die man beiseite packt, die man nicht gern wieder aufrollt, weil sie weh tun oder weil sie peinlich und unangenehm sind, wenn du das Gefühl hast, du trittst auf der Stelle oder kommst aus einem Loch nicht mehr heraus, fasse deinen Mut zusammen und lass dir helfen! Es kann dir niemand Gutes tun, wenn du nicht selbst bereit bist, deine Seele zu öffnen. Und das „ganz, ganz unverblümt und ehrlich". Da helfen auch keine Pillen. Medikamente können niemals die Ursache klären. Sie können für den Moment helfen. Außerdem sollte man auch „Nebenwirkungen", „Folgeschäden" und „Abhängigkeiten" von Medikamenten nicht außer Acht lassen. Man sollte der Ursache endlich auf den Grund gehen und die Arschbacken zusammenkneifen. Hier heißt es nur: „Raus aus den verfahrenen Lebensmustern!" Ändere endlich dein Leben! Das können weder Arzt noch Medikamente für dich tun, wenn du nicht organisch krank bist. Überdenke dein bisheriges und jetziges Leben! Was willst du verändern? Was ist Realität und was sind unerfüllbare Denkmuster? Mache dir Gedanken darüber, was du im Leben erreichen willst und ob es so weitergehen soll, wie es momentan ist. Kein Mensch, der unter Angst und Panik leidet, ist glücklich. Versuche das Glück zu fassen! Jeden auch noch so kleinen Moment. Mach dir eine Liste! Ob schriftlich oder in Gedanken, das ist völlig egal. Nur tue endlich etwas, damit es dir besser geht! Höre auf, ständig zu jammern und dich zu bemitleiden! Das tut nicht gut. Fange an, Dinge zu genießen! Es geht nur über diese Ebene. Befreie dich von schlechten Gedanken und wandle diese in positive Gedanken um! Bitte nur in kleinen Schritten beginnen, damit du dich nicht überforderst.

Denke daran, DU bist einzigartig und liebenswert. Jeder von uns ist das. Wer das in deinem Umfeld nicht erkennt, den streiche unwiderruflich. Niemand muss sich für andere verbiegen, um liebenswert zu sein. Wir sind nicht in der Lage, für jemand anderen ein anderer Mensch zu sein. Wir sind so, wie wir sind. Wir können sicher Kompromisse eingehen, jedoch nur bis zu einem gewissen Punkt, so lange, wie es uns gut dabei geht. Und du bist nicht allein mit deiner Angst.

Veränderungen sind ein Lernprozess. Jede Art von Lernen dauert seine Zeit. Mit Angst und Panik ist es ebenso wie mit der Lebensein- und -umstellung. Alles, was jeder von uns erlebt hat, kann er oder sie nicht mehr rückgängig machen. Man kann nur das Leben in der Gegenwart und in der Zukunft anders leben, glücklicher und angenehmer. Wenn man es will! Es geht, glaube mir! Ich habe hier so viel geschrieben, was ich erlebt habe und was wirklich nicht schön und angenehm war. Von den Peinlichkeiten ganz zu schweigen. Diese „klitzekleinen" Geschichten sind alle nur ein Hauch von meinem bisherigen Leben. Wenn ich alles ausführlich aufschreiben würde, wäre der Rahmen des Buches längst gesprengt. Ich weiß wirklich, wovon ich schreibe. Es ist alles am eigenen Leib erlebt und nichts ist ausgedacht oder gelogen. Und ich weiß, dass mein momentanes Leben längst anders aussieht. Sicher gibt es noch kleine Rückschläge. Doch ich versuche immer wieder aufzustehen. Es gelingt mir auch. Jeder hat das Recht, im Leben glücklich zu sein. Mittlerweile habe ich dazu meine eigene Strategie gefunden. Vieles musste aufgerollt und verarbeitet werden. Es lohnt sich! Ich mache kaum noch Dinge, die mir nicht gut tun und die ich nicht „will". Ich muss niemandem mehr gefallen, außer mir selbst. Das klingt egoistisch und ist es sicher auch ein wenig. Aber ich schütze damit mich und meine Gesundheit. Unangenehme Dinge werden ausgesprochen, damit sie nicht die Chance bekommen, sich wieder irgendwo in meiner Seele vergraben zu können. Heute kann ich sagen, dass es mir gut geht. Aber ich kann auch sagen, wenn es mir mal nicht so gut geht. Was andere darüber denken, ist mir längst egal. Es ist nicht mehr mein Problem, wenn die anderen damit nicht klarkommen. Ich habe das Arschloch Angst annehmen müssen. Ich habe es angenommen, wie mein eigenes Kind, mich darum gekümmert und sehr viel Zeit damit verbracht. Es wird flügge. Die Zeit der Pubertät ist bei der Angst vorbei. Sie ist noch da, aber anders. Ich habe gelernt, sie zu verstehen. Ich musste mich mit ihr auseinandersetzen, ganz extrem. Die Erfolge sind sichtbar und fühlbar. Mein ewig vergrabenes Selbstbewusstsein kommt langsam, aber sicher wieder zum Vorschein, ohne dass ich arrogant bin.

Ich möchte noch nicht vorgreifen und meine Geschichte weiterschreiben. Die Reise mit der Angst und Panik geht weiter und das Tempo wird noch mal beschleunigt. Ich bin mit dem „Schleudertrauma" mittendrin.

Hast du gerade ganz leicht meine Hand gedrückt? Sage mir, wenn dir etwas auf dem Herzen liegt! Sprich es einfach aus! Du weißt, es wird mir nie wieder so schlecht gehen. Das Erlebte habe ich durchgestanden, egal wie.

Die Zeit des Computerkurses ging dem Ende zu. Für unsere Tochter hatten wir mittlerweile einen Kindergartenplatz gefunden. Ich wollte wieder arbeiten gehen, um finanziell nicht so abhängig von meinem Mann zu sein. Er war sehr materiell eingestellt und sparte jeden – damals noch – Pfennig. Ich bewarb mich überall. Es war schwierig, eine Arbeit zu finden. Außerdem wusste ich ja auch nicht, was im „Westen" verlangt wurde. Tatsächlich bekam ich eine Einladung zu einem Vorstellungsgespräch. Eigentlich glaubte ich nicht wirklich daran, dass man mich einstellen würde. Aber siehe da, es kommt manchmal im Leben alles ganz anders. Der Chef der Firma gab mir eine Chance, mich zu behaupten. Freitag war mein letzter Schultag und Montag fing ich ganztags an zu arbeiten. Es war sehr stressig für mich. Alles neu und alles anders. Ich wühlte mich durch, denn ich wollte diese Stelle unbedingt behalten. Die Arbeit machte mir Spaß. Endlich wurde ich mal von meinen privaten Sorgen abgelenkt. Es war zwar alles nicht einfach, aber mit etwas Willen klappt auch so etwas. Ich brachte morgens ganz früh meine Tochter zu einer Bekannten, die meine Tochter dann in den Kindergarten begleitete. Dann fuhr ich mit dem Bus zur Arbeit. Hetzerei, dass ich auch ja pünktlich erscheine. Nach Feierabend wieder Hetzerei in den Kindergarten, um meine Tochter pünktlich abzuholen. Alles mit dem Bus und zu Fuß. Haushalt, einkaufen, kochen, Wäsche waschen usw.

Mein Mann kümmerte sich kaum um etwas. Ich wollte mir ein Fahrrad kaufen. Er hatte ja ständig das Auto. Ich wollte auch mal beweglich sein. Er lachte mich aus. Es gab kein Fahrrad. Ich musste um das Geld, das ja auch ich verdiente, förmlich betteln. Außer der Reihe wurde nichts gekauft. Ich gab das Geld ab und er hortete es. Das Geld wurde mir zugeteilt. Alles wurde auf seinen Namen angelegt. Mir platzte langsam aber sicher der Kragen. Es gab ständig Streit. Ich hatte keine Lust mehr auf Almosen und Bettlerei. Auch ich war sparsam und habe das Geld nicht mit vollen Händen zum Fenster hinausgeworfen.

Wir hatten endlich Fuß gefasst. Mein Mann und ich hatten unsere Arbeit. Wir verdienten Geld, und das Kind war gut aufgehoben.

Während meiner Probezeit in der Firma verstarb die Frau meines Vaters. Ich hätte wohl kein Herz im Leib, wenn ich hier nicht schreiben würde, dass mir das sehr leid tat. Für die Frau selbst, für meinen Vater und nicht zuletzt für meinen Stiefbruder. Ich fuhr zur Beerdigung. Damals wusste ich bereits, dass ich das Geschehene nicht ungeschehen machen konnte. Ich hatte ihr verziehen, da ich sowieso nichts an der Situation ändern konnte. Als Kind habe ich das alles viel verzerrter und verkrampfter gesehen. Das Leben ging so oder so weiter. Die Welt hört noch nicht auf, sich zu drehen. Auch wenn ich hier in verachtender Art und Weise über die zweite Frau meines Vaters geschrieben habe, sehe ich das heute längst mit anderen Augen. Ich schreibe dieses Buch, so wie ich es erlebt und mich damals gefühlt hatte, um mich davon zu lösen. Damit möchte ich mich vom Druck, der auf mir als Kind gelastet hat, befreien. Ich hatte das Leid gesehen, das wir als Kind durch die Scheidung erleben mussten und das Leid meiner Mutter, die bis an ihr Lebensende nie mit dieser Krise zurechtgekommen war. Ich war voller Hass gewesen, der sich mittlerweile auch meinem Vater gegenüber aufgelöst hat. Aber dazu komme ich noch.

Selbst dieses Problem habe ich mehr oder weniger gut aus der Welt geschafft. Ich habe mir Luft verschafft und meinem Vater die Meinung gesagt, was mir sehr, sehr schwer fiel. Er weiß, wie ich denke. Ob er es versteht, kann ich nicht sagen. Aber ganz sicher hat er darüber nachgedacht und mir geht es dadurch besser.

Unsere Ehe ging immer mehr den Bach herunter. Ich habe ständig versucht, irgendetwas zu retten. Ansätze von Gesprächen wurden von meinem Mann bereits im Keim erstickt. Wir hatten uns kaum noch etwas zu sagen. Wenn es etwas zu reden gab, fing er an herumzumeckern. Es kotzte mich alles nur noch an. Manchmal habe ich überlegt, ob ich nach der Arbeit wirklich nach Hause fahren sollte. Das Einzige, was mich daran nicht gehindert hatte, war meine Tochter. Ich fixierte mich immer mehr auf sie. Eines Tages konnte sie die Nörgeleien meines Mannes auch nicht mehr ertragen und sagte zu mir, dass sie mit mir ausziehen möchte. Das war ein Warnschuss für mich. Ich dachte immer, ich dürfte nicht solche Gedanken haben. Nur jetzt litt bereits, und vielleicht schon längere Zeit, meine Tochter unter unseren Streitereien. So konnte es einfach nicht weitergehen.

Ich sagte meinem Mann, dass ich mit meiner Tochter ausziehen würde, wenn sich an unserer Situation nichts änderte. Es interessierte ihn mal wieder überhaupt nicht. Er grinste und dachte, ich würde sowieso nichts machen. Er ignorierte einfach unsere Probleme. Ich war diejenige, die damit herumlief und sich ständig Gedanken machte. Das war kein halbwegs normales Leben mehr. Ich hatte Angst, dass er mich krank macht. Das sagte ich ihm. Wieder stieß ich auf Unverständnis seinerseits. Wir hatten alles, aber ihm war alles zu wenig. Er wollte uns nicht. Einmal sagte er, dass meine Tochter und ich ihm „ein Klotz am Bein" wären. Tja, was tut man in so einer Situation? Man fängt an, darüber nachzudenken, ob das wirklich noch Sinn macht, eine Ehe, die auf dem Papier stand, zu retten. Schlafstörungen quälten mich. Ich heulte ins Kissen. Er bekam von alldem nichts mit. Meine Probleme konnte ich einfach nicht mit ihm aus der Welt schaffen. Von seiner Seite war keine Bereitschaft da. Er fühlte sich wohl und doch nicht. Wie sollte ich das nur regeln?

Mein Bruder besuchte uns. Ich sagte ihm, dass ich gern ein Fahrrad hätte. Wir fuhren los und kauften mir einfach eins. Dieses Billigteil aus dem Supermarkt war aber nur vormontiert. Ich wollte mit dem Fahrrad nach Hause fahren, da es nicht ins Auto passte. Darum dauerte es etwas länger als gedacht, bis wir dort ankamen.

Mein Mann stand im Bad und rasierte sich. Freudestrahlend erzählte ich ihm, dass ich mir ein Fahrrad gekauft hatte. Klatsch! - ich sah Sterne. Mein Mann hatte mir eine Backpfeife verpasst. So schnell, wie ich eine sitzen hatte, bekam er eine von mir zurück. Das war eine reine Reflexhandlung von mir. Ich sagte ihm, dass er das nie wieder tun sollte und war gleichzeitig über diese Art der Auseinandersetzung erschrocken. Wie tief waren wir denn jetzt gesunken? Sollte ich mich wieder von einem Mann verprügeln lassen?

Nun hatte er sich nicht mehr in der Gewalt und machte mich auch noch verbal nieder. Er warf mir vor, dass ich sicher ein Verhältnis mit meinem Bruder hätte. Zuerst verstand ich nicht, was er damit meinte. Ich war erschüttert, als ich begriff. Was für ein Idiot! Jetzt tickte er völlig aus. Langsam ekelte ich mich vor ihm. Ich war doch nicht seine Sklavin. Er kaufte sich, was er wollte. Ständig fuhr er zu seinen Eltern, und mich wollte er finanziell an die Kette lege und am liebsten auch noch einsperren. Pustekuchen!

Diese Backpfeife hatte in mir etwas ausgelöst. Ich wollte nicht mehr das

Dummerchen für meinen Mann sein. Völlig unbewusst veränderte ich mich. Wir gingen beide in entgegengesetzte Richtungen. Ich traf mich mit Freunden, was ich die ganze Zeit über vermieden hatte, nur um des lieben Friedens willen. Wir hatten den größten Ehekrach. Ich löste mich langsam aber sicher von den Ketten, die er mir angelegt hatte. Vielleicht merkte er nicht, wie ich mich während der Ehe fühlte. Ständig versuchte ich, diese Probleme mit ihm zu lösen. Ich schaffte es leider nicht. Ich strampelte mich ab. Doch alles war für die Katz. Er war nicht bereit, an unserer Situation etwas zu ändern. Ich ließ mir kaum noch etwas verbieten. Mein Mann verstand den Wandel, den ich peu a peu vollzog, überhaupt nicht. Wie sollte er das verstehen? Ich merkte selbst kaum, dass ich mich veränderte. Wir gingen immer mehr unsere eigenen Wege. Ich zottelte mit unserer Tochter durch die Gegend, und er ging seinen Interessen nach. Er wollte nicht wirklich etwas mit uns zu tun haben. Wenn ich ihn darauf ansprach, dass wir am Wochenende mal gemeinsam etwas unternehmen könnten, lehnte er jedes Mal in einem Ton ab, der keine Widerrede duldete. Ich hatte die Nase gestrichen voll. So konnte das nicht weitergehen. Aber wie dann?
Fragen kamen auf. Was war er nur für ein Vater? Wozu brauchte ich diesen Mann? Hatte unsere Ehe überhaupt noch einen Sinn?
Ich machte ihm den Vorschlag, doch eine Eheberatung aufzusuchen. Er verstand es wieder einmal nicht. Also ging unsere Ehe immer mehr kaputt. Wir hatten kaum noch Gemeinsamkeiten. Er wurde mir immer fremder. Ich konnte mit ihm nichts mehr besprechen. Es interessierte ihn nicht.
Jeder ging seiner Arbeit nach. Gerade mal zum Essen saßen wir an einem Tisch. Dann wurde auch nur herumgenörgelt. Ich hatte keine Lust mehr darauf. Meine Tochter hielt das auch nicht mehr aus. Als meine Tochter sagte, dass wir ausziehen sollten, verstand ich das als Warnung. Mein Mann grinste nur, als ich ihm meinen Entschluss mitteilte, wenn sich an unserer Situation nichts ändert.
Ich wusste nun Bescheid. Es interessierte ihn mit aller Wahrscheinlichkeit wirklich nicht. Also nahm ich mir die Zeitungen vor und schaute nach, ob ich eine Wohnung finden würde, in der ich mich mit meiner Tochter wohlfühlen könnte. Tatsächlich hatte ich eine Wohnung gefunden. Gemeinsam mit ihr schaute ich mir die Wohnung an. Es war eine Zwei- Zimmer- Wohnung. Ich hatte ein schlechtes Gefühl dabei, da ich

meine Tochter nicht aus ihrem gewohnten Umfeld herausreißen wollte. Sie war sowieso ein sehr schüchternes Kind. Meiner Tochter gefiel die Wohnung. Ich unterschrieb den Mietvertrag und sagte es meinem Mann. Dieser Entschluss traf ihn irgendwie nun doch unerwartet. Er hatte sicher nicht damit gerechnet, dass ich meine Ankündigung wahr machen würde. Er verstand die Welt nicht mehr. Alles hatte er mir zugetraut, aber so etwas nicht. Im Stillen hatte er sicher gehofft, dass ich viel zu unselbständig wäre, mir ein eigenes Leben aufzubauen. Es war nicht so. Was hatte ich zu verlieren? Das schlechte Gewissen machte sich nur in die Richtung bemerkbar, dass ich meinem Kind den Vater nehmen würde. Das kratzte und nagte an mir. Ich wollte ihr ja schließlich so etwas im Leben ersparen. Welche Alternative gab es, bitteschön? Mein Mann erschrak und war völlig verzweifelt. Er wusste nicht, wie er das aufhalten sollte oder konnte. Den Mietvertrag hatte ich bei einem Makler unterschrieben. Mein Mann wachte endlich auf, dachte ich zumindest. Er machte Versprechungen, dass sich alles ändern und er sich mehr um uns kümmern würde. Tränen flossen. Ich war in der Zwickmühle. Endlich hatte ich die Fesseln gelöst und jetzt so was. Was sollte ich tun? Mein schlechtes Gewissen übermannte mich. Sollte ich diese kleine Familie wirklich zerstören oder doch nicht lieber aushalten? Ich ließ mich von seinen Versprechungen und seinen verzweifelten Tränen einlullen, was ich später bereute. Ich glaubte ihm. Er konnte sich jedoch nicht ändern. Heute weiß ich, dass wir überhaupt nicht zueinandergepasst haben. Wir waren zu verschieden. Ganz sicher wäre er mit einer anderen Frau glücklicher gewesen und ich mit einem anderen Mann. Alles, was uns aneinander schweißte, denke ich, war unsere Tochter, der wir beide diese Scheidung ersparen wollten.

Aber es war kein annähernd „normales" Eheleben. Mein Mann wollte ständig wieder in den Osten zurück und sperrte sich hier gegen alles. Unsere Ehe war so zerstört, dass ich nicht mehr mit ihm zurückgehen wollte. Ich hatte förmlich Angst davor. Hier hatte ich mir einen guten Freundeskreis aufgebaut. Drüben wäre ich wieder allein. Wir hatten hier unsere Arbeit. Das Kind war hier groß geworden. Was sollten wir in der Heimat? Von der Hand in den Mund leben? Und wer konnte mir versprechen, dass unsere Ehe sich wieder einrenken würde? Niemand! Das, was ich bis dato in meinen Beziehungen mit Männern erlebt hatte, machte mich misstrauisch. Ich wollte das nicht noch einmal von vorn durchleben müssen. Die Bereitschaft dazu war auf dem Nullpunkt angelangt. Ich glaubte irgendwelchen Versprechungen nicht mehr. Das Fass war von Versprechungen längst übergelaufen, die nie eingehalten werden konnten. Was sollte ich denn noch glauben? Und vor allen Dingen, wem konnte ich noch glauben?

Die Angst hatte sich längst in mir festgefressen. Wenn ich stärker gewesen wäre, hätte ich mich zu diesem Zeitpunkt aus dieser Ehe befreien können. Aber die Angst ließ es noch nicht zu. Nur der Gedanke daran, mit meiner Tochter ganz allein zu sein, schwächte und lähmte mich. Mir fehlte die Kraft dazu.

Wir hatten uns einen kleinen Hund angeschafft. Mein Mann wollte das nicht. Er hatte Angst, dass der Hund zu viel Geld kosten könnte. Ich wollte einfach nur raus und Abwechslung haben. Unserer Tochter tat dieser Hund sehr gut. Sie kümmerte sich viel um ihn. Ich kam endlich unter Menschen und lernte viele Leute kennen. Dieser Hund tat uns beiden gut. Manchmal war es zwar anstrengend, da wir ja auch berufstätig waren. Dadurch, dass mein Mann in Schichten arbeitete, war der Hund tagsüber nicht allzu viel allein. Wir hatten alle unseren Spaß an ihm und mit ihm. Er frischte das triste Dasein auf.

Wenn ich allein mit dem Hund spazieren ging, überfielen mich jedoch meistens Panikattacken, die ich aber nicht in diese Richtung einordnen konnte. Eines Tages, mich hatte gerade einmal wieder eine Panikattacke im Park übermannt, traf ich eine Freundin. Wir hatten eine Freundschaft durch unsere Hunde aufgebaut. Diese Freundin litt unter ausgeprägter Diabetes. Sie konnte schon lange nicht mehr ihren Beruf als Lehrerin ausüben.

Also, ich zitterte am ganzen Körper, war kreidebleich, sehr wackelig auf den Beinen und hatte fürchterliches Herzklopfen. Ich konnte mich kaum noch auf den Beinen halten. Sie fragte, was mit mir los sei und ich erzählte es ihr. Auch, dass ich nicht wüsste, was das immer Mal wieder ist. Da sie hochgradig zuckerkrank war, stellte sie die Diagnose, dass ich unter „Unterzucker" leiden würde. Sie gab mir den Rat, dass ich doch immer Traubenzucker oder Bonbons einstecken sollte, falls das wieder auftauchen würde.

So rannte ich jahrelang mit der selbst erstellten Diagnose „Unterzucker" herum. Die Angst und die Panik wurden nicht entdeckt, sodass sie sich weiter in mir ausleben und sich ausbreiten konnten. Es war furchtbar.

Ich bekam das fast ausschließlich, wenn ich irgendwo allein war oder wenn ich einkaufen fuhr oder mit dem Bus. Kein Arzt stellte etwas in Richtung „psychosomatischer Probleme" fest. Aber auch kein Arzt stellte „Unterzucker" bei mir fest. Ich wusste nicht mehr ein noch aus. Die Angst hatte mich bereits gut im Griff und ich fing an, das typische „Vermeidungsverhalten" aufzubauen. Ich wollte nicht mehr mit dem Hund allein rausgehen, wollte nicht mehr Bus fahren, wollte nicht mehr allein zu Haus sein. Ich könnte jetzt viele Vermeidungsstrategien aufzählen. Es wurde immer mehr und es kam immer noch was dazu. Ich habe unbewusst vermieden und bin unbewusst aus angstmachenden Situationen geflüchtet. . Niemand konnte mir in meiner Misere helfen, da niemand auf die Idee kam, was dahinter stecken könnte. Unterzucker war vielleicht die einfachste Diagnose, aber sie war falsch. Dieser Angstkäfig wurde immer enger. Zuerst war er riesengroß. Jetzt wurde es mir langsam aber sicher zu eng darin. Wo war die Tür zum Öffnen? Gab es überhaupt eine Tür oder einen Ausgang? Oder noch besser, einen Ausweg für die Situation, in der ich mich befand? Sollte ich ewig darin gefangen gehalten werden? Ohne Nahrung irgendwelcher Art?

Die Angst ernährte sich von mir. Die privaten Probleme häuften sich. Ich ließ mich jedoch von meinem Mann überreden, nicht mit meiner Tochter auszuziehen. Es würde sich doch alles ändern. Endlich hatte ich ihn zum Nachdenken gebracht. Mein Mann war so überzeugend, dass ich ihm glaubte. Und der Preis?

Durchfall, Migräneattacken und Rückenschmerzen quälten mich immer mehr. Bei der Physiotherapie war ich bereits Dauergast. Ich hatte eine sehr nette Therapeutin. Bei unseren Gesprächen stießen wir auch in den privaten Bereich. Ich erzählte ein wenig und mit vorgehaltener Hand über mein Leben und meine momentane Situation. Von ihr erhielt den Ratschlag, mich dringend und unbedingt von meinem Mann zu trennen. Eigentlich wusste ich bereits, dass ich das hätte schon längst tun müssen. Aber wie bereits geschrieben, fehlte mir der Mumm dazu. Ich war ja nur noch ein funktionierendes Frack. Trotzdem machte ich mir Gedanken, wie mein Leben weiter verlaufen sollte, kam aber nicht wirklich zu einer Lösung.

Mittlerweile wurden zwei Bandscheibenvorfälle im Halswirbelbereich diagnostiziert. Ich war damit acht Wochen krank. Und noch immer ahnte ich nicht, dass mich das ganze Dilemma krank machte. Wir kauf-

ten uns eine Eigentumswohnung und hatten allen erdenklichen Luxus. Selbst das konnte mich nicht heilen. Mein Mann redete mir ständig ein schlechtes Gewissen ein, dass wir uns nichts mehr leisten könnten, weil die Wohnung viel zu viel Geld verschlingen würde. Das stimmte nicht. Wir hatten beide unsere Arbeit. Die Wohnung konnten wir selbstverständlich bezahlen und es blieb am Monatsende auch noch etwas übrig. Hungern mussten wir wirklich nicht. Aber wir konnten natürlich auch nicht mehr so viel sparen, wie vor dem Wohnungskauf. Er wurde noch unzufriedener. So eine Raffgier kann ich nicht verstehen und werde da im Leben nicht hinkommen. Ich habe doch nur dieses eine Leben, wie wir alle hier auf Erden. Was nützt mir das viele Geld, wenn ich es nicht genießen kann. Wie schon gesagt: Das letzte Hemd hat keine Taschen. Es ist alles nur geliehen. Nichts ist für die Ewigkeit. Ich brauche kein teures Auto und keine Villa, um glücklich sein zu können. Zufriedenheit besteht nicht nur aus materiellen Dingen und schon gar nicht aus Neid. Ich kenne keinen Neid. Das ist mir nicht in die Wiege gelegt worden. Darüber bin ich sehr froh. Liebe ist mir wichtiger.
So, nun hatten wir die schöne Wohnung und wir fuhren jeder ein Auto. Wir hatten ein Kind, das artig und halbwegs gesund war, aber uns fehlte die gegenseitige Liebe. Daran zerbrach irgendwann auch unsere Ehe. Mein Mann konnte seine Versprechen nicht einhalten. Er lebte genauso wie vorher. Alles, was er mir versprach, waren Worte und Versprechungen, die er nicht einhalten konnte. Es ging nichts mehr vor und nichts mehr zurück. Meine Bandscheibenvorfälle mussten zum Glück nicht operiert werden.
Wieder quälten mich Ausreißgedanken und sie wurden immer stärker. Ich wollte nicht in diesem goldenen Käfig leben. Nach außen immer schön freundlich und die tolle Ehe vorspielen und wenn die Wohnungstür von innen geschlossen wurde, sah es ganz anders aus. Ich hatte dieses Spiel bis oben hin satt. Für wen sollte ich mich eigentlich verstellen? Das war nicht das Leben, wie ich es mir immer erträumt und vorgestellt hatte. Es war idiotisch, sich daran festzuklammern. Ich wollte endlich wieder das Leben in vollen Zügen genießen dürfen.
Doch die Zeit war noch nicht reif dazu und ich auch nicht. Ich quälte mich also weiter mit diesem Mann herum. Wozu eigentlich? Wo sollte das enden? Immer noch nicht war ich an dem Punkt angelangt, mir klar darüber zu werden, dass ich hier nichts mehr verloren hatte. Zärt-

lichkeiten wurden keine ausgetauscht. Emotional nagte ich am Hungertuch. Wir lebten keine Ehe, sondern hatten eine Wohngemeinschaft - alles für das liebe Geld oder für was auch immer. Wenn ich die Kraft gehabt hätte, wäre ich längst schon weg gewesen. Es war ja fast unerträglich.

Ich fand nicht, wonach ich suchte. Was ich suchte, war ganz einfach Liebe und Geborgenheit. Hier hatte ich weder das eine noch das andere. Mein Mann lebte für sich und ich rannte als „Single mit Kind" durch die Gegend. Wir hatten uns auseinander gelebt. Aus welchen Gründen auch immer schaffte ich den Absprung nicht. War es die Angst vor dem Alleinsein? Es war Verlustangst. Eigentlich hatte mich das immer bei den Männern gehalten. Es war die Angst vor dem Alleinsein. Ich fürchtete mich davor. Immer hatte ich Angst, dass ich nicht allein zurechtkommen werde. Eigentlich wollte ich nur einen lieben, netten Mann, mit dem man sich wirklich über alles unterhalten kann und der mich auch versteht und bei dem Liebe auf Gegenseitigkeit beruht. Ich hatte nicht das gefunden, wonach ich suchte und was ich mir tief im Inneren wünschte. Dieses Wohlgefühl, dieses Daheim- und Angekommensein, wo man einfach die Seele baumeln lassen kann. War das vom Leben alles zu viel verlangt? Seit meiner Kindheit schlummerte in mir danach ein ganz tiefes Verlangen. Ich war doch bereits allein. Aber immerhin war doch jemand da, wenn auch nicht für mich und meine Tochter. Doch dieser Mann verstand mich und meine Sehnsüchte nicht im Geringsten.

Ich gehe heute davon aus, dass viele Ehen nur noch halten, weil die Menschen ganz einfach diese Angst vor dem Alleinsein haben. Liebe spielt in vielen Fällen keine Rolle mehr. Es wird über Probleme hinweggeschaut. Jeder Part lebt sein eigenes Leben, irgendwie. Sicher funktioniert das auch. Nur wie, das ist die Frage. Wenn man hinter die Fassaden schaut, bekommt man eine Gänsehaut. Ich bin nicht Gott und ich habe kein Recht, die Menschen zu verurteilen. Wenn es eine Notbremse gäbe, hätte manch einer sie sicher längst gezogen. Hat aber nicht jeder das Recht auf Glück und auf ein angenehmes Leben? Die meisten massakrieren sich bis zum bitteren Ende und verstehen nicht so richtig, warum es ihnen schlecht geht. Verlustangst lässt manchen zu viel ertragen. Auch mir erging es so. Dabei ist man „nie" wirklich allein. Man ist einsam, aber allein? Einsamkeit ist jedoch schlimmer. Dieses bange Gefühl, der andere könnte fremdgehen, ausreißen und mich im Endeffekt vielleicht auch noch ganz verlassen. Wie soll es dann wohl weitergehen? ES GEHT WEITER!!!

Weihnachten sollten wir immer gemeinsam bei den Eltern meines Mannes verbringen. Dort ging es mir noch schlechter, da sie mich überhaupt nicht als Schwiegertochter akzeptierten. Dann hatte ich drei Personen gegen mich. Es kotzte mich an, wenn er mich aus der Schublade ziehen wollte. Oder wenn ich seine Puppe spielen sollte, die er herauskramen konnte, wann es ihm passte, bis sie dann wieder in eine Ecke warf, wenn er vom Spielen die Nase voll hatte.

Das nächste Weihnachtsfest stand an, ohne dass wir ahnten, dass es für uns das letzte gemeinsame werden sollte. Unsere Tochter war 12 Jahre alt. Schon lange war unsere Ehe kaputt, nur wir gestanden es uns nicht ein. Ich hatte keinen Bock darauf, den Schwiegereltern wieder etwas vorzuheucheln. Wie es um unsere Ehe stand, wussten sie garantiert. Sie waren in dieser Beziehung denkbar schlechte Ratgeber für meinen Mann. Sie rieten ihm, mit der Faust auf den Tisch zu hauen und sich durchzusetzen. Jedes Mal merkte ich, wenn sie wieder heimlich telefoniert hatten. Dann gab es Krach bei uns. Er wollte mit dem Kopf durch die Wand und mich zu Sachen zwingen, die ich nicht mehr zulassen wollte. Liebe Worte gab es nicht mehr. Nur noch verbales Draufhauen. Wer sollte das denn aushalten? Und wie sollte man das auf die Dauer verkraften?

Der nächste Ehekrach ließ nicht lange auf sich warten. Mein Mann wollte Weihnachten bei seinen Eltern verbringen. Er hätte uns bestimmt allein gelassen. Es war ihm wichtiger, das Fest mit ihnen zu feiern. Sonst fragte er ja auch nicht. Bisher hatte er alles mit seinen Eltern geregelt, immer ohne mich. Ich hatte ihm dann brav zu folgen und ärgerte mich hinterher stets über mich selbst. Ich ließ es ja mit mir machen. Ich ließ es zu, dass er mich so behandeln konnte.

Dieses Mal wehrte ich mich. Ich sagte meinem Mann, dass ich da nicht hin wolle. Er verstand nicht, dass ich mich dort nicht wohlfühlte. Meinen Urlaub wollte ich mir nicht schon wieder versauen lassen. Er merkte, dass ich schwer davon zu überzeugen war, mit ihm zu reisen. Also machte er wieder Versprechungen, die nicht eingehalten wurden. Es ging um den Tag unserer Rückreise. Er willigte ein, und ich ging den Kompromiss ein, mitzufahren. Alles um des lieben Friedens willen!

Klar, das Weihnachtsfest verlief, wie alle anderen Weihnachtsfeste vorher auch. Ich hätte am liebsten die Koffer gepackt und wäre abgehauen. Aber ich konnte nicht, weil mein Mann das Geld verwaltete. Ich fühlte mich dort nicht wohl und wollte nur noch weg. Am Abend vor unserer geplanten Abreise sprach ich meinen Mann darauf an, dass wir die Koffer packen müssten. Er antwortete mir nicht und sprach kein Wort mit mir. Also fing ich an, unsere Sachen in den Koffer zu packen. Mein Mann flüsterte mit seinen Eltern. Ich kam mir vor wie eine Aussätzige. Wir hatten das alles zu Hause besprochen. Jetzt ging das Drama richtig los. Er wollte noch nicht heimfahren.

Der Abreisetag stand an. Mein Mann machte jedoch keinerlei Anstalten. Ich fragte ihn, was das soll, erhielt aber keine Antwort. Wieder einmal hatte er nur ein hämisches Grinsen im Gesicht für mich übrig. Jetzt hatte ich die Nase voll. Er verarschte mich offensichtlich. Ich verlangte Geld für die Heimreise von ihm, da ich mit dem Zug fahren wollte. Er gab es mir nicht. Wir hatten deswegen den größten Krach. Mit Riesenzoff fuhren wir nach Hause. Dort angekommen, versuchte er, mir gegenüber handgreiflich zu werden. Damit brachte er das Fass zum Überlaufen. Ich wusste, jetzt ist alles aus. Für mich jedenfalls. Was war das noch für eine Ehe? Wutentbrannt sagte ich ihm, dass ich mich von ihm trennen wolle. Es gab doch keine Gemeinsamkeiten. Was sollte das alles noch? Ich versuchte ständig noch irgendwas zu retten. Aber was? Die Gefühle waren so stark verletzt, dass es kein Zurück mehr gab. Für mich jedenfalls nicht. Auf so etwas hatte ich absolut keine Lust mehr. Sicher dachte ich auch an unsere Tochter und daran, was ich ihr damit antun würde. Aber sollte sie auch zwischen unseren ständigen Streitereien stehen? Das durfte ich nicht zulassen.

Ich fragte meinen Mann, ob er sich eine Wohnung suchen würde, damit unser Kind nicht aus der gewohnten Umgebung herausgezottelt wird. Ich denke, sie hatte wirklich genug mitmachen müssen. Er antwortete mir, dass ich mir mit meiner Tochter gefälligst eine Wohnung suchen solle, wenn ich mich von ihm trennen will. Er beharrte auf seinem Standpunkt und glaubte sicher nicht, dass ich es diesmal tatsächlich wahr machen würde. Für ihn war das alles nichts als dummes Gerede. Er traute es mir nicht zu und wurde nun eines Besseren belehrt.

So kann es im Leben gehen, man sollte nie jemanden unterschätzen, vor allen Dingen nicht sich selbst.

Mir ging es nicht mehr gut. Angst- und Panikattacken überfielen mich und ich war immer noch nicht an dem Punkt, das zu erkennen. Der Drang, aus der gemeinsamen Wohnung auszuziehen und mich von diesem Mann zu trennen, war jedoch stärker. Ich wollte nicht, dass er mich krank macht. Gemerkt hatte ich schon lange, dass mir diese Ehe gesundheitlich nicht gut tat, was ich auch bei meinem Mann ab und zu und immer wieder mal ansprach. Es interessierte ihn nicht. Er war so mit sich und seinen Problemchen beschäftigt, da war für meine Probleme kein Platz.

Jetzt machte ich Nägel mit Köpfen und versuchte für unsere Tochter, den Hund und für mich eine gemütliche Wohnung zu erhaschen. Das war sehr schwierig. Entweder hätte ich allein in eine Wohnung ziehen können oder mit Hund oder mit Kind. Aber alles zusammen wollte niemand. Wir mussten solange in der gemeinsamen Wohnung mit meinem Mann ausharren. Ich schlief auf dem Sofa und überließ ihm das Schlafzimmer. Ich war nicht mehr dazu in der Lage, mit ihm das gemeinsame Bett zu teilen. Mein Mann erkannte unser Problem immer noch nicht. Er ignorierte alles.

Wir führten stundenlange Gespräche und es wurden viel Tränen vergossen. Jeder machte dem anderen Vorwürfe. Wir kamen jedoch in unseren Gesprächen nie zu einer gemeinsamen Meinung. Es war alles kaputt getrampelt. Mein Mann schlug nun eine Eheberatung vor. Jetzt lehnte ich dankend ab. Ich hatte nichts mehr zu gewinnen und noch weniger zu verlieren.

Mein Entschluss stand felsenfest. Ich konnte ihn nicht ändern und wollte es auch nicht mehr. Wir waren tatsächlich viel zu verschieden. Wenn wir uns wieder dazu gezwungen hätten, es noch einmal zu versuchen, hätten uns nur selbst damit wehgetan. Diese Entscheidung habe ich nie bereut. Im Gegenteil, ich hätte früher ausziehen sollen. Aber jeder soll seine Chancen bekommen. Mein Mann hat sie leider nicht genutzt.

Es war fast unmöglich, als Single-Frau mit Kind und Hund eine Wohnung zu finden. Ich war verzweifelt. Ich wollte endlich raus aus der Wohnung, in der man die Luft vor lauter Spannung hätte schneiden können. Es dauerte mir alles zu lange. Ich machte mir Gedanken darüber, was werden sollte, wenn ich für mich, die Tochter und den Hund keine Wohnung finden würde. Was sollte dann werden? Mein Mann lachte mich wieder aus. Aber wenn man am Ball bleibt, ergibt sich irgendwann eine Chance.

Nach unzähligem Zeitungsdurchstöbern rief ich wieder und wieder wegen Mietwohnungen an, die wir uns auch finanziell leisten konnten. Endlich durften wir uns eine Wohnung anschauen. Sie war circa zwei Kilometer von unserer gemeinsamen Wohnung entfernt. Ich nahm unsere Tochter mit. Es war eine nette Wohnung, zweieinhalb Zimmer mit Balkon in einem Sechs- Familien- Haus. Da sich jedoch mehrere Leute für diese Wohnung interessierten, mussten wir wieder bangen, ob es auch klappen würde. Zwei Tage später erhielt ich den Anruf, dass wir in diese Wohnung einziehen könnten. Die Freude war groß. Endlich konnte ich aufatmen. Im Hinterkopf klopfte jedoch die Angst an. Fragen über Fragen überkamen mich und das schlechte Gewissen meldete sich selbstverständlich auch wieder.

Schaffst du das alles? Umzug, Kind, Hund, Haushalt, einen Ganztagsjob? Das Schlimmste war für mich, dass ich unsere Tochter aus ihrer gewohnten Umgebung herausreißen musste, weil mein Mann nicht bereit war, auf seinen Luxus zu verzichten. Er saß in dieser Wohnung fest wie eine Drohne.

Für mich gab es kein Aufhalten mehr. Ich war bereit, auf alles zu verzichten. Es machte mich sowieso nicht glücklich. Was nützte mir der Luxus, den ich nicht genießen konnte. Die Seele war verletzt und hatte fürchterliche Risse bekommen. Ich wollte endlich raus aus diesem Dilemma und ein anderes Leben haben. Es musste doch noch etwas anderes als Frust am Stück geben und das ein Leben lang. Alles, nur das nicht! Ich wollte nicht, dass mein Leben an mir vorbeizog, ohne dass ich noch die Chance erhielt, es zu beeinflussen. Ich war zu sehr gefangen in einer Welt, die nicht meine war. Der Versuch, diesen Käfig zu öffnen, gelang mir - für eine Weile zumindest.

Ich machte meine Androhung tatsächlich war und zog gemeinsam mit meiner Tochter und dem Hund in eine andere Wohnung und in eine andere Umgebung. Die Eingewöhnungsphase fiel uns sehr schwer. Wir waren ein Haus mit vielen, vielen netten Leuten gewohnt. Man traf immer jemand und jeder hatte ein nettes Wort übrig. Hier war jetzt alles anders. Sicher waren die Leute auch nett. Sie waren aber fremd für uns. Wir benötigten einige Zeit, um dort warm zu werden.

Mein Mann ging immer davon aus, dass das eine Trennung auf Zeit wäre. Ich wusste in dem Moment unseres Auszuges genau, dass es für mich kein Zusammenleben mit diesem Mann mehr geben würde.

Unsere Tochter kam in ihre pubertäre Phase. Sie wurde schwierig. Ich musste mich allein mit ihr herumärgern. Meinen Mann hat das alles nicht berührt. Ab und zu rief er an oder er kam, meistens unangemeldet, vorbei. Mich ärgerte das. Konnte er sich nicht anmelden, wie es sich gehört? Wir hatten jetzt ein anderes Leben. Ich hatte keine Lust mehr, nach seiner Pfeife zu tanzen und mir Vorschriften von ihm machen zu lassen. Er verstand das überhaupt nicht. Aber ich setzte mich durch. Es gab wieder einmal endlose Diskussionen. Er versuchte mich damit zu strafen, dass er sich immer weniger um unsere Tochter kümmerte. Das traf mich selbstverständlich sehr. Ob meine Tochter das irgendwann versteht, weiß ich nicht. Ich habe viel mit ihr darüber geredet und ihr auch gesagt, dass sie an unserer Trennung nicht schuld ist. Jede Trennung der Eltern wird ihre Spuren in einer Kinderseele hinterlassen.

Wir genossen jetzt erst einmal unseren Mutter- Tochter- Haushalt. Es war niemand mehr da, der mit uns herummeckerte und uns das Leben vermieste. Endlich kehrte Ruhe ein. Die Wohnung hatten wir uns gemütlich eingerichtet. Ich hatte von den Männern die Nase gestrichen voll und glaubte, nie wieder in der Lage zu sein, einem Mann Vertrauen zu schenken. Meine Gedanken gingen immer wieder in die Richtung, dass Männer nur meine Gutmütigkeit und meine Ehrlichkeit ausnutzen wollten, was sich bisher auch bestätigt hatte. Ich lebte mein Leben ohne Mann ganz gut. Sicher überrannte mich auch die Einsamkeit. Mittlerweile war mir die Einsamkeit jedoch lieber als ein Mann, dem ich es nie recht machen konnte, egal, was ich anstellte. Dieses Verbiegen dafür hatte mich unendlich viel Kraft und Nerven gekostet und mir im Endeffekt überhaupt nichts gebracht. Auf der Suche nach meinem Glück habe ich viel Leid und Schmerz ertragen müssen. Ich hatte das Gefühl, dass das kleine Glück mich nie erreichen würde.

Aber lies weiter! Ich erzähle dir von meinem Leben und vielleicht kann ich dich wenigstens zum Nachdenken anregen. Es geht ganz unverblümt und immer noch mit meinen Peinlichkeitsgedanken weiter. Sie kommen beim Schreiben hoch und lassen sich nicht verdrängen. Ich möchte versuchen, dir zu helfen, was sicher sehr schwierig wird. Keiner muss sich dafür schämen, was er im Leben durchgemacht hat. JEDER erhält die Chance, sein Leben in bessere Bahnen laufen zu lassen.

„Und wenn du denkst, es geht nicht mehr, kommt irgendwo ein Lichtlein her."

Öffne dich und nimm gut gemeinte Ratschläge an! Das ist nicht nur „bla- bla" und einfach nur so aufs Papier geklatscht. Da steckt mehr dahinter. Viel Einsamkeit, viel Grübeln, viel mit sich beschäftigt sein, viele Gespräche beim Psychologen. Dann noch viel Arbeit an sich selbst, viel Angst und viel Grenzenüberschreiten, viel Verzeihen und viel Loslassen. Bei all dem steckt das Ziel dahinter, dass es mir endlich besser gehen soll. Das möchte ich auch für dich erreichen. Ich weiß, wovon ich hier schreibe, denn ich habe genug durchlebt. Das Leben wäre einfacher, wenn ich diese Strecken nicht hätte durchleben und durchgehen müssen. Du durchlebst beim Lesen sicher Phasen, in denen du dich wiedererkennst. Alles, was ich erleben musste, durchlebt und erlebt habe, war heftig. Aber ich kann heute noch aufrecht stehen, wenn auch etwas wackelig. Ich bin froh, dass ich mein Leben geändert habe.

Mein gelebtes Leben möchte ich nicht mehr haben. Das hat mich in meiner Entwicklung eigentlich nur gehemmt. Jetzt schaue ich nach vorn. Und wenn ich dieses Buch fertig geschrieben habe, dann habe ich auch mit meinen Riesenproblemen abgeschlossen. Ich beschäftige mich so viel damit, indem ich versuche, mich an alles zu erinnern und dies hiermit zu verarbeiten, was mir bisher sehr wehgetan hat. Mein Leben soll endlich besser werden. Ich habe verstanden, dass jeder „seines Glückes Schmied" ist. Was ich nicht will, wird nicht mehr zugelassen. Punkt! Aus! Einen Mann um „jeden Preis", nur wegen der Einsamkeitsgefühle, möchte ich nicht mehr. Das kann nicht funktionieren. Einer bleibt auf der Strecke. Und das kann und darf nicht der Sinn einer Beziehung sein. Ich will herumtollen, Quatsch machen und laut singen, lachen oder pfeifen dürfen, wenn mir danach ist. Ich will Scheißdreck erzählen, egal, ob mich jemand für bescheuert hält oder nicht. Ich will einfach mein Leben genießen dürfen. Ich will nicht überlegen müssen, was ich sagen oder tun darf. Ich will straflos Gefühle zeigen dürfen. DAS BIN ICH!

Vielleicht bin ich anders als die meisten. Ist mir egal! Wer mich liebt, lacht doch. Wer mich liebt, mag mich, wie ich bin. Er akzeptiert meine Schwächen und meine lustige Art, die vielleicht ein klein wenig verdreht ist. Nicht jeder muss mich mögen und schon gar nicht lieben.

So, jetzt bin ich aber doch von meiner Erzählung abgeschweift. Jetzt geht es weiter, versprochen.

Vor manchen Erlebnissen möchte ich mich auch heute noch drücken und sie am liebsten in der Ecke vergraben, damit sie mir nicht wehtun können. Dann kann ich jedoch mit meiner Vergangenheitsbewältigung nicht abschließen. Ich krame und krame im Oberstübchen, wie das alles war. Alles kann ich nicht aufschreiben, sondern muss mich auf das Wesentliche konzentrieren, da das Buch sonst ins Uferlose abgleiten würde. Vielleicht folgt ja auch noch ein zweites Buch? Wir werden sehen. Sollte es dazu kommen, wirst du es sicher erfahren - wie auch immer.

Langsam, aber sicher, lebten meine Tochter und ich uns in unserer „neuen" Wohnung ein. Ich fing an, das Leben ein wenig zu genießen. Wir hatten sehr nette Nachbarn. Den Freundeskreis hielt ich mir fest. Er war mir sehr wichtig.

Gemeinsam mit einer Freundin ging ich tanzen. Das hatte ich Jahre nicht getan. Es tat mir gut. Zu Beginn war es zwar etwas befremdlich, da sich einiges geändert hatte. Früher bin ich gern zur Disko gegangen. Jetzt waren die Leute etwas älter. Ich vergaß, dass auch ich älter geworden bin. Doch war es lustig und schön. Ich verließ das Schneckenhaus, in dem ich all die Jahre gefangen war. Trotzdem machte sich immer wieder ein komisches Gefühl in mir breit, das ich nicht verstand und nicht deuten konnte. Es war ein Gefühl von Leere. Warum, wieso und weshalb? Ich wusste es nicht. Es ging mir ansonsten ganz gut. Aber es brodelte irgendetwas da ganz tief in mir drin, aber ich beachtete das nicht. Es war weg und wieder da. Immer im Wechsel. Was schlich da nur um mich herum? Ich habe das nicht für voll genommen, da es ja auch immer wieder verschwand.

Die Wochenenden waren nicht sehr angenehm. Meine Tochter traf sich viel mit Freunden. Das war mir ganz lieb. Sie hatte eine Phase, in der sie nur in ihrem Zimmer herumhing und ich mir Sorgen um sie machte. Ich sprach viel mit ihr, damit sie nicht mit ihren Problemen allein herumlief. Dabei gab ich ihr den Rat, dass sie sich einen Freundeskreis aufbauen sollte. Sie tat es und hatte viele nette Freunde.

Bei dem Gedanken, dass es ihr wieder gut ging, ging es mir in diesem Punkt auch gut, weil ich mir da keine Sorgen machen musste.

Nur, was war mit mir los? Ich verstand das nicht. Die Schlafprobleme vermehrten sich. Ich konnte eigentlich gar nicht mehr schlafen. Das beunruhigte mich. Also ging ich zu meiner Hausärztin. Sie schob diese Schlafstörungen auf meine neue Situation. Klar, von der alten wusste sie nicht allzu viel. Also bekam ich erst einmal Schlaftabletten. Da ich jedoch ein „Beipackzettel- Leser" war und bin, quälte ich mich lieber weiter mit meinen Schlafstörungen herum. Ein kleines Fitzelchen hatte ich einmal probiert, jedoch mit der Angst, dass mir damit etwas passieren könnte. Wie blöd ist das denn?! Na ja, ich wusste ja nicht, was für eine große Angst längst in mir schlummerte. Mein Ruhepuls war bei Einhundert. Sport getrieben habe ich nicht Das Unterbewusstsein hatte bereits angefangen, mich nicht mehr loszulassen. Die Einsamkeitsgefühle machten sich immer mehr breit, ohne dass ich das definieren konnte. Langsam wurden mir die Wochenenden langweilig. Die Wohnung war geputzt, die Tochter unterwegs, Verwandtschaft hatte ich nicht und bei Freunden wollte ich mich auch nicht ständig aufdrängeln. Die einzige Abwechslung, die mir in meiner Freizeit blieb, ––war, mit dem Hund Gassi zu gehen, oder an den Wochenenden in der Disko zu tanzen. Irgendwie ging mir das auch auf den Leim. Heute weiß ich, dass ich mir etwas hätte suchen müssen, um den Kopf freizubekommen.

Aus lauter Langeweile hatte ich mir die Samstags- Zeitung gekauft und die Partner- Suchanzeigen gelesen. Ich las eine nette Anzeige „Mann suchte Frau" und wählte, ohne groß darüber nachzudenken, die Handy- Nummer von meinem Handy aus an. Aber ich dachte nicht daran, meine Rufnummer zu unterdrücken. Tatsächlich ging jemand am anderen Ende ans Telefon. Vor Schreck drückte ich schnell die rote Taste. Ich hatte mir darüber keinerlei Gedanken gemacht, was da rauskommen könnte. Wie blöd! Ich hatte Angst vor meiner eigenen Courage. Mein Herz klopfte, als wenn ich ein Verbrechen begangen hätte. Einen Augenblick später klingelte mein Handy und ich erschrak wieder. Dieser Typ rief doch tatsächlich zurück. Ich ging ans Handy und erklärte kurz und bündig, dass ich gar keinen Mann suchen würde. Das war ja noch blöder! Was für ein Scheiß! Er verstand gar nicht richtig, was ich da herumstammelte. Ich wollte mich irgendwo herauswinden. Nur wo? Es hatte weder etwas begonnen, noch wurde etwas verlangt. Er wollte sich trotzdem unbedingt mit mir treffen. Ich lehnte dankend ab und entschuldigte mich. So einen Mist verzapfte ich nur einmal. Es war mir eine Lehre. Heute muss ich selbst über mein Benehmen schmunzeln. Mein Mann und ich versuchten, die gemeinsame Wohnung, in der er ja nun allein lebte, zu verkaufen. Wir beauftragten einen Makler. Aber es war sehr schwierig. Da wir noch ein gemeinsames Konto hatten, finanzierte ich ihm die Wohnung mit. Unterhalt für unsere Tochter hat er in dieser Zeit selbstverständlich nicht gezahlt. Mittlerweile waren zwei Jahre vergangen und niemand wollte die „schöne" Wohnung haben.

Es war Samstagabend. Meine Freundin hatte auch nichts vor. Also, was blieb uns übrig? Wir gingen wieder mal auf die Rolle. Ich war nicht auf der Suche nach einem Mann. Ich wollte ja mein Leben „genießen"? Was wollte ich denn genießen? Die Einsamkeit?

Also, wir waren in unserer mittlerweile Stammdiskothek, als mich ein Mann zum Tanzen aufforderte. Er stellte sich vor und ich dachte so bei mir, Tanzen macht ja nix. Er war nicht der einzige Mann, mit dem ich tanzte, aber diesmal kam es mir irgendwie anders vor. Und tatsächlich fragte er mich beim Tanzen, ob wir uns am anderen Tag nicht mal treffen wollten. Ich antwortete ihm nicht, da ich ja keinen Mann suchte. Ich ignorierte seine Fragen einfach. Nachdem er mich vielleicht das fünfte Mal darauf ansprach, musste ich mich erst einmal mit meiner Freundin beraten, wie das bei Frauen manchmal so ist. Als wenn das die Entscheidung meiner Freundin wäre! Ich konnte mit so einer Situation überhaupt nicht umgehen. Eigentlich wollte ich das gar nicht, ließ mich aber bequatschen. Ich lebte zwar bereits einige Zeit allein mit meiner Tochter, war aber doch noch verheiratet. Und jetzt kam da ein Mann und wollte sich mit mir treffen. Ich war noch nicht bereit für eine weitere Beziehung mit einem Mann. Innerlich sträubte ich mich, war aber auch nicht stark genug, seine Bitte abzuschlagen. Er sagte mir, dass man sich ja einfach nur treffen und spazieren gehen könnte. Klar kann man. Ich verhielt mich wahrscheinlich so blöd, dass ihm auffiel, dass ich um den heißen Brei redete und ihm ständig die Antwort schuldig blieb. Ich spielte mit ihm Katz und Maus, unbewusst.

Was wollte ich eigentlich? Ich wollte nicht allein sein. Aber ich wollte auch nicht wieder so an einen Mann gekettet sein. Schwierige Situation. Hin und her, hü und hot. Da soll auch einer schlau draus werden. Ich war weder Fisch noch Fleisch. Hin- und hergerissen und unschlüssig bis zum Gehtnichtmehr. Sollte ich jetzt wieder kochen, waschen, putzen, bügeln, mich beschimpfen und mir alles verbieten lassen? Solche Gedanken gingen mir durch den Kopf. Ich wollte nicht mehr von einem Mann abhängig sein, weder finanziell noch sonst irgendwie, auch von diesem Mann nicht. Ich spann mir sonst was in meinem Gehirnkasten zusammen und wollte alles gleich und sofort ausloten, um ja keine Enttäuschung mehr zu erleiden. Das funktioniert doch gar nicht. Heute weiß ich das auch.

Ich konnte nicht sagen, ob dieser Mann mir gefiel. Sicher, er war nett, aber das waren sie am Anfang ja wohl alle. Entpuppt haben sie sich erst später. Mein Misstrauen ließ mich nicht im Stich. Ich hatte Angst, mich zu binden, Angst vor dem Alleinsein und den einsamen Wochenenden. Es gab nur zwei Möglichkeiten. Entweder blieb ich wirklich allein, oder ich musste mich auf jemanden einlassen. Mit soviel Misstrauen war das jedoch sehr schwierig, für die Männer und für mich. Ich wollte niemanden mehr so nah an mich heranlassen und mich vor Enttäuschungen schützen. Leider kann man sich vor Enttäuschungen nie schützen. Niemand weiß, wenn etwas beginnt, wie, wann, wo und ob es aufhört. Wer kann das schon voraussagen? Ich wüsste so etwas gern. Diese Gewissheit war mir sehr wichtig. Dieses ständige Lechzen danach kostete mich jedoch viel zu viel psychische Kraft. Diese Gedanken nagten an und in mir.

Jetzt wurde es daheim so richtig köstlich. Die pubertäre Phase meiner Tochter hatte ihren Höhepunkt erreicht. Eine anstrengende Welle kam mal wieder wie eine Lawine auf mich zugerollt. Ich erzählte meiner Tochter von der Bekanntschaft, die ich am Abend vorher gemacht hatte, und dass ich ein Date mit diesem Mann ausgemacht hätte. Sie nahm das alles ziemlich locker auf - dachte ich zumindest. Aber der Tag, an dem ich eines Besseren belehrt wurde, folgte.

Ich traf mich mit besagtem Mann im Park. Meinen Hund nahm ich mit, den wir dann gemeinsam ausführten. Wir sprachen über Gott und die Welt. Ja, er war mir sympathisch, aber auch nicht viel mehr. Ich hätte es ihm gleich sagen sollen, denn bei ihm wurden die Gefühle mir gegenüber mehr, je öfter wir uns trafen. Bei mir entwickelten sich eher Freundschaftsgefühle. Wir gingen tanzen und genossen das Leben. Ich entschloss mich, diesen Mann meiner Tochter vorzustellen. Also organisierte ich bei uns zu Hause einen Raclette- Abend gemeinsam mit einer befreundeten Familie. Meine Tochter durfte ihre Freundin mit einladen, damit der „Schock" für sie nicht ganz so krass ausfallen würde. Am Ende hatten wir dann beide einen fürchterlichen Schock, grins. Man kann sich nicht vorstellen, was bei uns abging. Man hätte Mäuschen spielen müssen, und ich muss grinsen, wenn ich das jetzt hier zum Besten gebe. In der Zwischenzeit können meine Tochter und ich darüber einfach nur herzhaft lachen. Aber damals war alles total verzogen und verkrampft und keine von uns beiden verstand die Welt zu dieser Zeit.

Also, der Abend begann ziemlich locker. Meine Tochter, ihre Freundin und ich machten uns an die Vorbereitungen für den „netten" Raclette-Abend und deckten ziemlich fröhlich und gelassen den Tisch. Mittlerweile war auch die befreundete Familie eingetroffen. Nun warteten wir alle auf meinen damaligen Freund. Die Luft fing an zu knistern. Meine Tochter machte sich Gedanken, wer da wohl kommen würde. Sie verschanzte sich mit ihrer Freundin in der Küche. Die Tür blieb geschlossen. Es klingelte. Ich öffnete die Tür. Ich glaube, meine Tochter fiel fast ins Koma. Dieser Mann, den wir alle erwarteten, hatte nichts, aber auch gar nichts, rein äußerlich mit ihrem Vater gemeinsam. Er war grauhaarig, nicht so schlank und er sah älter aus, als mein fast Ex-Mann". Das Drama begann und nahm seinen Lauf. Meine Tochter verstand die Welt nicht mehr. Dieser Mann war circa fünf Jahre älter als ich. Durch seine grauen Haare schien er sicher etwas älter. Er hatte eine „hohe Stirn". Die beiden Grazien, meine Tochter und ihre Freundin, öffneten einen Spalt von der Küchentür, sahen diesen Mann, und knallten unverschämterweise die Tür gleich wieder zu. Ich wusste überhaupt nicht, wie mir geschah. Was war denn jetzt los? Was sollte das alles? Ich bat meinen Freund ins Wohnzimmer an den nett gedeckten Tisch und stellte ihn meinen Freunden vor. Nun musste ich die Situation irgendwie retten, hatte aber keinen Plan, denn mit so etwas hatte ich nicht gerechnet.

Ich klopfte an die Küchentür und bat die Mädchen, sich an den Tisch im Wohnzimmer zu setzen. Meine Tochter tickte völlig aus. Pubertät, Enttäuschung, Wut, Verzweiflung, Eifersucht. Alles auf einmal und geballte Ladung. Sie hatte sich diesen Mann anders vorgestellt. Ihre Erwartungshaltung wurde nicht erfüllt und sie benahm sich zickig bis zum Gehtnichtmehr. Was sollte ich jetzt tun? Sie bekam Heulkrämpfe. Noch nie im Leben hatte ich sie so verzweifelt und außer sich erlebt. Ich bekam Schwitzattacken und versuchte, die Lage zu retten. Die zwei jungen Damen bekam ich dann doch noch an den gedeckten Tisch. Es war eine Farce. Der Abend zog sich und ich dachte nur: Lieber Gott, lass das hier bitte halbwegs vernünftig enden!

Nun, was soll ich schreiben? Meine Tochter und ihre Freundin blamierten mich an diesem Abend bis auf die Knochen. Besagter Mann konnte machen, was er wollte. Es war alles falsch. Er hätte sich den Arsch aufreißen können, es half nichts. Bereits beim Essen veräppelten sie ihn ganz offensichtlich. Als er dann noch anbot, den Tisch nach dem gemeinsamen, verhunzten Essen mit abzuräumen, war es völlig aus. Meine Tochter hatte den Verdacht, er wolle sich bei uns einnisten und sagte es ganz deutlich. Wie peinlich war das denn? Unsere befreundete Familie wusste auch nicht so recht, wie sie mit dieser völlig verzerrten Situation umgehen sollte. Ich schämte mich in Grund und Boden, denn ich bekam meine Tochter nicht in den Griff. Mit Engelszungen redete ich auf sie ein und versuchte, sie zu beruhigen. Es half alles nichts.

Nachdem wir die Sache mit dem Tisch abräumen geklärt hatten, wollten wir uns einen „gemütlichen" Fernsehabend machen. Es kam alles nur noch schlimmer. Unser Besuch hatte es sich gemütlich gemacht. Ich stellte etwas zum Naschen und Knabbern auf den Tisch und wir tranken Wein. Meine Tochter kam ganz selbstbewusst, rein äußerlich zumindest, mit ihrer Freundin ins Wohnzimmer. Ich war froh, dass sie sich wieder etwas gefangen hatte. Wie gesagt, nur äußerlich. Also, wir schauten alle gemeinsam in die Röhre. Ich kann mich noch erinnern, dass wir uns eine sehr lustige Sendung ansahen. Es war nicht zum Aushalten. Wenn mein Freund sich mal die Freiheit herausnahm und über die Sketche im Fernsehen lachen musste, wurde er sofort von meiner Tochter ausgebremst. Ich war innerlich schon total brodelig und machte mir Gedanken am Stück, was ich wohl in der Erziehung falsch gemacht hätte. An diesem Abend war ich davon überzeugt, „ALLES!". Ich war nicht fähig, sie aus ihrem Halbwahn herauszuholen. Jegliche Versuche, sie davon zu überzeugen, dass dieser Mann niemals ihr Vater sein wird, scheiterten bereits im Ansatz. Sie machte mir Vorwürfe, wie ich mich denn mit so einem alten Mann abgeben könne, der ihrer Meinung nach aussah wie ein Clown. Ich wäre doch überhaupt noch gar nicht so alt. Meine Tochter sah mich immer wie eine junge Frau. Dabei war ich längst in einem anderen Alter.

Nachdem sie sich beide immer unverschämter über meinen Freund lustig machten, verwies ich sie in ihr Zimmer. Sie sollte einfach über ihr Verhalten nachdenken, was wirklich nicht in Ordnung war. Damit traf ich sie noch mehr. Aber was blieb mir übrig? Ich konnte und wollte nicht dulden, dass sie mir Vorschriften machte, wen ich wann einladen darf. Ich wollte diesen Mann weder heiraten, noch mit ihm zusammen ziehen. Selbstverständlich tat mir auch meine Tochter leid. Ich setzte ihr einen Mann vor die Nase, mit dem ich mir kein gemeinsames Leben vorstellen konnte. Er war doch nur ein „Freund". Die ganze Situation eskalierte. Meine Tochter nahm mir diesen Mann total übel. Ich konnte sie einfach nicht davon überzeugen, dass er „niemals" zwischen uns stehen würde. Ganz sicher hatte sie an diesem Abend Angst, dass er mich ihr wegnehmen würde. Ich wäre eine schlechte Mutter, wenn ich so etwas zulassen würde. Natürlich verstand ich sie mit ihrer Angst. Ich hätte mir im Leben nicht vorgestellt, dass sie das so treffen würde. Aber ich konnte mich auch in ihre Lage versetzen, da ich selbst ein „Scheidungskind" war und damals Angst hatte, meine Mutter an einen fremden Mann zu verlieren.

Doch ich wollte mir das auch nicht von ihr verbieten lassen. Sie sollte nicht bestimmen dürfen, mit wem ich mich treffe und einen Teil meiner Freizeit verbringe. Ich traf mich also weiter mit meinem Freund und sagte ihr das auch. Sie hetzte dann jedes Mal herum und wünschte, da ich immer den Hund mitnahm, dass wenigstens der Hund mich blamieren sollte. Sie wünschte, dass der Hund dann Durchfall und Blähungen haben und mich richtig blamieren sollte. Immer in der Hoffnung, dass der Freund damit sowieso nicht umgehen könnte. Konnte er aber. Ich hatte so meine Last mit meiner pubertierenden Tochter. Immer versuchte ich, ihre ausgetickten Zeiten auszuhalten oder zu ignorieren. Manchmal gelang es mir, leider nicht immer. Auch ich verstand während dieser Zeit die Welt nicht wirklich. Sie war immer so ein artiges Kind und jetzt hatte sie sich um tausend Grad geändert. Ich hatte Angst, dass sie mir ganz entgleiten und abrutschen könnte. Zum Glück hatte sie sich einen sehr netten Freundeskreis aufgebaut. Ich war echt froh darüber und wusste, dass sie mit ihren Freunden und Freundinnen über dieses Thema reden konnte, wenn sie es mit mir schon nicht wollte. Meinem Noch- Ehemann ging das alles sonst wo vorbei. Er verstand das überhaupt nicht. Ich bat ihn, sich mehr um unsere gemeinsame Tochter zu kümmern. Er grinste nur und sagte, sie könnte ihn ja besuchen, wenn sie wollte. Das war natürlich das Einfachste für ihn. Er wusste genau, dass meine Tochter nicht so ein Typ war, der sich aufdrängeln würde. Er genoss seine Zeit. Wieder verstand er nicht, was ich meinte, obwohl ich es ihm alles sehr deutlich zu erklären versuchte. Unsere Probleme interessierten ihn keinesfalls. Er machte mir Vorwürfe, dass ich das alles doch so gewollt hätte und nun zusehen sollte, wie ich damit zurechtkomme. Alles klar! Er hatte nichts, aber auch überhaupt nichts begriffen. Hier ging es nicht um die Probleme zwischen meinem Mann und mir, sondern um die Probleme unserer Tochter. Er sah es anders und verstand mich nicht. Wir waren zwei völlig verschiedene Menschen mit total unterschiedlichen Ansichten. Das konnte nie funktionieren. Jeder beharrte auf seinem Standpunkt, was die Situation nicht gerade vereinfachte.

Langsam, aber sicher, wuchs mir wieder mal alles über den Kopf. Die Probleme wurden nicht weniger. Ich bekam heftige Schlafstörungen. Jeden Tag überfordert und übermüdet versuchte ich, wenigstens meiner Arbeit nachzugehen. Langsam fing dieser „Freund" an, über ein gemeinsames Leben zu spekulieren. Nein, das wollte ich nicht. Ich wollte es ihm aber auch nicht an den Kopf knallen, dass er nicht wirklich mein Typ war. Ständig erfand ich andere Ausreden.

Ich musste es ihm sagen. Er machte sich Hoffnungen und ich wollte meiner Tochter nicht wehtun. Immer, wenn er davon anfing, stammelte ich mir einen ab und redete um den heißen Brei. Er merkte, dass ich ihm nicht wehtun wollte und nicht „NEIN" sagen konnte. Er setzte mich aber immer mehr unter Druck. Ich musste mich aus dieser Situation befreien. Nun hatte ich wieder mal das, was ich „nicht" wollte und musste einen Ausweg aus dieser Situation finden. Eigentlich wäre es ganz einfach gewesen. Ich machte mir das Leben selbst schwer. Immer hatte ich den Eindruck, ich müsste auf die Gefühle anderer achtgeben. Doch wer nahm denn auf meine Gefühle Rücksicht? Niemand!

Ich hatte es geschnallt. Das konnte so nicht weitergehen. Es war verschenkte Zeit, die an mir vorbeiging. Zufrieden war ich mit meiner Situation auch wieder nicht. Es lag nicht an ihm. Er war ganz einfach nicht mein Typ. Im Übrigen war er mir viel zu unselbständig. Ich konnte nichts mit einem Mann anfangen, der sich nicht einmal ein Spiegelei in die Pfanne hauen konnte und der von seinen Eltern verzogen worden war. Das ist nichts für mich. Mich fragt auch niemand, wie ich das alles schaffe. Noch einmal und ganz deutlich: Ich werde nicht mehr für einen Mann kochen, waschen, putzen, bügeln und, und, und. Wer, bitteschön, macht das für mich? Ich muss auch den ganzen Tag zur Arbeit gehen und würde mich gern mal verwöhnen lassen. Wo steht geschrieben, dass ich das tun muss, was ich nicht mehr möchte? Das gibt es nicht mehr! Jedenfalls so lange nicht, bis ich nicht mit einem Mann zusammen wohne. Solange, wie jeder von uns seinen eigenen Haushalt hat, sollte er diesen auch bewerkstelligen können. Wenn ein Mann seinen Haushalt nicht in Ordnung halten kann, nicht kochen, waschen oder bügeln kann, muss er sich etwas einfallen lassen. Ich werde das gewiss nicht tun. Es hat mir bisher auch nichts gebracht, wenn ich den Männern alles abgenommen habe. Als Putzfrau und Mutterersatz für einen Mann bin ich mir heute echt zu schade. Ich bin froh, wenn ich meinen Haushalt nebenbei noch geregelt bekomme. Hilfe bekomme ich auch nicht. Also, diese Milchmädchen- Rechnung wird sicher jeder verstehen. Ich habe ein Leben lang gebraucht, um das zu verstehen und mich davon zu lösen. Wir leben nun mal im Zeitalter der Emanzipation. Ich habe nichts dagegen, wenn manche Frauen das noch gern für einen Mann tun. Das können und dürfen sie selbstverständlich. Ich schreibe hier nur von „mir" und über „mich". Klar, ich bekoche auch einen Mann gern mal, aber nicht ständig. Ich will diesen Druck nicht mehr haben. Wie gesagt, solange ich nicht mit jemandem zusammen wohne. Dann ist das etwas anderes. Aber auch dann würde ich verlangen, dass der Mann mich im Haushalt unterstützt. Ich bin schließlich auch keine zwanzig mehr.

Sollte ich im Leben jemals einen Mann finden, der bereit ist, mich so zu akzeptieren, wie ich bin, kann ich über meinen Schatten springen. Aber es muss auf Gegenseitigkeit beruhen. Mehr möchte ich dazu hier nicht schreiben. Vielleicht wirkt das für manche abstoßend, aber ich habe zu viel Lehrgeld zahlen und bluten müssen. Ich möchte mein Leben nicht mit dem von anderen Menschen vergleichen. Ich bin allein daran schuld, was ich habe alles mit mir machen lassen. Nicht nur „vielleicht" hätte ich eher die „Notbremse" ziehen müssen - mir zuliebe. Ich habe mich zu sehr aufgegeben und mich nie um mich gekümmert. Jahrelang merkte ich, dass es mir nicht gut ging und habe es nicht geändert. Alles nur aus Angst ... vor dem Alleinsein. Dabei wäre das Alleinsein einfacher gewesen. Ich hatte viel Zeit, mich mit mir zu beschäftigen. Diese Zeit habe ich genutzt, auch wenn es mir anfangs sehr, sehr schwer fiel. Es war eine Zeit des Umdenkens und des Annehmens. Nicht jeder wird meine Worte verstehen. Auch dafür habe ich Verständnis. Aber eine andere Lösung gibt es kaum.

Menschen, die unglücklich über ihr Leben sind, müssen einfach etwas tun. Sie müssen lernen, dass es noch etwas anderes und Schöneres im Leben gibt, als immer nur „unglücklich" sein. Das kann man wirklich lernen.

Nun schweife ich wieder etwas ab und möchte noch ein wenig zum Besten geben, wie es mit mir und meinem Leben weiterging. Ich möchte dir gern berichten, wie ich an den Punkt kam, an dem ich heute bin. Auch ich mache heute sicher Fehler. Es gibt niemanden auf der ganzen Welt, der keine Fehler macht. Kleine Fehler machen manchen von uns erst liebenswert. Den „vollkommenen" Menschen gibt es nicht. Ich wäre das immer gern gewesen, habe es aber nie geschafft. Und heute will ich das nicht mehr sein.

Ich musste, wie bereits geschrieben, diese „Druck- Beziehung" beenden. Niemand konnte das für mich tun, außer ich selbst. Es war schwierig. Ich konnte aber den Freund auch nicht länger hinhalten. Er musste erfahren, wie es mit mir und meinen Gefühlen ihm gegenüber stand. Die Problemlösung hätte ich gern jemand anderen überlassen und mich am liebsten überhaupt nicht mehr bei ihm gemeldet. Das wäre das Leichtere für mich gewesen. Aber so einfach wurde es mir dann doch nicht gemacht.

Ich traf mich mit meinem Freund und sagte ihm, dass ich ernsthaft mit ihm reden müsste. Ob er ahnte, was ich meinte, weiß ich nicht. Wir trafen uns also und ich sagte ihm, dass ich das alles nicht mehr wollte. Ich wollte ihn und seine Gefühle nicht verletzen und ihm keine falschen Hoffnungen machen. Ich sagte ihm auch, dass da bei mir nicht mehr Gefühl aufkommt. Er verstand das nicht und wollte, dass ich mir das alles noch einmal durch den Kopf gehen lasse. Doch ich hatte genug Zeit zum Überlegen gehabt und wusste genau, dass es kein „uns" oder „wir" mehr gab. Ich ließ mich von irgendwelchem „Schön- Gerede". nicht einlullen. Das hatte ich bereits alles hinter mir. Mein Freund dachte, er könnte das Blatt noch wenden. Meine Entscheidung stand jedoch felsenfest. Es war schwer für mich, ihn leiden zu sehen. Ich war aber auch nicht bereit, eine Mitleidsbeziehung zu führen. Das hätte uns beiden nicht gut getan. Ich beendete die Beziehung, oder was immer das auch war.

Mir fiel ein Stein vom Herzen, als ich das beendet hatte. Ich merkte, dass mir dieses Bedrängen die ganze Zeit über nicht gut getan hat. Meine Tochter war über meinen Entschluss froh. Und unserem Hund wurden auch kein Durchfall und keine Blähungen mehr an den Hals gehetzt. Unser Leben nahm wieder etwas „normalere" Züge an. Ich machte mir aber schon Gedanken darüber, wie das wohl werden würde, wenn ich einen Mann kennenlerne, der mir gefällt. Würde meine Tochter dann wieder so einen Zirkus veranstalten? Würde sie mir vielleicht nie mehr vertrauen? Ich machte mir nur noch Sorgen um alles. War ich jetzt eigentlich dazu verdammt, bis an mein Lebensende allein und ohne Mann zu bleiben, nur um meine Tochter nicht zu verletzen? Das konnte es doch auch nicht sein.

Mein Noch- Ehemann bewohnte immer noch die gemeinsame Wohnung. Sie stand immer noch zum Verkauf. Mittlerweile lebten wir zwei Jahre getrennt und es tat sich in dieser Hinsicht nicht viel. Wir mussten also für dieses Problem eine andere Lösung finden. Ich machte ihm den Vorschlag, dass wir uns doch dafür entscheiden, die Wohnung zu behalten, jedenfalls einer von uns. Er war mit dem Vorschlag einverstanden, bat sich jedoch Bedenkzeit aus. Wir setzten ein halbes Jahr an. Ich arrangierte mich damit. Es war für mich in Ordnung. Meine Tochter wusste es damals besser. Sie sagte mir, dass diese Zeit für ihn nicht ausreichen würde, womit sie recht behielt. Er konnte und wollte sich nicht entscheiden. Da wir lange genug getrennt lebten, machte ich mir Gedanken, ob es nicht besser sei, wenn wir uns scheiden lassen würden. Es gab für mich keine gemeinsame Zukunft mehr mit ihm. Auch diesen Vorschlag unterbreitete ich ihm nach langem Zögern. Ich hatte mich entschieden. Auch dieser Entschluss stand fest. Es gab an meiner Entscheidung kein Rütteln mehr. Was hatten wir noch gemeinsam? Nichts! Unser Leben lebten wir, wie jeder es für sich wollte. Ich konnte und wollte nicht mehr zu ihm zurück.

Mein Mann wollte die Scheidung nicht. Aber er hatte alles dafür getan, um mich und meine Tochter loszuwerden. Ich sehe das so. Er konnte sich nicht ändern. Welche Alternative gab es also noch? Es blieb nichts mehr übrig. Es gab auch keinen wirklichen Grund dafür, dass wir uns nicht scheiden lassen sollten. Mein Mann versuchte, alles zu retten, wollte es aber auch nicht wirklich. Wenn, dann nur aus finanziellen Gründen. Ich war nicht mehr bereit dazu. Und das war gut so. Wir hätten uns beide gequält. Egal, was bei uns vorgefallen war. Ich wollte nicht mit meinem Mann im Bösen auseinander gehen und sagte ihm das. Doch er verstand nicht, warum wir uns dann überhaupt trennen und scheiden lassen sollten. Er hatte nicht begriffen, dass unsere Ehe überhaupt nicht funktionierte. Wir waren viel zu unglücklich und es hätte für eine gemeinsame Zukunft nicht gereicht. Weder die gemeinsamen Interessen, noch der Respekt füreinander, noch die Gefühle. Es mangelte an allem.

Nach unzähligen Gesprächen, Tränen der Verzweiflung und der Einsicht entschieden wir uns gemeinsam für die Scheidung. Das fiel auch mir nicht leicht. Ich wusste genau, dass es für meine Tochter jetzt noch schwieriger werden würde. Es gab jedoch kein Zurück in die Ehe. Zu viel war schiefgelaufen und die Gefühle waren zertrampelt. Das wollte ich mir nicht mehr antun.

Das Leben war anders. Ob es einfacher war, kann ich heute nicht mehr sagen. Auf alle Fälle war der ganze Streit weg, der mich jahrelang bedrückte. Ich dachte, ich könnte durchatmen und versuchte mein neues Leben zu genießen. Es war nicht einfach. Die Einsamkeit quälte mich immer mehr. Meine Tochter ging viel mit ihren Freunden aus und ich saß meistens allein zu Haus. Das musste sich ändern. Unbedingt! Ich hatte zwar den Hund, der mich an die frische Luft zwang, aber der Freundeskreis minimierte sich immer mehr. Wir hatten alle unsere Arbeit und für die Freizeit blieb kaum noch Zeit. Meine Freunde hatten auch noch ihre Familien und ich wollte mich dort nicht aufdrängen.

Die Zeit verging, und ich hatte das Gefühl, dass das Thema mit der Scheidung und der Wohnung mich nicht so sehr belastete. Aber diese Einsamkeit. Das war etwas, womit ich überhaupt nicht umgehen konnte. Ich konnte auch nicht nur die Wohnung putzen. Irgendwann war ja auch alles in der Wohnung sauber.

Mein Mann benötigte fast ein ganzes Jahr, bis er sich entschied, die gemeinsame Wohnung doch nicht zu behalten. Was sollte jetzt werden? Vermieten wollten wir nicht. Ich ging zur Bank und ließ mir ausrechnen, ob es funktionieren würde, wenn ich diese Wohnung mit meiner Tochter beziehe. Eigentlich wollte ich das für sie tun. Sie sollte wieder das Gefühl von Heimat und aufgehoben sein erhalten. Es war sowieso schon alles sehr schwierig für sie.

Nachdem ich grünes Licht von der Bank erhielt, sprach ich mit meinem

Mann darüber. Es war ein langes Hin und Her, bis er sich dazu entschloss, aus dieser Wohnung auszuziehen. Wir mussten einen Termin beim Notar ausmachen. Das fiel uns auch allen sehr schwer. Wie gesagt, die Zeit wurde nicht viel einfacher. Doch irgendwie musste es vorwärts gehen. Wieder ging das Grübeln weiter. Machst du das alles richtig? Wer konnte mir das schon sagen? Wieder mal niemand. Ich musste das alles selbst entscheiden. Hier konnte ich mich, wie so oft, nur von meinem Gefühl leiten lassen. Ich entschied mich aus dem Bauch heraus, natürlich auch vom Kopf her.

Der Termin beim Notar stand an. Mein Mann und ich, wir einigten uns, dass die Wohnung auf meinen Namen überschrieben wird. Bezüglich des Umstandes, dass unsere Scheidung anstand, wurden hier auch einige Kleinigkeiten geregelt, die die Scheidung betrafen.

Die Lage wurde immer ernster. Es gab nun kein Zurück mehr. Ich zog meinen Stiefel tatsächlich unaufhörlich und ungebremst durch. Mein Mann versuchte immer noch, an unserer längst gescheiterten Ehe festzuhalten. Ich verstand ihn nicht und er mich nicht. Es gab nur noch formelle Angelegenheiten zwischen uns zu klären. Für mich jedenfalls. Ich war nicht imstande zu verstehen, was mein Mann noch von mir wollte. Vielleicht hatte er auch „nur" Angst vor dem Alleinsein. Ach ja, und er musste jetzt kochen, putzen, waschen und bügeln lernen.

Nachdem wir den Übergang der Wohnung auf meinen Namen geklärt hatten, musste ich mir Gedanken über den Umzug machen. Alles musste wieder umgemeldet werden. Das war zwar anstrengend und kostete Kraft, aber ich wusste ja, wofür ich das tat. Meine Tochter sollte sich endlich wieder wohl und Zuhause fühlen. Mich könnte man in jedes Mauseloch stecken. Aber ich hatte die Verantwortung für mein Kind und war mir dessen sehr wohl bewusst.

Die Scheidung und der Umzug rückten näher und näher. Weihnachten stand wieder mal vor der Tür. Meinen Mann zog es zu dieser Zeit, wie alle Jahre, wieder zu seinen Eltern. Da ich noch einen Schlüssel von unserer, jetzt meiner, Wohnung hatte, er aber noch darin lebte, beschloss ich mit meiner Tochter, währenddessen das Kinderzimmer zu streichen und den alten Teppichboden herauszureißen. Der Mann einer Freundin war Parkettleger und wollte mir Laminat in der Wohnung verlegen. Die Vorarbeiten mussten wir aber selbst ausführen. Meine Tochter und ich machten uns also an die Arbeit. Wir wussten, wofür wir uns quälten.

Das Kinderzimmer war gestrichen und der Teppichboden herausgerissen. Der Kleber vom Teppichboden musste noch entfernt werden. Wir hatten wieder einmal „umwerfendes" Werkzeug dafür: einen Schaber, der nicht breiter als ein normales Küchenmesser war. Damit haben wir uns herumgequält, bis uns der Schweiß sonst wo runter lief. Vor lauter Anstrengung klopfte das Herz bis zum Hals. Die Arbeit hatte sich aber gelohnt. Den kleinen Flur hatten wir auch gleich mit in Angriff genommen. Die Wohnung sah schon etwas eigenartig aus.

Mein Mann kam aus seinem Weihnachtsurlaub zurück und fiel aus allen Wolken. Es gab Streit, weil meine Tochter und ich etwas an der Wohnung verändert hatten, was er überhaupt nicht vermutete . Er hatte nicht damit gerechnet, dass ich so etwas auch allein hinbekomme, ohne ihn. Seine Verzweiflung wurde immer größer. Er begriff langsam, aber sicher, den Ernst der Lage. Bis jetzt war alles nur ein Spiel für ihn gewesen. Irgendwann musste ich jedoch Nägel mit Köpfen machen.

Der Stress wurde nicht weniger. Immer öfter meldeten sich die Panikattacken, wenn auch noch in abgeschwächter Form. Im Stillen dachte ich doch jahrelang, ich sei unheilbar krank. Dieses komische Gefühl schlummerte ständig in mir. Es ließ sich einfach nicht beiseite schieben und wenn, dann nur für Momente. Ein beschissenes Gefühl, das wirklich nur Angstpatienten kennen, dieses unangenehme Unwohlsein. Die Angst hatte mich mehr und mehr im Griff. Ich nahm das aber nicht so richtig wahr. Für so etwas hatte ich keine Zeit und wollte mir auch keine nehmen, jedenfalls nicht dafür. Das Ganze lässt sich schlecht beschreiben, da es ja schleichend kam. Irgendwie hatte ich mich auch an dieses komische Gefühl gewöhnt. Kein Arzt kam auf die Idee, dass der Körper mir einen Streich spielte, weil die Psyche lange schon stark angeknackst war.

Ich tat mir selbst nicht gut, denn ich powerte mich ständig aus. Ständig stand ich unter Strom. Ich war immer innerlich nervös und unruhig. Heute denke ich, dass ich vor meinem eigenen Schatten weggelaufen bin. Es gab überhaupt keinen Grund dazu. Was ich hätte tun müssen, mich mal mit mir und den vielen, vielen Problemen, die mich jahrelang begleiteten, befassen. Wenn ich damals gewusst hätte, dass mir das helfen würde, wäre das Leben für mich ganz sicher anders und einfacher verlaufen.

Ich muss hier zu meiner Entschuldigung gestehen, dass auch ich nicht allein auf die Idee kam, dass das alles etwas mit der Psyche zu tun haben könnte. Ob ich es allein überhaupt geschafft hätte, da herauszukommen, ist die zweite Frage. Ich hatte doch keinen Ansatzpunkt. Der Zusammenhang fehlte mir. Ich schob meine Symptome, die mich begleiteten und die ich nicht haben wollte, immer auf etwas Organisches. Von selbst wäre ich nie auf den Gedanken gekommen, dass Probleme sich leider nicht immer nur beiseite schaffen und in die Ecke drängen lassen. Sie holen uns irgendwann doch ein. Sie verlangen, dass man sich mit ihnen beschäftigt. Sie wollen gelöst werden. Ansonsten läuft, wie am Anfang des Buches geschrieben, der Papierkorb über und es kommt zum großen Knall.

Nun wirft sich wieder eine andere Frage auf. Mit wem hätte ich über meine Probleme reden sollen? Ist es eigentlich so einfach, seine Probleme loszuwerden? Wenn ja, dann wo? Und wenn man die Probleme schon loswerden kann, wer hat dann dafür „die" Lösung?

Mein Mann verstand doch das alles nicht. Er stritt sich wieder mit uns. Alles glitt ihm nun aus den Händen. Er konnte uns nicht mehr aufhalten. Er konnte nicht mehr über uns bestimmen, was wir wie tun müssten. Ich war mein eigener Herr geworden und ließ mir längst nichts mehr von ihm vorschreiben. Ich ließ das nicht mehr zu. Ich wollte das auch nicht mehr zulassen. Diese Zeit hatte ich hinter mir gelassen. Jetzt entschied ich ganz allein, was für mich gut war und was nicht.

Diese vielen Jahre haben mir gereicht. Ich hatte mich für die Männer krumm gelegt und halb kaputt gerackert, nur um ein wenig Liebe zu erhaschen. Leider hat mir das alles nicht wirklich etwas gebracht. Doch diese Erlebnisse mit meiner vorherigen Beziehung und mit meinem Mann haben mich geprägt. Ich bin Männern gegenüber misstrauisch geworden und weiß nicht, ob sich das je wieder ändern wird. Die Angst, wieder so verletzt zu werden, ist zu groß und stark. Sie konnte sich in mir festsetzen. Es wird für einen Mann schwierig werden, der mich vielleicht mal wirklich so liebt, wie ich wirklich bin. Sollte ich ihn nicht finden, oder er mich nicht dann ist das nicht zu ändern. Dann soll es in meinem Leben nicht mehr sein. Wenn Gutmütigkeit ausgenutzt wird, sollte man die Augen nicht davor verschließen. Es nützt nichts, für jemand anderen ein anderer Mensch zu werden. Man hält das auf Dauer nicht aus.

Der Umzug stand an. Mein Mann hatte eine Wohnung für sich gefunden. Die Meckerei ging aber weiter. Das eine war ihm zu teuer, das andere passte ihm überhaupt nicht. Es war mir mittlerweile egal, was er da von sich gab. Es berührte mich nicht mehr. Die Scheidung rückte ebenfalls immer näher. Der Termin stand fest. Er versuchte, das Blatt noch zu wenden. Ich hatte mir auch so meine Gedanken darüber gemacht, ob das wohl alles richtig wäre. Zu verlieren hatte ich nichts mehr. Es gab keinen Grund mehr für mich, zu ihm zurückzukehren. Ich wollte mein Leben noch ein wenig genießen und in Ruhe verbringen. Einfach nur in Ruhe, ohne den täglichen Streit und die ständigen Vorhaltungen und Demütigungen. Seine Probleme waren nicht mehr meine. Ich habe auch begreifen müssen, dass sich mein Leben nur zum Besseren wenden kann, wenn ich bereit bin, etwas dafür zu tun, auch wenn es anfangs sehr schmerzt. Sämtliche Chancen wurden vertan. Es gab keine „letzte Chance" mehr. Er hatte viel zu viele bekommen und sie nicht genutzt. Jetzt war es zu spät. Wie heißt es? „Wer zu spät kommt, den bestraft das Leben." Nein, ich möchte nicht, dass jemand bestraft wird. Sicher haben meine endgültigen Entschlüsse die Männer, die mit mir eine Zeit ihres Lebens verbracht haben, zum Nachdenken angeregt, aber leider immer zu spät. Jeder hat seine Chance erhalten und nicht nur eine. Mehr als reden und versuchen konnte ich auch nicht. Vielleicht habe ich auch zu viel reden wollen. Doch ich habe es immer gesagt, dass ich so nicht leben will und dass sich unbedingt etwas ändern müsse. Ich habe versucht, wenigstens zum Nachdenken darüber anzuregen. Leider war alles für die Katz. Die Einzige, die sich jedes Mal Gedanken darüber gemacht hat, war ich.

Das ist etwas, was ich bis heute nicht verstehe. Wenn man schon darüber reden möchte, sollte man auch ernst genommen werden. Warum ist das nicht so? Ich unterhalte mich schließlich nicht mit einer Wand. Vor mir habe ich doch jemanden aus Fleisch und Blut und jemanden, der denken kann. Warum müssen viele Ehen und Beziehungen erst kaputt gehen, bis jemand aufwacht? Dann ist es fast immer zu spät. Das ist sehr schade. Ich werde die Menschen nicht wachrütteln können.

Warum können Männer und Frauen kaum noch miteinander kommunizieren? Was ist nur mit unserer Gesellschaft los? Die meisten haben nur mit sich zu tun. Was zählt die Familie heute noch? Wir müssen alle stramm stehen, wenn der Arbeitgeber ruft. Und wo bleibt dann die Familie? Nicht nur die Geldbörsen werden belastet. Das ganze Privatleben hat nicht mehr den Stellenwert, den es vor zwanzig oder dreißig Jahren noch hatte. Fast alles dreht sich um das Finanzielle und Materielle. Der Dank dafür ist, dass die Menschheit sich selbst krank macht. Was heißt hier, sie macht sich krank? Sie ist bereits krank. Und das alles nur fürs „liebe" Geld. Ich bin nicht gläubig. Als Gott die Menschen erschuf, erschuf er sie dafür, dass sie sich gegenseitig vernichten? Nur so eine Frage am Rand. Vielleicht kann mir jemand diese Frage beantworten, was ich aber nicht glaube. Stress und Druck fressen uns auf und machen uns krank. Die Zeit für das Zwischenmenschliche geht uns immer mehr verloren. Fast jeder, der Arbeit hat, hat Angst um seinen Arbeitsplatz. Gibt es heutzutage noch „wirklich" sichere Arbeitsplätze, nette Chefs und nette Kollegen, denen man sich anvertrauen kann? Und das alles geballt und zusammen? Gibt es noch Chefs, die zu schätzen wissen, was die Mitarbeiter für sie leisten? Wie viele Kollegen oder Kolleginnen gibt es noch, die nicht mobben oder einen nicht verpetzen, um den eigenen Arsch zu retten? Sicher wird es sie geben, aber die Anzahl minimiert sich immer mehr. Existenzangst bedroht uns. Ich bin keine Hellseherin. Doch wenn das so weitergeht, wird dieses leidige Thema „Angst und Panik" immer schneller immer mehr Menschen betreffen. Hier muss ganz dringend etwas getan werden. Hier ist das Gleichgewicht schon lange aus den Fugen geraten und muss schleunigst wieder hergestellt werden. Es ist bereits später als fünf vor zwölf. Wer soll diese Menschen dann noch auffangen können? Die psychologischen Praxen sind bereits überfüllt und Termine bekommt man nicht mehr von jetzt auf gleich. Warum wird hier nicht endlich ein Riegel vorgeschoben? Arbeitslosigkeit und Arbeit bis zum „Ausbrennen und Umfallen" sind ungleiche Komponenten unserer Gesellschaft geworden, die es gilt, möglichst kurzfristig einigermaßen ins Gleichgewicht zu bringen. Es wird Zeit, dass sich Politiker auch darüber den Kopf zerbrechen und nicht nur, wie sie die Arbeitslosenzahlen schön reden können. Krankheit kann sich heute kaum noch jemand leisten Demzufolge müssen „gesunde" Arbeitsplätze geschaffen werden. Es ist hier nicht die Rede von „körperlich" gesunden Arbeitsplätzen. Den höheren Stellenwert nimmt längst der „psychisch" gesunde Arbeitsplatz ein. Man wird systematisch krank gemacht. Wenn man dann wirklich krank ist, ist man ein „Mensch zweiter Klasse". Wer gibt schon gern zu, dass er zum Psychologen gehen muss? Menschen, die davon nicht betroffen sind, werden das nur schwer oder gar nicht verstehen. Leider werden diesbezüglich immer noch Augen, Ohren und Mund verschlossen.

Themen, die brennend und weitgreifend sind, aber niemand hat wirklich die Lösung für diese Probleme. Das könnte man auch bis zum Erbrechen ausdiskutieren. Aber das schweift hier bereits wieder vom eigentlichen Thema ab.

Ich hatte mittlerweile einen Mann kennengelernt, der ebenfalls etwas älter war als ich. Er war „ewiger" Junggeselle und hatte sich gerade erst von einer Frau getrennt, mit der er eine längere Beziehung geführt hat. Es gab damit so ein paar Probleme. Er konnte sich nicht wirklich von ihr lösen. Ich hatte keine Lust, das fünfte Rad am Wagen zu spielen. Er war ein lustiger Mensch, was mir sehr imponierte. Vom IQ und Spaßfaktor her schwammen wir auf einer Wellenlänge. Das ließ mich endlich mal den Alltag ein wenig vergessen. Es wurde aber nicht nur herumgefrotzelt, sondern auch ernsthafte Gespräche geführt. Meine Tochter kam mit ihm ebenfalls gut klar. Und wie das immer so ist, war die Beziehung am Anfang ganz nett. Ich merkte, dass ich immer abhängiger von ihm wurde. Es machte mich fast wahnsinnig, wenn wir uns mal nicht sahen. Die Eifersucht spielte mir einen Streich und fürchterliche Verlustangst überkam mich. Warum, weiß ich nicht. Irgendetwas stimmte da schon wieder nicht.

Meine Tochter und ich waren zwischenzeitlich in unsere „alte" Wohnung umgezogen. Wir waren froh, wieder in unserem gewohnten Umfeld leben zu können. Der Tag der Scheidung rückte näher und näher. Ich hatte ein seltsames Gefühl in mir. Auf eine Art war ich froh, dass ich endlich dieses lästige Gemeckere los wurde, anderseits fühlte ich mich ausgebrannt und allein gelassen. Und dass, obwohl ich besagten Mann kennengelernt hatte. Ich kann nicht sagen, ob ich mit ihm hätte zusammenziehen wollen. Einfach war auch er nicht, wie sich später herausstellte. Ich hätte fast alles für ihn aufgegeben. Manchmal fühlte ich mich sehr wohl bei ihm. Er sprach viel über Gefühle, was ich von einem Mann überhaupt nicht kannte. Er zeigte sie mir auch sehr deutlich. Von so was war ich völlig überwältigt. Da war ein Mann, der mich an die Hand nahm, wenn er mit mir spazieren ging. Er zeigte sich mit mir gern in der Öffentlichkeit und ich konnte ein wenig mein Selbstvertrauen und Selbstbewusstsein aufbauen. Durch all die schlechten Erfahrungen und Erlebnisse, die ich durchgemacht hatte, war nicht mehr viel davon übrig geblieben. Dieser Mann versuchte mir Halt zu geben. Endlich gab es einen Mann, der sich nicht mit mir schämte und bei dem ich sein konnte, wie ich wirklich war. Wenn er den Versuch startete, mich zu ändern, schoss ich sofort dagegen. Ich hatte aus meinen Fehlern gelernt. Aber nicht aus allen, denn mein Misstrauen ließ mich nicht im Stich. Wo konnte ich endlich mal Vertrauen herzaubern? Das Rad fing sich wieder an zu drehen. Die Achterbahn legte einen Zahn zu und erhöhte ihr Tempo. Und ich wieder mal nichts ahnend mitten drin und voll dabei.

Ich grübelte über meine Situation nach und machte mir Gedanken um alles. Heute weiß ich, dass mich das ständige Überlegen und Nachdenken fast in die Klapsmühle gebracht hätte. Ich konnte nicht mehr abschalten. Es war mir unmöglich geworden. Alles wollte ich abgeklärt haben, bis ins kleinste Detail. Ich dachte, ich kann die Zukunft vorausplanen. Nur, wer kann das schon? Wer macht alles richtig im Leben? Das Leben geht mit uns manchmal eigenartige Wege. Sind wir eigentlich in der Lage, den Weg zu bestimmen? Oder müssen wir uns einem vorbestimmten Weg fügen? Fragen, die vielleicht nie beantwortet werden können. Ein klein wenig hat man es sicher auch selbst in der Hand. Man sollte sich überlegen, wo man im Leben eigentlich hin will, ohne zu viel zu planen. Das klingt widersprüchlich, ist aber so. Gesteckte Ziele haben wohl noch niemandem geschadet. Wenn man ein Ziel vor den Augen hat, ergibt sich zwangsläufig ein Weg dahin. Ob es der richtige Weg ist, den man geht, stellt sich später heraus.

Mit besagtem Mann war ich einige Zeit zusammen. Die Beziehung, die wir führten, war eher locker, aber auch nicht einfach. Dieser Mann versetzte mich ein paar Mal, was ich überhaupt nicht verstehen konnte. Außerdem bemerkte ich, dass er ab und zu mal zu tief ins Glas schaute. Einen Alkoholiker wollte ich nicht als Partner haben, denn so eine Phase hatte ich im Leben bereits hinter mich gebracht. Vom Suff entstellte Menschen sind mir zuwider. Ich kann damit nicht umgehen und habe wenig Verständnis dafür. Mit ver- und besoffenen – ich nenne sie mal „Kreaturen" – habe ich ein Problem. Aber das haben diese Menschen auch mit sich selbst. Sehr viele von ihnen jedoch merken nicht einmal, dass sie abhängig sind und beschönigen die Sauferei auch noch. Alles nur aus lauter Sucht, Einsamkeit, Verzweiflung. Der Alkohol ist deren bester Freund, der immer da ist und bei dem man sich fallen lassen kann, jedenfalls für den Moment. Ich weiß, ich sollte die Alkoholiker nicht verurteilen. Fast jeder von uns ist abhängig von irgendetwas. Seien es Zigaretten, Kaffee, Kaufrausch, Internet, Fernsehen, etc. Der Möglichkeiten, in eine Abhängigkeit zu gehen, gibt es ja sehr viele. Eigentlich sind es ja ganz arme Menschen und ganz viele davon nicht schlechter als du und ich. Ich kann hier auch nur von mir reden oder besser schreiben. Ich habe im Leben wahrscheinlich zu viel mit Alkoholikern zu tun gehabt und weiß heute, dass ich so einen Mann nicht haben möchte. Ich will nicht mehr mit einem Menschen zusammen sein, der sich nicht unter Kontrolle hat, nur des Alkohols wegen. Es zwingt mich ja auch niemand dazu. Gott sei Dank!

Aber weiter geht es mit meiner Angst und dem „Leben" damit.

Ja, diese Angst zeigte sich nun immer öfter und immer etwas stärker. Doch ich wusste bis dato immer noch nicht, was das ist. Ich litt häufiger unter Schwindelattacken, Verspannungen, Schlafstörungen, Magen- und Darmproblemen, Kopfschmerzen und fühlte mich ausgelaugt. Es fiel mir schwer, aber ich musste diese Beziehung beenden Ich hatte Gedanken daran verschwendet noch und nöcher. Nur, wie sollte ich da rauskommen? Ich war ja froh, dass überhaupt mal jemand für mich da war. Ich hatte Angst davor, diese Beziehung zu beenden und in ein riesengroßes Loch zu fallen, das einfach nur aus Einsamkeit bestand. Wer sollte so intensiv für mich da sein, wenn ich das beenden würde. Mittlerweile ziehe ich Parallelen zum Tod meiner Mutter. Das war ein Gefühl von Alleinsein, Einsamkeit, Elend und völligem Fehlen des Gefühls, sich fallen lassen und jemandem vertrauen zu können. Nur der Gedanke ans Alleinsein löste in meiner verletzten Seele Panik aus. Ich fasste den Gedanken, mich zu trennen, schaffte es aber aus vielerlei Gründen nicht. Ich wollte nicht schon wieder ganz allein und einsam durch die Welt rennen. Klar war meine Tochter noch da. Aber ein Kind kann keinen Partner ersetzen und ein Partner kann kein Kind ersetzen. Es gibt Dinge im Leben, die man nur mit einem Partner erleben kann. Ich will das jetzt nicht auf die sexuelle Schiene leiten. Sicher gehört das auch mit zu einer Partnerschaft. Aber dieses völlige Vertrauen, das Gefühl des Wohlbefindens und des Angekommenseins, das hatte ich nicht und wünschte es mir innerlich doch so sehr: ein Zuhause mit allem Drum und Dran und ein wenig Glück. Ich schaffte es aber nicht. Ich wollte loslassen, was mich nicht glücklich machte, schaffte es aber nicht.

So zottelte ich damit wieder einmal herum. Die Gedanken daran, dass dieser Mann mir nicht das geben konnte, was ich mir wünschte, verstärkten sich immer mehr. Ich musste endlich etwas tun. Das konnte so nicht weitergehen. Ich wollte endlich raus aus dieser emotionalen Abhängigkeit, die mir nicht gut tat. Die Streitereien zwischen uns wurden immer häufiger und auch heftiger. Ich beendete die Beziehung, nicht ahnend, dass ich noch mehr leiden würde.

Es hört sich immer leicht an, wenn dir jemand den Rat gibt, die Beziehung zu beenden. Man möchte es auf eine Art selbst gern und hat doch Angst, den anderen zu verlieren. Wie viele Menschen leben zusammen, obwohl die Liebe längst nicht mehr da ist, einfach nur aus Angst vor dem Alleinsein. Es ist ja wirklich auch nicht einfach. Wie kann man am besten die Zeit nach einer Trennung überbrücken, um nicht in ein Loch von Depressionen, Angst und Panik zu fallen? Gute Frage, oder? Wie heißt es so schön? Wenn es nicht weh tut, war es nicht schön. Na ja, dazu kann sich jeder selbst seine Gedanken machen.

Mittlerweile habe ich lernen müssen, mich mit mir zu beschäftigen. Und, was soll ich sagen, es geht tatsächlich. Sicher überkommen mich dann auch Gedanken, die ich allzu gern beiseite schieben möchte. Es gehört jedoch dazu, die Angst in den Griff zu bekommen und sich mit diesen Gedanken auseinanderzusetzen. Es war eine harte Schule, die ich durchlaufen musste. Es hat sich auf jeden Fall gelohnt. Heute weiß ich, dass ich nicht allein bin, wenn ich mich allein fühle. Ich kann mich mit Freunden treffen, telefonieren, ein Buch lesen, mich im Internet bewegen, Sport treiben, oder – wie gerade jetzt – mein Buch schreiben. Das Leben ist anders geworden. Die Tochter ist aus dem Haus und lebt mittlerweile ihr eigenes Leben. Das ist für mich immer noch die schwerste Nuss, die ich zu knacken habe. Ich kann nicht mehr so für sie da sein. Sie lebt in den USA und ich kann mich nicht mal schnell in den Flieger setzen und sie und ihre kleine Familie besuchen. Aber wir können wenigstens telefonieren. Das ist mir ein kleiner Trost. Und wer weiß, wo es mich im Alter noch hin verschlägt. Das Leben geht ja manchmal seltsame Wege. Im Moment lebe ich im „Jetzt" und im „Hier". Ich versuche, das Beste für mich daraus zu machen und stürze mich auch in die Arbeit. Froh und dankbar bin ich darüber, dass ich nicht medikamentenabhängig und allzu sehr depressiv bin. In unserem Alter haben wir alle mal einen schlechten Tag. Die Wechseljahre tragen auch dazu bei. Aber das ganze Gejammer nützt mir nichts und bringt mich nicht weiter. Das hält mich nur auf. Ich versuche zumindest, dem Leben die guten Seiten abgewinnen zu können. Mal gelingt es mir besser, mal weniger gut. Es ist alles auszuhalten. Immer und immer wieder sage ich mir, dass es nie mehr so schlecht sein kann, wie es mal war. Das hilft mir weiter und wird vielleicht auch dich weiterbringen. Umdenken ist angesagt. Das Leben hält noch so viel Schönes bereit. Du musst aber auch bereit sein, die kleinen glücklichen Momente in deinem Leben zu erkennen und dich darüber freuen zu können. Die Welt ist schön und es gibt noch viel Interessantes zu entdecken. Wir wissen alle, dass wir mit der Zeit nicht jünger, schöner oder gesünder werden. Dann nutzen wir doch die Zeit, die uns noch bleibt. Wer weiß denn schon, was morgen ist?Genieße den Moment und zerbrich dir nicht den Kopf darüber, was eventuell sein könnte. Es gibt nun mal Dinge im Leben, die wir nicht ändern können. Die Welt hört nicht auf, sich zu drehen. Jetzt noch nicht. Nach jedem Tief kommt wieder ein Hoch. Glaube mir einfach! Du hast gehört, was ich dir bis jetzt erzählt habe. Ich spreche hier wirklich aus Erfahrungen, die ich am eigenen Leib erlebt und ausgehalten habe. Das ist kein „Psycho- Gequatsche". Das ist und war die Realität. Nichts erstunken oder erlogen. Es gibt immer wieder einen Weg, wenn auch manchmal mit Stolpersteinen.

Ich möchte dir auch den weiteren Verlauf meine Geschichte nicht vorenthalten. Wenn du bereit bist, lies weiter! Lasse die Seele baumeln und hör mir einfach nur zu! Vielleicht kannst du dir die gut gemeinten Ratschläge ein wenig verinnerlichen. Öffne dich und sauge die für dich wichtigen Zeilen wie ein Schwamm auf! Bereite dich auf ein schöneres Leben vor! Es liegt bereits offen vor dir und will von dir gelebt werden, damit es dir wieder gut geht. Denke über deine momentane Situation nach! Bist du zufrieden, mit dem was du hast? Wenn ja, dann bist du bereits ein glücklicher Mensch. Dann musst du auch nichts an deiner Situation ändern. Wenn nicht, dann sollten dich diese Zeilen inspirieren, endlich etwas Gutes nur für dich zu tun. Du darfst egoistisch denken und sein, um deiner selbst willen. Verzeihe! Lass los und sei gut zu dir! Befreie dich von alten Denkschemen, die dich im Leben nicht weitergebracht haben! Wenn niemand an dich glaubt, glaube an dich selbst und du wirst sehen, wie viel du im Leben erreichen kannst. Es kann nicht sein, dass das Leben nur aus schlechten, frustrierenden und einengenden Gedanken besteht. Das ist nicht der Sinn. Es soll dir gut gehen. Kehre pessimistische Gedanken in optimistische um. Wenn es dir so richtig schlecht geht, was soll dir denn passieren, wenn du umdenkst? Viel schlimmer kann es doch nicht mehr kommen, oder? Überdenke kurz meine geschriebenen Zeilen! Ich kann auch noch geradeaus gehen, oder besser – wieder. Das Beste ist, dass ich meine fröhliche, witzige Art wiedergefunden habe. Und ich sage dir eins, DAS will ich NIE wieder verlieren!!! Keine Angst, ich sehe jetzt nicht alles nur rosarot und himmelblau. Ich unterscheide zwischen Realität und Spinnerei. Nimm meine Hand und höre mir weiter gut zu, wenn du magst! Ich brauche einen Freund, dem ich das alles einmal erzählen kann, ohne dass er die Ohren verschließt. Ich wünsche mir, dass du mich und meine Geschichte verstehst. Vielleicht geht es dir anschließend auch etwas besser.

Ich fasste mir also ein Herz und beendete die Beziehung mit diesem Mann. Es fiel mir sehr schwer, mich von ihm zu lösen, so wie es mir jedes Mal schwer fiel, mich von einem Mann zu trennen, bei dem es mir nicht gut ging. Die Angst vor der Einsamkeit ließ mich viel zu viel ertragen. Heute kenne ich den Grund. Mein ganzes Leben bestand daraus, um Liebe zu betteln. Dafür gab ich mich selbst auf. Ich wusste gar nicht, dass ich existierte. Ständig versuchte ich, es allen recht zu machen, kostete es mich auch noch so viel Kraft. Ich hatte Angst vor diesem Gefühl, wieder ins Leere zu fallen und es könnte niemand für mich da sein. Diese Angst beherrschte mich, denn die Panikattacken kamen ja jedes Mal, wenn ich allein war. Ich fühlte mich dann wie amputiert. Das war unsagbar schlimm. Ich wollte doch im Leben einfach nur Geborgenheit und das Gefühl von Angekommen- und Aufgehobensein haben. So konnte es aber nicht funktionieren. Ich war abhängig von irgendwelchen Partnerschaften, die mir in keinster Weise gut taten. Ich begriff das zwar, aber konnte mich gegen diese eigenartigen, schlechten Gefühle des Verlorenseins nicht wehren. Sie zeigten sich ja immer wieder. Ich dachte stets, ich wäre stark, aber ich war längst ein abhängiges Wrack. Das hört sich vielleicht übertrieben an. Es war aber so, basta!

Nachdem ich mich von diesem Mann getrennt hatte, ging die Grübelei erst richtig los. Hatte ich das richtig gemacht?

Jetzt war ich allein. Was sollte aus mir werden? Es war niemand da, mit dem ich wirklich über meine Probleme reden konnte. Aber vorher war eigentlich auch nicht wirklich jemand da. Ich machte mir selbst etwas vor. Meine Probleme bin ich nie bei einem Mann losgeworden. Aber das verstand ich damals auch noch nicht. Ich dachte immer, ich muss um jeden Preis einen Mann auf dem Sofa sitzen haben und ihn verwöhnen, egal wie schlecht es mir dabei ging. Ich merkte ja nicht einmal, dass es mir mit Partner schlechter ging als ohne. Das hört sich jetzt vielleicht so an, als wäre ich ein Männerhasser. Nein, das bin ich gewiss nicht. Ich weiß, dass ich noch bereit und fähig bin, Liebe zu geben – aber auch zu nehmen. Mein Herz trägt davon noch ganz viel in sich. Was ich gelernt habeist, dass ich mich nicht mehr belügen lassen muss. Niemand hat das Recht dazu. Ehrliche Menschen zu treffen wird immer schwieriger. Es gibt sie aber noch. Es sitzt gerade einer neben dir und erzählt dir mit so viel Ehrlichkeit seine Geschichte, dass es ihn selbst schüttelt. Ich war nie reich und ich bin vom Leben nicht gerade verwöhnt. Nach außen wirke ich vielleicht manchmal so. Viele Menschen können mich nicht einschätzen. Das ist die Maske, hinter der ich meine Angst verstecke. Ich kann nach außen hin sehr, sehr selbstbewusst auftreten. Wer mich näher kennt, weiß, was sich dahinter versteckt. Und jetzt weißt du es auch. Du wirst mich nun mit anderen Augen sehen und vielleicht das Verlangen haben, mich trösten zu wollen. Lass deinen Gefühlen freien Lauf und tue dies in Gedanken! Es wird mir gut tun, wenn jemand auch mal meine Seele streichelt. Leider gab es in meinem Leben nicht allzu viele Gelegenheiten oder ich hatte die falschen Leute um mich herum. Nur ganz wenige waren für einen klitzekleinen Augenblick bereit dazu. Ich konnte es nicht annehmen und hatte Angst, dass mich das ganz aus der Bahn werfen könnte. Heute lechze ich nach diesem „Seelenstreicheln", weil ich gelernt habe, dass es mir gut tut. Immer nur stark sein, raubt einem viel zu viel Kraft, die kein Mensch auf der Welt auf Dauer hat.

Du darfst dich fallen lassen und verletzbar sein. Denke daran und lass es auch zu!

Mein Leben änderte sich nun schon wieder einmal, aber leider nicht zum Positiven. Die Panikattacken häuften sich und es kam zu dem großen Knall, von dem ich am Anfang erzählte. Diese Panikattacken nahmen fürchterliche Gestalten an und beherrschten ab jetzt mein Leben. Ich kam aus dem Zittern und der Angst nicht mehr heraus. Nach außen setzte ich meine Maske auf und niemand konnte mir hinter die Stirn schauen. Selbst der Psychologe war von dieser aufgesetzten Maske beeindruckt. Er sagte zu mir, dass er sich das bei mir gar nicht vorstellen könnte, wenn ich ihm nicht haargenau erzählen kann, wie sich diese Panikattacken bei mir äußerten. Selbst vor ihm spielte ich die starke Frau. Ich war noch nicht bereit, mir einzugestehen, dass es mir nur besser gehen würde, wenn ich mich ganz öffnen und mich nicht mehr selbst bescheißen würde. Mit der Zeit aber durchschaute er mich. Klar, er war ja darauf geschult und wusste genau, wo er hinpieksen muss, damit es mir richtig wehtat. Meine Geschichte erschütterte auch ihn und er wunderte sich, dass der Zusammenbruch mich nicht schon eher eingeholt hatte. Es musste so kommen, da zu viel Seelenmüll von mir beiseite gepackt wurde.

Nun erzähle ich dir, wie es mir denn so nach meinen großen Panikattacken erging und wie ich lernen musste, mit ihnen zu leben, um mich von ihnen befreien zu können. Ich denke, das wird jetzt erst so richtig interessant.

Leider funktionierte das mit der „Seelenmüllbefreiung" nicht von heute auf morgen. Das wäre mir lieber gewesen. Aber es war auch gut, so wie es war. Dadurch verstehe ich meine heutigen Verhaltensmuster besser. Zum Beispiel, dass ich keinen Kaffee trinke, weil ich danach Herzklopfen bekomme und Angst habe, dann einen Herzinfarkt zu erleiden. Was für ein Blödsinn. Als wenn eine Tasse Kaffee einen Herzinfarkt auslösen würde. Herzklopfen macht mir Angst. Auch Blödsinn! Dann weiß ich, dass ich noch lebe. Alles in Maßen genossen wird niemanden umbringen. Das Schlimmste an der Angst war jedoch immer diese Todesangst, die mich überkam. Ich wollte davor wegrennen und wusste gar nicht, wohin. Sie war ja überall. Im Bad, im Schlafzimmer, in der Küche, im Wohnzimmer, im Auto, im Park, auf der Arbeit. Es gab jedoch einen Ausweg und irgendwann ein Licht am Ende des Tunnels. Das kann sich niemand vorstellen, der das nicht am eigenen Körper erlebt hat. Ich glaube auch nicht, dass das jemand versteht, was da in einem vorgeht, wenn das Unterbewusstsein die Regie über dein Tun und Handeln übernimmt. In Sekundenschnelle ist man ein anderer Mensch. Von jetzt auf gleich. Vorher stark und unantastbar und im nächsten Moment eine hilflose Krücke, unfähig, das Leben und sich selbst im Griff zu haben. Ja, auch Suizidgedanken, die mich niemals vorher überkamen, machten sich von einer Sekunde auf die andere bemerkbar. Aber das war „Alarmstufe ROT"! Ich versuchte sie sofort beiseitezuschieben. Schließlich hatte ich eine Tochter, die mich brauchte. Das wollte ich nicht, ABSOLUT NICHT.

Das Leben wurde erst einmal nicht einfacher. Ich musste weiter durch die Hölle gehen und noch mehr Schicksalsschläge ertragen. Gerade bekomme ich eine Gänsehaut, weil ich dir ja „alles" erzählen will.

Zur Angst gesellten sich irgendwann auch depressive Phasen. Es war ein Kreislauf. Ich merkte, dass es mir nicht besser ging. Wahrscheinlich musste ich ein noch tieferes Tal durchschreiten, um heute zu verstehen, wie gut es mir geht.

Ich rauche gerade eine Zigarette, obwohl ich mir doch längst vorgenommen habe, dieses Teufelszeug endlich aufzugeben. Vielleicht schaffe ich es, wenn ich dir die Geschichte zu Ende erzählt habe. Ist vielleicht eine faule Ausrede, aber diese Freundin brauche ich im Moment.

Meine Hausärztin bemerkte, dass es mir schlecht ging. Sie schlug vor, dass ich mich in eine psychosomatische Klinik begeben sollte. Doch ich lehnte dankend ab. Das wollte ich nicht. Ich wollte einfach meine Tochter und den Hund nicht allein lassen. Der Psychologe fragte mich, ob ich nicht an einer Studie, die gerade zwischen der Uniklinik und Amerika über „Panikattacken" anlief, interessiert wäre. Ich erwähnte diese Studie bereits schon einmal in meiner Geschichte.

Diese Studie lief nach Auswahlverfahren. „Tiefenpsychologie" oder „Konfrontation" waren angedacht. Ich willigte ein und hoffte darauf, in die „Tiefenpsychologie" zu rutschen. Denkste! Es haute mich fast vom Hocker, als ich erfuhr, dass ich für die „Konfrontations- Therapie" vorgesehen war. Ach du Schande! Das fehlte mir gerade noch. Jetzt musste ich mich in Situationen begeben, die mir ja Angst einjagten. Ich war kurz davor, mich dort auszuklinken und alles hinzuschmeißen. Wieder hatte ich Angst davor, dass sie mich wieder völlig aus der Bahn wirft. Aber ich hatte gute Psychologen um mich herum.

In dieser Studie wurde erklärt, was Angststörungen und Panikattacken bedeuten, woher sie kommen, was die Auslöser sind, und wie man mit ihnen umgehen kann. Learning by doing, war die Devise. Hilfe!

Vorab wurden Gespräche geführt, bis es an das Eingemachte ging. Ich musste aufschreiben, wo sich meine Angst und die Panikattacken äußerten. Mir wurden ganz einfache Zeichnungen gezeigt. Ich musste erklären, was ich auf dem Blatt Papier sehe, wie es wohl zu der Situation kam und wie es weitergehen würde. Ich erinnere mich an die Bilder. Doch ganz besonders an ein Bild! Ein Mann in einem Mantel stand auf dem Friedhof vor einem Grab. Man zeigte mir diese Zeichnung und ich sollte etwas dazu sagen. Ich war so blockiert, dass ich kein Wort herausbrachte. Mein Redefluss war im selben Moment total versiegt. Ich sah etwas, aber ich war nicht in der Lage, mich zu äußern. Meinen Mund konnte ich bewegen, doch ich brachte keinen Ton heraus. Ich hatte den Tod meiner Mutter überhaupt nicht überwunden. Das Sprachzentrum spielte mir einen Streich und klinkte sich völlig aus. Mir wurde klar, dass hier dringend etwas getan werden musste.

Ich erschrak über mein eigenartiges Verhalten. So etwas kannte ich von mir überhaupt nicht. Es gab eigentlich in meinem Leben noch keine Situation, in der es mir so die Sprache verschlagen hat. Es wurde Zeit, dass meine gesamten Probleme endlich mal in Angriff genommen wurden, um endlich wieder ein halbwegs erträgliches Leben führen zu können. Des Pudels Kern lag also tatsächlich in den Erlebnissen meiner Kindheit, und sicherlich auch in der Zeit danach, begraben. Hier musste irgendwie – wie auch immer – der Hebel angesetzt werden, und zwar ganz, ganz dringend. Dieses Bild war auch für mich der Auslöser, endlich zu begreifen, dass dort im Hinterstübchen noch sehr viel vergraben und unverarbeitet war. Jetzt hieß es „ran an die Buletten" und nicht kleckern, sondern klotzen. Das wurde auch mir bewusst. Ich ahnte „Böses". Doch ich durfte jetzt nicht vor dem kneifen, was mich erwartete. Ich hatte ja den unsagbaren Drang, meine überaus missliche Lage zu ändern. Allein schaffte ich das längst nicht mehr. Ich war auf Hilfe angewiesen. Die Angst hatte sich so in mir festgefressen, dass ich sicher irgendwann durchgedreht wäre. Zum Glück gab es Psychologen, die diese Bedienungsanleitung in den Händen hielten. Meine Aufgabe bestand darin, diese Bedienungsanleitung zu begreifen und auswendig zu lernen. Es war an der Zeit, das zu verinnerlichen. Es gab keinen weiteren Ausweg, als sich diesen ganzen Situationen zu stellen und das Elend und Leid, das ich in all den Jahren erfahren habe, nochmal bis zum Erbrechen zu durchleben. Sollte es aber damit getan sein?

Ich erstellte die besagte Liste und notierte also, wo mich die Panikattacken befielen. Diese Liste war nicht gerade kurz. Mein Leben war eigentlich bereits total eingeschränkt. Erst jetzt, wo ich das notieren musste, fiel es mir auf. Und wie bereits beschrieben, war es immer am schlimmsten, wenn ich allein war. Mich beschlich dann Unsicherheit und ein fürchterliches Einsamkeitsgefühl. Vielleicht kennst du das auch? Man kann das gar nicht richtig beschreiben, aber es war da. Warum? Frag mich nicht! Ich kann dir das nicht erklären. Sicher stammt das auch noch aus meinen Kindheitserfahrungen. Vielleicht kann man auch nicht alles erklären und begreifen.

Während dieser Studie wurden nun die einzelnen Punkte der Liste abgearbeitet. Es hieß jetzt tatsächlich, sich in Situationen zu begeben, die einem bereits die Angst durch die Adern laufen ließ, wenn man sich mit ihnen nur in Gedanken beschäftigte. Du fragst mich, was ich zuerst durchleben musste. Es war eine Fahrt mit dem Auto auf der Autobahn ins Saarland. Ich habe dort Verwandtschaft und wollte sie unbedingt mal wieder besuchen. Ich war bereits öfter mal dort. Aber jedes Mal lenkte ich mich beim Fahren auf der Autobahn mit lauter Musik, mit Essen, Trinken und Rauchen ab.

Immer, wenn ich merkte, hier schaukelt sich wieder etwas – welcher Art auch immer – hoch, lenkte ich mich also ab. Aber diesmal sollte ich weder Musik hören, noch essen, trinken oder rauchen. Konnte das funktionieren? Hatte ich wirklich die Kraft dazu, mich dann der Angst zu stellen? Da ich aber bereit war, dieses Ungetüm loszuwerden, ließ ich mich auf diesen Deal ein. Ich hatte ja bis dahin auch eine ganze Menge darüber gelernt. Jetzt musste ich das Erlernte in die Realität umsetzen. Sollten Theorie und Praxis doch ganz nahe beieinander liegen? Oder war das alles nur Geschwafel? Ich war gespannt darauf, was mich erwarten würde und hatte weiche Knie, wenn ich nur an diese Fahrt „ins Ungewisse" dachte. Seltsame Gedanken machten wieder mal die Runde. Zwischenzeitlich habe ich für mich entschieden, nicht alles zu hinterfragen und mir nicht ständig vorher schon um alles einen Kopf zu machen. Es bringt nichts. Es kommt sowieso so, wie es kommen soll. Es hat sich schon manch ein Dichter und Denker „verrückt gedacht". Aber so weit war ich damals ja überhaupt noch nicht. Man kann sich das Leben auch selbst zur Hölle machen.

Ich möchte Nichtbetroffenen hier einmal kurz die Dimension verständlich machen und verklickern, was circa 120 km Autobahnfahrt für mich als Panikattacken- Patienten sind. Circa 3 km Fahrt kommen ungefähr einer Reise um die Welt nahe und circa 120 km entsprechen einer Reise ins „NIRWANA", also ins Weltall. Das erscheint euch vielleicht lächerlich. Jedoch mir erschien die Länge dieser Strecke so. Und jeder, der sich mit Panikattacken beim Autofahren auseinandersetzen musste, wird jetzt schmunzeln und mir zustimmen. Alle anderen ganz sicher auch. Ich bin ja froh, dass ich das heute von der humorvollen Seite betrachten kann. Aber dazu benötigte ich eine sehr lange Zeit, musste viel dazulernen und über mich und mein Verhalten nachdenken. Es war sicher alles andere als lustig.

Als ich also mit meinen Gedanken, wie ein bisschen balla- balla, mich halb verrückt über diese Fahrt gemacht habe, stand die „große Reise" jetzt an. Hm, was nun? Sollte ich kneifen? Das wäre mir in meiner Situation am liebsten gewesen. Doch diese Entscheidung hätte mich aber um Jahre zurückgeworfen. Ich musste endlich den Arsch zusammenkneifen und über meinen Schatten springen. Außerdem wusste ich genau, dass es so auch nicht weitergehen konnte. Wer ist denn, bitteschön, heutzutage nicht auf „sein" Auto angewiesen? In der heutigen Zeit werden Unabhängigkeit und Flexibilität vorausgesetzt. Es wird von der Umwelt nicht akzeptiert, dass du kein Auto fahren kannst, weil es dir beschissen dabei geht. Das Leben ist hart und ungerecht geworden. Tja, also gesagt, getan.

Soll ich dir diese Fahrt wirklich beschreiben? Jetzt lache mich bloß nicht aus! Klar, ich setzte mich ins Auto und fuhr in Richtung Saarland. Alles, wie mit meiner Psychologin besprochen. Das heißt: kein Radio einschalten, nicht essen, trinken oder rauchen. Anhalten nur im äußersten Notfall, also wenn die Panik so starke Probleme bereitet, dass man einen Unfall verursachen könnte. Ich fuhr und fuhr und schaute – wie vereinbart – während der Fahrt mal kurz nach rechts und nach links, um auch etwas von der Umgebung mitzubekommen. Ich drosselte meinen manchmal rasanten Fahrstil ein wenig, um ja alles Vereinbarte einhalten zu können. Und siehe da - die Angst machte sich zwar bemerkbar, jedoch nicht so, wie ich es vorher vermutet hatte. Sie zeigte sich ab und zu durch Herzklopfen und Zittern und ein wenig Mundtrockenheit. Mehr war da wirklich nicht. Ich kam ein wenig gerädert an, klopfte mir aber auf die Schulter, dass ich das tatsächlich heil überstanden hatte. Nun kam aber noch ein weiteres Problem hinzu. Die Rückreise. Ich machte mir selbst Mut und sagte mir, dass könnte auch nicht so schlimm werden. Hast du die Hinfahrt geschafft, wirst du die Rückfahrt ja wohl genauso gut hinter dich bringen. Na ja, so richtig konnte ich den Aufenthalt im Saarland nicht genießen. Durchfall und Unwohlsein beschlichen mich, alles nur vom Kopf. Reizdarmsyndrom eben! Aber auch die Rückfahrt meisterte ich. Das war für mich fast ein Unding. Ich freute mich wie ein Schneekönig, dass ich in der Lage war, mich ins Auto zu setzen und mich auf eine Reise zu begeben, die ich im Leben nie mehr allein gewagt hätte. Diese Reise ins Nirwana hatte mich mutig gemacht. Ich begann, mir wieder etwas zuzutrauen. Das war ein Riesenfortschritt für mich. Ein ganz großer Sprung über einen ganz breiten Graben. So begann ich mich weiterzuentwickeln, nicht mehr rückwärts, sondern ab diesem Zeitpunkt immer nur vorwärts.

Einen ganz herben Rückfall musste ich allerdings einige Zeit später doch noch durchleben. Aber dazu dann auch später etwas mehr.

Nun kamen immer mehr Dinge und Situationen auf mich zu, in die ich mich bewusst hineinbegeben musste, ohne zu hinterfragen, wofür das gut sein sollte. Ich wusste es ja eigentlich, sträubte mich aber innerlich bis aufs Äußerste und wäre am liebsten davor weggelaufen. Ich wusste, dass es mich schütteln und beuteln, und dass es mir schlecht gehen würde. Ich wusste aber nicht, wie schlecht und wie das alles für mich ausgehen würde. Wer wusste das schon? Konnte ich das annehmen und für mich umsetzen?

Das Nächste, was nun zu tun war, machte mir auch wieder einmal schwer zu schaffen. Ich musste mich für circa eine halbe Stunde allein in einen von Menschen überfüllten Supermarkt begeben. Die Psychologin betrat ihn mit mir gemeinsam. Sie erklärte mir, wie ich mich verhalten sollte, wenn sie mich anschließend allein mit mir, den vielen hektischen Menschen um mich herum in diesem Supermarkt ließ. Die Angst schaukelte sich bereits hoch, als wir den Markt betraten. Ich bekam Herzklopfen und Sehstörungen. Dieser bekannte Tunnelblick und das Verschwommensehen drehten ihre Runde in meinem Hirn. Schwitzige Hände, weiche Knie, Mundtrockenheit und Fluchtgedanken ließen auch nicht auf sich warten. Die Psychologin betreute mich, bis das „Arschloch Angst" sich ein wenig verzogen hatte. Dann verschwand auch die Psychologin und ließ mich in diesem Trubel allein. Ich hatte ja gelernt, wie ich mich jetzt verhalten musste. Tief durchatmen, in aller Ruhe die Gänge durchlaufen und mir vielleicht auch einmal etwas Gutes tun und für mich ganz allein etwas „Schönes" kaufen. Ich befolgte ihren Rat und lief nicht aus dem Geschäft, obwohl mir das sehr angenehm gewesen wäre. Ich wollte einfach nur weg. In den theoretischen Sitzungen musste ich allerdings lernen, dass das der größte Fehler ist, den ein Angst- Patient machen kann.__zu__wenn es am schlimmsten ist. Man muss aushalten und warten, bis die Angst wieder auf ein normales Level zurückgeht. Das ist schwer zu verstehen, ist aber wirklich so. Das Gehirn muss wieder lernen, dass hier keine „Gefahr" besteht. Das, was es bis jetzt erlernt hat, muss durch einen Umkehreffekt umgewandelt werden. Es muss erlernen, Gefahren zu unterscheiden. Das kann man nur hinbekommen, indem man sich immer und immer wieder Situationen stellt, die einem Angst bereiten, über die ein gesunder Mensch gar nicht nachdenkt. Und noch etwas: Man darf im Augenblick, in dem die Angst am stärksten ist, nicht flüchten, sondern muss das aushalten, sei es auch noch so schlimm.

Heute gibt es auch noch Situationen, in die ich mich nicht begebe, die mein Leben aber nicht allzu sehr einschränken. Ich werde zum Beispiel einen Teufel tun und mich auf einen Turm begeben, der circa 40 m hoch ist, offene Treppen hat und wo das Geländer auch noch offen ist. Ich bekomme dort Panikattacken, Schwindelanfälle und schwitzige Hände, sodass ich denke, ich rutsche dort runter und bin nicht mehr in der Lage, mich festzuhalten. So etwas brauche ich wirklich nicht, denn das ist für mich nicht lebensnotwendig. Das wäre für mich eine bedrohliche Situation, die tatsächlich schiefgehen könnte, und dazu bin ich nicht bereit. Ich denke aber, das ist jedem klar. Und wenn nicht, ist mir das auch egal. Es wird immer Dinge geben, die ich nicht bereit, bin zu tun, um mich zu schützen. Aber, was soll`s! Ich habe so viel an mir gearbeitet und bin stolz darauf, dass ich das alles überhaupt geschafft habe. Ich bin tatsächlich über mich hinausgewachsen. Das muss mir erst einmal jemand nachmachen, der in so einer Situation war. Und ich denke, ich darf damit auch gern ein wenig angeben. Für wen muss ich mich denn massakrieren lassen? Ich denke, ich weiß heute, was ich zum Leben unbedingt brauche und was nicht. Das ist mir wichtig. Alles andere sollen die anderen für wichtig halten. Heute muss ich Dinge nicht mehr unbedingt tun, die mir nicht behagen, einfach nur um dazuzugehören. Doch das kann und soll jeder für sich entscheiden. Ich bin ich und längst keine Marionette mehr für andere. Wenn ich mich quäle, dann sicher nicht mehr, weil das jemand von mir verlangt. Das sollte mittlerweile angekommen sein und wenn nicht, mache ich das gern unmissverständlich klar. Auch das ist manchmal nicht so einfach. Man sollte hier entscheiden, was einem gut tut und wichtig ist.

Wie siehst du mich jetzt eigentlich, nachdem ich dir ja bereits einen großen Teil meiner Geschichte erzählt habe? Immer noch stark und unverletzlich? Eingebildet, kühl und vom Leben verwöhnt? Siehst du, so kann man sich täuschen. Niemand kann einem hinter die Stirn gucken und sehen, was dort vergraben ist. Mit Vorurteilen tut man sich leicht. Aber lehn dich zurück und lasse dir meine Geschichte weiter auf der Zunge zergehen! Ich bin ja längst noch nicht fertig. Wenn du eine Pause benötigst, gönne ich sie dir selbstverständlich. Ich weiß, dass das alles sehr anstrengend ist. Das ist es für mich auch. Du sollst verstehen, warum ich heute so bin, wie ich bin. Und was mich dazu gebracht hat, so zu sein. Vielleicht kannst du durch diese Geschichte auch „deinen" eigenen Weg gehen. Denk mal drüber nach! Wenn du Hilfe brauchst, bin ich gern für dich da. Verstehst du meine Botschaft, die ich dir übermitteln möchte? Sei du selbst! Wir machen alle Fehler im Leben. Ich kann mich davon nicht freisprechen und ich werde sicher weiterhin Fehler machen. Auch das gehört zum Leben. Niemand ist vollkommen. Manchmal machen uns doch gerade unsere Macken liebenswert und interessant für andere. Sieh mich nicht als jemand, der dich bekehren möchte. Es geht mir nur darum, dass du bereit bist, über dein Leben nachzudenken. Nimm dir die Zeit, einfach nur für dich ganz allein. Ob du davon etwas umsetzen kannst oder nicht, liegt ganz allein bei dir. Niemand zwingt dich zu etwas.

Tja, auch das Erlebnis mit dem Supermarkt hatte ich mehr schlecht als recht hinter mich gebracht. Die Angst zeigte sich wie gewohnt und wie selbstverständlich. Nur dieses Mal bot ich ihr die Stirn. Ich ließ mich nicht von ihr in die Knie zwingen. Das war für sie wohl auch eine ganz neue Erfahrung. Aber ich wollte diese falsche Schlange loswerden. Also musste ich mich dafür quälen. Wer schön sein will, muss eben leiden! Auch in diesem Fall traf der Spruch zu. Ich wollte mich von diesem Teufel, der mit mir herumspielte, wie es ihm gerade in den Kragen passte, endlich mit allen Mitteln befreien. Dafür war ich bereit, nochmal durch die Hölle zu gehen. Ich durchlebte sie immer und immer wieder. Die Angst sträubte sich und benahm sich wie ein hartnäckiger Stalker. Ich kämpfte mit ihr und sie mit mir. Noch immer wusste ich nicht, wer wohl am Ende die Stärkere sein sollte. Es war mir noch ein Rätsel, wie ich sie bezwingen sollte. Außerdem konnte ich mir nicht vorstellen, dass sie mich irgendwann einmal nicht mehr im Griff haben sollte. Dafür ging es mir zu diesem Zeitpunkt noch zu schlecht. Dieses Miststück wollte sich einfach nicht abschütteln lassen. Was ich jedoch ganz bemerkte, jedoch noch nicht wirklich registrierte, war, dass sie immer schwächer und schwächer wurde. Sie benötigte bei jedem Aufbäumen immer mehr Kraft. Ich wollte wieder „normal" leben können, ohne diese Angst. Es war ein weiter Weg. Irgendwie ohne bestimmtes Ziel, aber doch auf das „Licht am Ende des Tunnels" hoffend.

Während meiner Konfrontationsübung im Supermarkt belohnte ich mich mit einem tollen Kleidungsstück. Es war nicht teuer. Es gefiel mir einfach. Mein Hirn sollte lernen, dass Einkaufen nicht immer nur aus Stress, Hektik, Unwohlsein und Fluchtgedanken bestehen muss. Ich war stolz auf mich. Die Angst kam und ging wieder, ohne dass ich fluchtartig den Supermarkt verließ. Die Psychologin lobte mich. Das tat mir selbstverständlich gut. Meine Aufgabe bestand nun darin, diese Übungen immer und immer wieder allein durchzuführen. Was sollte mir eigentlich passieren? Sollte es mir tatsächlich irgendwann einmal ganz schlecht gehen, wäre sicherlich jemand bereit, einen Arzt zu rufen. Und eigentlich hatte ich ja in meinen theoretischen Sitzungen auch gelernt, dass der hohe Stresslevel, den die Angst irgendwann erreicht, auch wieder weniger wird. Ich musste üben, üben und üben, bis zum Erbrechen. Es fiel mir nicht immer leicht. Das kannst du mir glauben. Ich fühlte mich elend. Aber es half ja alles nichts.

Tja, und dann galt es noch diese unheimliche Geschichte mit dem Friedhof in Angriff zu nehmen. Puh, davor graute mir am meisten. Ich dachte, ich würde das nie im Leben schaffen. Mit meiner Therapeutin, die mich während der Studie betreute, ging ich auf den Friedhof. Ich bekam eine Gänsehaut. Die Angst und die Panik zeigten sich im Handumdrehen. Sie wollten mich schon wieder bezwingen. Am liebsten wäre ich schreiend vom Friedhof gerannt. Aber ich musste ja diese Angst besiegen. Ich musste das Erlernte nun anwenden und mich der Situation stellen. Das war extrem schwierig für mich. Die Therapeutin blieb ungefähr eine halbe Stunde mit mir gemeinsam dort. Dann verabschiedete sie sich für die nächste halbe Stunde. Ich musste während dieser Zeit meine Angst und meine Panik allein ertragen. Völlig verstört und verzweifelt und voller Ungewissheit, was mir wohl in den nächsten

Momenten passieren würde, lief ich langsam über den Friedhof und schaute mir die Gräber an.

Liest sich alles sehr einfach. Im Inneren jedoch zeigte sich unaufhörlich die Angst. Meine Beine versagten fast vor lauter Zittern. Mein Mund war trocken, wie lange nicht mehr. Ich dachte, ich würde einen Kreislaufkollaps erleiden und niemand würde mich finden. Das war für mich die schwierigste Aufgabe, die ich hinter mich bringen musste. Ich schaute ständig auf die Uhr. Die Momente erschienen mir wie unendliche Ewigkeiten. Zu allem Übel bin ich auch noch an den Kindergräbern vorbei gelaufen. Die meisten waren liebevoll gepflegt und mit Plüschtieren, Puppen und bunten Blumen geschmückt. Ich erstarrte. Was für ein Leid und Elend sich wohl hinter diesen Grabsteinen und in diesen Gräbern verbargen? Ich konnte das fast nicht aushalten und es ging mir jetzt noch schlechter. Es gab für mich aber keine andere Möglichkeit, die Angst vor dem Friedhof loszuwerden, als mich der Situation zu stellen. Ich wusste das und hielt aus. Ich war hinterher sicher nicht von meiner Angst vor Friedhöfen befreit, wusste jetzt aber, dass sich die Angst auch dort aushalten ließ.

Mittlerweile gehe ich allein auf den Friedhof. Ein unangenehmes Gefühl wird sicher immer dabei sein.

Die nächste Achterbahnfahrt stand in den Startlöchern. Also, es war im Endeffekt so, dass ich all die Situationen üben musste, in denen sich Angst und Panik in mir ausbreiteten Das Gehirn sollte begreifen, dass hier nirgendwo eine wirkliche Gefahr lauert. Ich versuchte, mein Bestes zu geben. Manchmal fehlte mir aber einfach die Kraft dazu.

Ich hatte meine Studie in der Uniklinik beendet. Es ging mir etwas besser. Die Angst zeigte sich jedoch ab und zu immer noch. Ich hatte sie noch nicht wirklich besiegt. Zu viel war in meinem Inneren verborgen. Ich dachte, ich hätte es geschafft.

Zwischenzeitlich hatte ich angefangen, dieses Buch zu schreiben. Ich musste längere Kunstpausen einlegen, damit ich das Geschriebene erst einmal verarbeiten konnte. Es schüttelte mich. Die Kraft wurde immer weniger. Dieses Buch war ebenfalls eine Verarbeitung für mich. Es fiel mir sehr schwer, mich mit meinen Erlebnissen zu beschäftigen. Da war kein Psychologe, der mir sagte, es ist alles vorbei. Ich habe alles nochmal durchlebt. Es war für mich, als befände ich mich gerade in den Situationen, die ich beschrieb. Dabei lag das alles doch schon ganz lange hinter mir. Aber es saß fest in meinem Unterbewusstsein und ließ mich nicht los, bis ich es herausgekramt hatte. Mittlerweile habe ich schon so viel darüber gesprochen, dass es mir kaum noch etwas anhaben kann. Ich schreibe hier bewusst „kaum", denn meine eigene Geschichte berührt mich heute immer noch selbst. Ich denke, du kannst das verstehen. Du durchlebst mit mir ein Leben, das nicht deins ist, und bist trotzdem gerührt von meinen Erzählungen. Wenn du mich oberflächlich kennst, denkst du, ich bin eine fröhliche Person, der das Leben nichts, aber auch gar nichts, anhaben kann, stimmt´s? Im Grunde meines Herzens spiele ich dir auch nichts vor. Nur, es gibt da auch noch die andere Seite, der das Leben etwas anhaben konnte. Auch ich habe meine schwache Seite, wie andere auch und das ist gut so. Sonst wäre ich kein Mensch mit Herz, Gefühl und Verstand.

Du hast jetzt schon eine Menge über mich erfahren und ich wüsste allzu gern, wie es dir dabei geht. Hast du dich in einigen Situationen wiedererkannt?

Die Achterbahn hat ihre Geschwindigkeit etwas gezügelt. Aber ich habe sie immer noch nicht zum Stillstand gebracht. Ich erzähle dir noch ein wenig von meiner Reise. Wir sind ja noch nicht am Ziel angelangt. Geh mit mir noch ein Stück des Weges! Dann bin auch ich nicht so allein. Ich werde dir immer vertrauter und du bist gespannt, wie es weitergeht? Dann höre mir zu, entspanne dich und lass dich weiter berieseln!

Wie gesagt, die Studie lag hinter mir.

Wieder hatte ich das Gefühl, dass da immer noch etwas in mir schlummert, was ich nicht abschütteln konnte.

Ein Arbeitskollege von mir bekam auf der Arbeit fast eine Herzattacke. Eine Kollegin rief mich an und sagte mir, ich solle einen Arzt rufen. Dieser „kranke" Arbeitskollege wollte jedoch nicht, dass ein Arzt in die Firma kommt. Ich lief zu ihm. Als ich ihn so sah, spulte sich in mir ein Film ab. Ich ahnte, dass dieser Mann keine Herzattacke hatte. Ich assoziierte seine Symptome mit Panik und Angst. Aber ich bin kein Arzt! Genau diese Anzeichen kannte ich von mir. Zittern, Schweißausbrüche, Hyperventilation, Herzbeklemmungen, Atemnot. Was sollte ich jetzt bloß tun? Also fragte ich ihn, ob er einen Arzt bräuchte. Er verneinte. Er wollte absolut keinen Arzt, denn er hätte das bereits des Öfteren gehabt. Ich hatte recht. Auch er litt unter dieser „Seuche". Es mag jetzt fast ein wenig schadenfroh klingen, aber ich war doch tatsächlich froh, dass es einen Menschen gab, der ebenfalls von Angst geschüttelt wurde. Ich will hier nochmal ganz ausdrücklich sagen, dass ich das niemandem wünsche, selbst meinem ärgsten Feind nicht. Nun wusste ich aber, dass ich mich mit jemandem darüber unterhalten konnte. Es verstand mich ja sonst niemand in meinem gesamten Umfeld. Besagter Arbeitskollege war erst einmal für längere Zeit krank. Wir telefonierten und ich erzählte ihm, dass ich angefangen hatte, ein Buch darüber zu schreiben. Ich schickte ihm eine Leseprobe. Mir war das äußerst peinlich, denn jetzt kannte ja jemand mein verkorkstes Leben, und eigentlich sollte doch niemand wirklich davon erfahren. Es verging einige Zeit, bis ich einen Anruf erhielt. Es war dieser Arbeitskollege. Es ging ihm zum Glück wieder etwas besser. Ich freute mich für ihn. Er bedankte sich für meine geschriebenen Zeilen. Er war froh, dass dort am anderen Ende des Telefons auch jemand war, der ihn und seine Probleme verstand. Ich hatte vorher mit diesem Kollegen nie viel zu tun. Guten Tag und guten Weg, ab und an mal ein netter Wortwechsel. Aber jetzt war das etwas ganz anderes. Wir konnten uns austauschen und über Probleme reden, die alle anderen nicht interessierten.

Die Angst war so gut wie verschwunden - dachte ich zumindest. Irgendwie fühlte ich mich jedoch nicht so richtig wohl. Immer wieder Herzjagen, Schlafstörungen, innere Unruhe, Schwitzattacken. Wer meldete sich da zurück? SIE … diese beschissene Angst. Ich war nicht in der Lage, sie aufzuhalten. Ich verstand die Welt nicht mehr. Irgendetwas hatte ich nicht begriffen. Ich dachte, ich hätte diesen Teufel besiegt. Aber nein, er war immer noch da. Verzweifelt versuchte ich mein Leben in geordnete Bahnen zu bekommen. Es wollte mir nicht gelingen. Fragen über Fragen beschäftigten mich wieder und wieder. Warum hatte ich mich denn nur wieder so verhaspelt? Wie sollte das mit mir nur weitergehen? Wie konnte ich dieses Aas nur loswerden? Je mehr ich verkrampfte, desto mehr freute sich die Angst. Sie hatte erneut meine volle Aufmerksamkeit gewonnen. Es war eine Katastrophe. Ich fühlte mich wieder mal total angespannt und innerlich ausgelaugt. Das klingt sehr widersprüchlich, ich weiß. Müde, kaputt und innerlich das Gefühl wie ein ausgeflippter Flummy. Aufgedreht und doch irgendwie schlapp. Hier musste schnellstmöglich etwas getan werden. Nur was? Ich hatte keine Lösung und machte mir wieder Gedanken, ob da nicht doch eine unheilbare Krankheit oder die „totale Verblödung" hinterstecken könnte. Dieses blöde Arschloch wollte mich einfach nicht loslassen und sich wieder an mir satt fressen. Ich wollte das nicht zulassen.

Aus lauter Verzweiflung meldete ich mich gemeinsam mit einer Freundin bei einem Yoga- Kurs von der Volkshochschule an. Ich wollte ja irgendwie entspannen. Und sei es mit so einem Kurs. Ich konnte mir nichts darunter vorstellen und dachte so bei mir, dass das ja nicht schaden könnte. Also, die erste Sitzung begann schon mal damit, dass wir zwei uns verspäteten. Dieser Kurs wurde an einer unserer Gesamtschulen durchgeführt. Es war der Musik- Saal. Wir öffneten die Tür und mir verschlug es fast die Sprache. Was war denn hier los? Gähn …! Alle Anwesenden, ich nenne sie mal „Personen", lagen in legerer Freizeitkleidung auf ihren Iso- Matten oder Decken und ruhten sich aus. Geräusche, die mir Unbehagen bereiteten, schwappten durch den Raum auf mich zu. Von Stöhnen über lautes Gähnen und weiß ich nicht was, ich meine auch blähende Winde gehört zu haben, war so einiges dabei. Ich dachte ja gleich mal bei mir, dass ich hier völlig fehl am Platz war, was sich auch bestätigte, jedenfalls in den ersten Sitzungen. Wir versuchten die „Restplätze" so geräuscharm wie möglich einzunehmen, was uns selbstverständlich nicht gelang. Meine Freundin und ich legten uns auf unsere eigenen Iso- Matten. Ich schaute mich einmal genüsslich um. Ja, ich war im falschen Film! Alle total relaxt und irgendwie abgedreht, nicht ganz von dieser Welt, oder was weiß ich. Mir kam das alles jedenfalls total lächerlich vor. Diese Verrenkungen, die man im wirklichen Leben nie machen würde. Gesichter mit Ausdrücken, die ich nie vorher bei jemandem gesehen habe. Es wurde sich geräkelt, verrenkt, das faule Fleisch wurde bewegt und es sollte entspannt werden. Na ja, ich konnte erst einmal überhaupt nicht entspannen. Mir war das alles zu lächerlich. Ich konnte nicht abschalten. Ich sah diese verzerrten Gesichter und unkontrollierten Bewegungen und sollte mich nun auch noch beherrschen und nicht laut loslachen. Das war für mich wirklich eine schwierige Aufgabe, die ich nicht lösen konnte. Ich grunzte und prustete vor mich hin, mein Kopf wurde heiß und heißer. Ich wollte diesen Lachkrampf, der ständig aus mir herauswollte, unterdrücken. Es gelang mir aber nicht so richtig. Ich klinkte mich aus und ging erst mal zur Toilette, um mich dort auszulachen. Oh, ich weiß, ich bin fies. Aber tut mir leid, es war halt so. Wie sollte ich denn in diesem Kreis zur Ruhe kommen, wenn mir das alles so lächerlich vorkam? Für mich war das ein Kicherkurs. Wenigstens hatte ich meinen Spaß, den ich aber leider nicht zeigen durfte. Grausam! Ich brachte diese Sitzung hinter mich und dachte dabei, sie dauert eine Unendlichkeit.

Während einer anderen Sitzung wurde unser Essverhalten ausdiskutiert. Hä? Ein Jahr lang nur Rohkost? Kann man sich wirklich ein Jahr lang nur von so etwas ernähren? Ich esse gern und gut und richtig große Portionen, bin aber schlank. Manche Menschen verstehe ich nicht. Jedenfalls nicht solche, die sich so massakrieren und sich ein Jahr lang nur von Salaten ernähren. Essen ist doch auch ein Stück Lebensqualität. Ich fasse es nicht. Ich war ein ernährungstechnischer „Verbrecher", ein Vielfraß, ein fleischfressendes Etwas. Darum hielt ich mal ganz dezent meinen Mund zu diesem Thema. Diese ganzen Vegetarier und Veganer hätten mich nach der Sitzung sicher gelyncht und mich von ihrem Essverhalten überzeugen wollen. Hilfe! Ich habe so etwas noch nie gehört, geschweige erlebt. Eine Frau erzählte zu diesem Thema, dass sie sich tatsächlich ein Jahr nur von Rohkost und/ oder Salaten ernährt hätte. Dann wäre sie aber doch einmal schwach geworden. Deswegen konnte sie nächtelang nicht schlafen und hätte immer noch ein schlechtes Gewissen. Ich dachte so bei mir: Mein Gott, was hat sie denn nur Grausames gegessen? Na, jetzt kommt der Hammer: Eine Portion Pommes mit Mayo.

Aua, aua, mir fehlten die Worte. Ich fühlte mich einsam und verlassen. Mein Eindruck in diesem Moment war einfach nur, dass diese Menschen alle total verblödet waren. Was hatte ich hier nur verloren? Das verstehe wirklich, wer will. Ich nicht. Dort war ich ein Außenseiter, aber geoutet habe ich mich nicht. Was es nicht alles gibt. Und ich muss zum Psychologen! Sorry, ist aber „meine" Meinung. Selbstverständlich kann jeder das tun und lassen, was ihm gefällt. Mir war das aber völlig fremd. Das war eine andere Welt für mich. Diese Menschen waren nicht von dieser Welt. Woher kamen sie, grins?

Irgendwann hatte ich endlich den Trick raus, wie ich entspannen und meine Lachkrämpfe unter Kontrolle halten konnte. Ich schloss die Augen und beamte mich in eine andere Welt. Ich hörte zwar, was wir tun sollten und führte die Übungen auch artig aus. Aber ich war nicht wirklich anwesend, jedenfalls nicht mental. In einer Sitzung bin ich dann auch einmal eingeschlafen, was aber ebenfalls nicht schlecht war. Der Yoga- Kurs brachte jedoch im Endeffekt auch nicht den gewünsch-

ten Entspannungs- Effekt. Die innerliche Unruhe ließ sich nicht unterdrücken. Ich begann Sport zu treiben. Jeder Arzt sagte mir ja, dass mein Herz zwar untrainiert, aber gesund sei. Hier musste ich unbedingt etwas tun, um meine Panik loszuwerden. Zu Hause hatte ich ja Sportgeräte, aber die standen ungenutzt herum. Ich setzte mich also auf den Heimtrainer. Mein Ruhepuls lag so um die 100. Das war ja schon mal super. Ein normaler Ruhepuls liegt zwischen 60 und 70. Innerlich war ich also total angespannt. Ich quälte nun den Heimtrainer, aber er mich noch mehr. Erst einmal versuchte ich wenigstens drei Minuten durchzuhalten. Das war vielleicht anstrengend. Die Kondition war gleich Null oder lag sogar im Minusbereich. Und das in meinem Alter. Ich nahm mir vor, wenigstens jeden zweiten Tag das Gerät zu besteigen und mich auszupowern. Viel Zeit benötigte ich dazu ja nicht. Aber immerhin habe ich es irgendwann auf eine halbe Stunde gebracht. Wenn das Wetter schön war und es die Zeit zuließ, holte ich mein Fahrrad aus dem Keller und fuhr circa eine Stunde und immerhin 10 km in der freien Natur herum. So richtig frei bekam ich aber auch hier den Kopf nicht. Längst war ich noch nicht dort, wo ich hinwollte. Das Unterbewusstsein spielte mir wieder mal einen Streich und die Angst plusterte sich auf. Sie wollte einfach nicht von mir lassen. Ich hatte einiges über sie gelernt und mich sehr viel damit befasst. Es blieben mir ja auch nicht besonders viele Alternativen, wenn ich sie irgendwie besiegen wollte. Ich musste mich endlich damit abfinden, dass sie immer auf irgendeine Art und Weise präsent sein würde. Das war sehr schwierig für mich, da mein Inneres sich dagegen sträubte, etwas anzunehmen, was mir nicht gut tat. Ich wollte dieses Arschloch nicht zum „Freund" haben. Meine Freunde wollte ich mir gefälligst selbst aussuchen dürfen und nicht dazu verdonnert werden, ein Arschloch in meinem Freundeskreis zu haben, das ständig meine Nähe sucht. Was für eine naive Vorstellung. Da ich die Angst nicht wirklich abschütteln konnte, begann ich endlich zu begreifen, dass ich diejenige sein musste, die bestimmte, wann sie mich besuchen dürfte und wann nicht. Sie war ja eine harte Nuss, die es zu knacken galt. Ob ich wirklich irgendwann die Kraft aufbringen konnte, mich ihr in den Weg zu stellen, ohne dass sie dann ihr Spielchen mit mir trieb? Wieder Fragen, die ich mir nicht beantworten konnte. Es lag immer noch ein weiter Weg vor mir.
Und möchtest du wissen, wie es mit mir weiterging? Dann höre mir gut

zu! Ich erzähle dir gern, was ich noch alles anstellen musste, um mein Leben wieder einigermaßen lebenswert zu gestalten. Es war nicht einfach. Aber, was ist schon einfach? Ich bin nicht das Kind, das vom Leben verwöhnt wurde. Selbst kleine Glücksmomente musste ich mir hart erkämpfen. Es hat sich gelohnt. Soviel kann ich dir schon einmal sagen. Sicher, es ist nicht perfekt, aber danach strebe ich längst nicht mehr. Es kostet mich zu viel Kraft, die ich nicht habe. Und bitteschön - wer oder was ist denn schon perfekt? Nichts und niemand. Ich habe einfach keine Lust mehr, mein Leben dafür zu vergeuden. Die Zeit ist mir längst zu kostbar geworden. Es hat mir ja doch alles nichts genützt. Jedenfalls kann ich mein Leben heute besser organisieren. Wenn ich mal einen Tag auf dem Sofa herumlümmle, wen juckt das schon? Es geht mir dabei gut. Mein schlechtes Gewissen zeigt sich dann nicht mehr so oft und längst nicht mehr so stark. Auch das musste ich lernen. Ich kann nur für mich reden und dir sagen, dass die Welt sich weiterdreht, wenn ich mal einen Tag lang nichts im Haushalt gemacht habe. Dafür sind meine Migräneattacken weniger geworden und das Leben fühlt sich etwas leichter an. Ich höre mittlerweile mehr auf meinen Körper. Wenn er mir Signale sendet, dass es an der Zeit ist, die Batterien aufzuladen, dann bleibt mir doch wenigstens das Wochenende. An dem entscheide ich selbst, wie viel Stress ich mir, meiner Seele und meinem Körper zumuten kann und möchte. Das liegt ganz allein in meiner Hand. Ich lasse mich nicht mehr zu irgendetwas zwingen. . Nimm dir Zeit für meine Worte! Nimm sie nicht nur oberflächlich auf! Denke darüber nach und denke vor allen Dingen über dein Leben nach! Sei bereit für Veränderungen! Vergib und verzeih, lass los und sende Freundlichkeit und Liebe aus! Du wirst sehen, dein Leben wird sich verändern. Das funktioniert. Ich verspreche es dir. Hör auf, dir den Kopf über ungelegte Eier zu zerbrechen! Lass das Leben auf dich zukommen und genieße die schönen, kleinen Momente, die es für dich bereithält. Öffne deine Seele und dein Herz erst einmal nur für dich ganz allein. Das kann nicht falsch sein.

Heute habe ich wieder einmal ein wenig Kraft schöpfen müssen, auch um diese Geschichte weitererzählen zu können. Ich habe mir einen Mittagsschlaf gegönnt und es hat mir gut getan. In der Woche muss ich arbeiten, um finanziell über die Runden zu kommen. Da benötige ich wirklich meine ganze Power für die Arbeit. Heute ist Samstag und es stört niemanden, wenn ich mir mittags eine Pause gönne. Und schau, die Welt dreht sich weiter. Etwas anders und etwas angenehm ruhiger. Das ist das, was ich brauche und suche. Der innere Ausgleich zu meinem sonst so stressigen Leben. Ich genieße im Moment die Ruhe und die Zeit, die ich mit dir verbringen kann. Noch schöner wäre es für mich, wenn ich dir wenigstens ein klein wenig weiterhelfen könnte. Vielleicht gibst du mir irgendwann ein Feedback und erzählst mir, wie es dir nach meiner Geschichte denn so erging. Ich würde mich freuen. Vielleicht sitzen wir eines Tages wieder einmal in aller Ruhe zusammen. Dann erzähle ich dir gern, wie es mit mir weiterging und es interessiert mich unwahrscheinlich, ob sich für dich etwas im Leben verändert hat. Ich werde ein guter Zuhörer sein.

Mittlerweile meldet sich die Nacht an. Es ist ein Samstagabend im Mai. Der Himmel ist ein wenig wolkenverhangen, aber sehr schön. Er sieht momentan ein wenig mystisch aus. Am Horizont wechseln die Farben des Himmels von Grauschattierungen über gelb bis ins Orange. Irgendwo ist ein Lichtermeer. Ich genieße die Zeit, die ich mir nehmen kann. Niemand treibt mich voran und ich bin im Moment bei mir angekommen. Es tut gut, wenn mal kein Stress im Hinterkopf ist. Die Gedanken können unbeschwert und ungebremst fließen. Es sind gute Gedanken, die mir momentan das Leben erleichtern möchten. Ich lasse es zu, weil ich zu wenige solcher Momente im Leben erleben durfte oder sie niemals genießen konnte. Ich komme immer mehr an einen Punkt, an dem ich mit mir im Reinen bin. Das stärkt meine Seele und gibt mir Kraft für unvorhergesehene Dinge, die mein Leben vielleicht wieder ins Schwanken bringen. Aber darüber möchte ich mir nicht den Kopf zermartern. Es ist gut so, wie es im Moment ist. Das ist für mich ein Glücksmoment. Ich weiß, dass ich ihn nicht festhalten kann. Ich lebe im Hier und im Jetzt und nehme es ganz egoistisch an. Es geht mir gut, was will ich mehr. Ich fühle Wohligkeit und Stärke in mir.

Lehne deinen Kopf an meine Schulter! Ich möchte dir gern noch ein wenig mehr über mich erzählen. Du möchtest wissen, wie ich dahin gekommen bin, wo ich heute bin? Gut, ich möchte dir davon berichten. Sei ganz Ohr und bleib mit deinen Gedanken bei mir! Lass dich nicht stören, wenn ich eine Pause machen muss. Ich denke, du kannst das verstehen. Aus meinem Kopf möchten unzählig viele Gedanken auf einmal heraussprudeln. Ich muss sie aber kontrollieren, um das Chaos ein wenig zu bezwingen und in die richtige Richtung lenken. Es nützt dir nichts, wenn ich Wirrwarr rede. Du sollst ja die Zusammenhänge verstehen und begreifen, was ich dir sagen möchte.

Das Licht am Ende des Tunnels war fast zum Greifen nah. Die Achterbahn mit dem ständigen Fahrgast Arschloch Angst im Wagen hatte ihre Geschwindigkeit verlangsamt und ich war der festen Überzeugung, ich hätte die Fahrt mit ihr fast überstanden. Das Ziel rückte näher und näher. Aber es gab Umwege, und Steine legten sich abermals in den Weg. Ich wusste kaum noch, dass mir von dieser Fahrt übel war. Sie wollte nicht aufhören und ich war nicht der Lage den Zeitpunkt ihres Ankommens zu steuern. Das Karussell begann sich wieder zu drehen und erhöhte die Geschwindigkeit. Ich hatte das Gefühl, ich finde keinen Halt. Dieses Teil musste gestoppt werden. Ich hatte von dieser Fahrerei doch längst die Nase voll.

Stopp, stopp, anhalten! Ich kann doch längst nicht mehr. Meine Rufe hörte niemand. Vielleicht das Arschloch Angst, ganz sicher sogar. Es hatte mich wieder im Griff. Festgezurrt, wie in einer Zwangsjacke. Diese Schaukelei: hoch und runter, nach links und nach rechts, von oben nach unten, und ich weiß nicht, was noch. Wie es denn dazu kam, möchtest du wissen. Schließe die Augen und öffne die Ohren! Ich sage es dir.

Mein Leben sollte eine Wende nehmen. Ich wollte das so. Ich wollte nicht mehr allein sein. Meine Tochter war ja längst in einem Alter, in dem Freunde eine größere Rolle als die Mama spielten. Sie nabelte sich langsam, aber sicher, von ihrem behüteten Zuhause ab. Sie nabelte sich auch von mir ab. Ich konnte sie verstehen. Aber zu dem Zeitpunkt ahnten wir beide in keinster Weise, welche Wendung das Leben für uns beide nehmen sollte. Sie genoss ihr Leben in vollen Zügen und benahm sich pubertär. Wir machten eine schwierige Phase durch. Ich fing an, mich mit dem Gedanken zu beschäftigen, mir wieder einen Mann zu „suchen". Ja, man kann es wohl so nennen. Ich wollte abends nicht mehr allein das Sofa quälen und die doch allzu langen Wochenenden allein verbringen. Es musste doch einen Mann geben, der zu mir passt. Die Welt ist voll von Single- Männern. Das wissen wir, klar doch. Nur, wo kann man oder besser Frau sie finden, wenn sie sich verstecken. Da ich einen Computer besaß, meldete ich mich auf einer „Kennenlern- Plattform" an, völlig naiv und nicht ahnend, was sich dort so alles herumtummelt. Ziemlich schnell wurden mir die Augen geöffnet. Irgendwie schienen mir dort alle ein wenig „balla- balla". Verheiratete Männer, die den schnellen Kick nebenbei suchten, Schnell- Sex- Sucher, Heiratsschwindler und noch so einiges, was ich dort alles via PC erlebte. Gott sei Dank bin ich nicht so naiv, dass ich auf diese Maschen hereingefallen bin. Darüber bin ich heute sehr froh. Sicher sollte man nicht alle über einen Kamm scheren. Es wird auch dort Männer geben, die, wie ich, eine feste und vertrauensvolle Beziehung gesucht haben und immer noch suchen. Aber die Anzahl ist ziemlich gering.

Es wurde gelogen, was das Zeug hält. Traurig nur, dass dort so mit Gefühlen gespielt wird, und dass die Menschen fast nur noch in der Lage sind, über eine Maschine zu kommunizieren. Das wahre Leben sieht anders aus. Man wird ja heute kaum noch von jemand angesprochen. Was für eine verkorkste Gesellschaft. Der Katalog wird geöffnet und wenn mir was nicht passt, kann ich ja weitersuchen. Die Wenigsten geben sich noch die Mühe und kämpfen für eine Beziehung oder wollen Verantwortung übernehmen, geschweige denn, sich abhängig von jemandem machen. Na egal, ich kann die Menschen und die Welt nicht verändern. Alle laufen einem Phantom hinterher, das es in der Realität nicht gibt. Wie krank ist das denn? Wenn man eine Beziehung halten will, muss man sich selbst fast ganz aufgeben. Das kann doch nicht funktionieren. Wir Frauen sind heute unabhängiger denn je, jedenfalls in finanzieller Hinsicht. In Männerköpfen steckt leider größtenteils noch die Auffassung, Frauen müssten arbeiten gehen, Geld verdienen, den Haushalt schmeißen und die Männer nach Feierabend verwöhnen. Das geht nicht. Ich bin in Vollzeit berufstätig, habe noch einen Nebenjob und soll noch einen Mann verwöhnen können? Hm, schwierig. Warum kann eigentlich der Mann mich nicht ein wenig verwöhnen? Wo ist denn hier nun die Gleichberechtigung? Gern bin ich bereit, Kompromisse einzugehen, keine Frage, aber auch der Mann sollte dazu bereit sein. Allein schaffe ich das nicht mehr und ich will das auch nicht mehr. Das hatte ich ja alles schon. Nein, ich bin nicht schwierig. Ich habe nur gelernt, wie ich nicht auf der Strecke bleibe. Es soll mir ja mit einem Mann besser gehen und nicht schlechter. Ist meine Meinung dazu. Jeder kann tun und lassen und denken, was er will.

Ich tummelte mich eine Weile auf dieser Plattform im Internet herum und hatte das Gefühl, dass ich dort nichts zu suchen habe. Hatte ich auch wirklich nicht. Es war für mich ein Zeitvertreib und Ablenkung, um nicht in Grübeleien zu verfallen. Konnte ich dort den Traumprinzen finden, oder war das alles nur Illusion? Ich hatte die Nase voll und fragte mich, was ich dort verloren hätte. Das war nicht meine Welt. Lügen, Beschiss und Männer, die mir fremd waren und mir abartig erschienen. Für mich hatte das alles einen bitteren Beigeschmack. Ich musste aufpassen, dass ich die Männer nicht alle in eine Schublade steckte. Dort konnte man den Glauben an die Menschheit verlieren.

Ich unterhielt mich mit einer Freundin darüber. Auch sie hatte dort keine allzu guten Erfahrungen gesammelt. Ich fasste den Entschluss, mich dort abzumelden. Das sollte am nächsten Tag geschehen. Es kam auch dazu, aber ich hatte an diesem Tag dort doch noch einen Mann „gefunden", der mein Interesse weckte. Wir schrieben uns ein paar nette Worte. Ich teilte ihm mit, dass ich mich dort ausklinken wollte. Also gab ich ihm meine private Mail-Adresse. Ich hatte ein gutes Gefühl bei ihm. Wir schrieben uns private Mails und begannen zu telefonieren. Er war mir sehr sympathisch und schien sich von den anderen Männern zu unterscheiden. Noch konnte ich aber die Lage nicht wirklich einschätzen. Ich war vorsichtig, wollte ja wegen eines Mannes nicht wieder ins Straucheln geraten. Wir wissen doch alle, dass am Anfang immer alles schön ist. Die Zeit zeigt uns, ob etwas auf Dauer funktioniert oder nicht. Kann man halbes Tempo fahren?

Wir telefonierten immer öfter miteinander. Es kam der Zeitpunkt, an dem wir uns auch treffen wollten. Ich war nicht nervös. Dafür hatte ich bereits zu viele schlechte Überraschungen hinter mir. Gelassen fuhr ich zu meinem ersten Date mit diesem Mann. Verzeih mir, wenn ich ihn nicht näher beschreibe. Ich möchte ihn und seine Familie schützen, wie ich es mit jedem hier versuche. Jeder hat ein Recht auf seine Privatsphäre. Nur soviel dazu, dass ich von ihm und seiner wirklich netten Art ganz angetan war. Sollte ich hier einen Glückstreffer gelandet haben? Was meinst du?

Ich wusste es nicht und konnte mein Glück noch nicht fassen. Es gab ihn noch, den netten Mann. Ja, das habe ich zu diesem Zeitpunkt gedacht. Und ich genoss eine unbeschwerte Anfangszeit mit ihm. Ich vertraute ihm und erzählte ihm auch von meinem Leben, ganz ungezwungen. Er sollte wissen, auf wen und was er sich einlässt. Ich wollte keine Beziehung, die auf Lügen aufgebaut ist, noch nie. Er sollte ja auch verstehen, warum ich manchmal so bin, wie ich bin. Es lag bei ihm, damit klarzukommen oder es sein zu lassen. Unverblümt ließ ich ihn in meine Seele schauen. Ich erfuhr sicher nicht ganz so viel von ihm, wie er von mir. Aber das war seine Sache. Ich dränge niemanden dazu, mir sein Leben zu offenbaren. Es wäre aber auch sehr nett gewesen. Dann kann man sein Gegenüber doch etwas besser einschätzen. Das war aber in Ordnung für mich, wie es war.

Ich hatte mich, wie ich geschrieben habe, von diesem Kennenlern- Plateau abgemeldet und sagte das meinem neuen Freund. Er versicherte mir, dass er das auch getan hätte. Ich glaubte ihm und hatte keinerlei Zweifel an seinen Worten. Warum sollte ich auch? Ich hatte ja diesmal einen Mann gefunden, den ich vorher ganz gut abgeklopft hatte. Hinter seinen Zeilen und verbalen Schmeicheleien vermutete ich niemals etwas Verlogenes.

Wir kannten uns noch nicht allzu lange. Ich besuchte ihn, ließ ihn auch etwas tiefer in mein Leben schauen und stellte ihn meiner Tochter vor. Das Verhältnis zwischen den beiden war recht gut. Wir genossen unsere Liebe, bis mich eines Abends ein Anruf aus meinem Traum riss. Meine Freundin, die sich auch auf dieser Flirtseite aufhielt, sagte mir, dass mein Freund immer noch jeden Abend dort vertreten und online sei. Meine Gefühle für ihn kamen sofort ins Straucheln. Er hatte mir doch hoch und heilig versprochen, dass er das nicht mehr bräuchte. Ich wusste nicht, was ich von ihm halten sollte. Wir wohnten nicht zusammen und jeder konnte abends seine Freizeit so verbringen, wie es ihm angenehm war. Aber was sollte das jetzt? Warum erzählte er mir nicht die Wahrheit? War er ein Lügner, der es verstand, Frauen mit Komplimenten um den Finger zu wickeln? War er dieser Typ von Mann, der ein Leben lang dem Phantom hinterherjagt? War ich die richtige Frau für ihn? Was suchte er noch? Bestätigung? Musste ich mir wirklich so etwas geben, einfach nur aus dem Grund, nicht allein zu sein? Was konnte ich diesem Menschen glauben und was nicht? Ich fühlte mich elend. Ich wollte nicht um einen Mann kämpfen müssen. Ich wollte keinen Mann um jeden Preis, einfach nur aus Einsamkeit. Ich suchte nach Liebe, Geborgenheit und vor allen Dingen Ehrlichkeit. Mein Vertrauen wurde missbraucht und verletzt. Ich kann mit so etwas nicht umgehen und will das auch nicht. Ich bin ein von Grund auf ehrlicher Mensch und möchte keinen Mann in meiner Wohnung, in meinem Leben und schon gar nicht in meinem

Bett, auf den ich mich nicht verlassen kann. Diese Zeiten sind ein für alle Mal vorbei. Das ist nicht das, was ich suche. Was nützt mir schon ein netter Mann, der mir 1.000 Mal am Tag sagt „Ich liebe dich!", aber seine Freiheiten braucht. Dazu kann sich auch jeder seine Meinung bilden, aber ich stehe nun mal nicht auf so etwas. Frust und Enttäuschung machten sich in mir breit. Er hatte mir ja nicht nur einmal versichert, dass er sich dort abgemeldet hätte. Ich wollte mich doch nicht mehr verletzen lassen. Was sollte ich jetzt tun? Ich beschloss, ihn darauf anzusprechen. Aber nicht am Telefon. Ich wollte ihm dabei in die Augen schauen.

Er besuchte mich. Wir saßen am Frühstückstisch und genossen – ich zumindest äußerlich - das Frühstück, denn in mir brodelten Gefühle, die ich loswerden musste, um nicht zu platzen. Wie erwartet, wurde ich mit Komplimenten überhäuft. Er sagte mir, wie sehr er mich doch lieben würde. Das war für mich der Auslöser, meiner Enttäuschung Luft zu machen. „Willst du mich verarschen? Was soll das?"

Er verstand mich in diesem Moment nicht und die Welt auch nicht. Ich hatte ihm einen Schock versetzt. Jetzt konnte ich ihn fragen, warum, wieso und weshalb. Und du wirst es nicht glauben. Er log mir rotzfrech ins Gesicht und versicherte mir, er hätte sich dort tatsächlich längst abgemeldet. Ich wollte ihn rausschmeißen, dieses verlogene Miststück. Seine Gestik und Mimik sagten mir, dass er mehr auf dem Kerbholz hatte. Er bekam rote Ohren, stotterte, wurde laut und Schweißperlen überrollten sein Gesicht. Tja, was soll ich sagen. Ich setzte ihm die Pistole auf die Brust und sagte ihm, dass ich so etwas in meinem privaten Bereich nicht dulden werde. Er sagte mir, er wäre ja schon längst dort rausgegangen, wenn er wüsste, wie man sich abmeldet. Komisch, anmelden kann sich jeder, aber zum Abmelden sind sie dann plötzlich zu doof? Verstehe einer die Männer. Er bat mich, das mit ihm gemeinsam zu tun. Er entschuldigte sich, aber mein Misstrauen verließ mich berechtigterweise nicht mehr. Es sollte nicht das einzige Mal sein, dass ich von ihm belogen wurde.

Für meinen Zustand war das natürlich Wasser auf die Mühle. Meine „Freundin", die Angst, machte sich wieder mehr bemerkbar. Mein Kopf war nicht mehr so frei wie vorher. Das Gefühl des Angekommenseins verließ mich selbstverständlich. Dieser Mann drehte den Spieß um und machte mir Vorwürfe, warum ich ihm denn kein Vertrauen schenken würde. Er würde doch nur mich lieben und hätte niemals so eine tolle Frau gefunden wie mich.

Ich fing an, mich selbst und mein Benehmen in Frage zu stellen. Eigentlich gab es für mich überhaupt keinen Grund, an mir zu zweifeln. Meine Liebe zu ihm war von Ehrlichkeit geprägt. Das kann ich guten Gewissens behaupten. Im Nachhinein frage ich mich, warum ich ihm nicht gleich den Arschtritt verpasst habe, den er verdient hat. Aber jeder soll ja eine weitere Chance bekommen. Warum nicht auch er?

Was muss man mir eigentlich alles antun und was lasse ich mit mir machen, bis ich endlich mal den Absprung aus so einer Situation schaffe? Warum bin ich nicht fähig, das loszulassen, was mir nicht gut tut? Ist es tatsächlich die Angst vor dem Vereinsamen? Kann Einsamkeit oder das Gefühl von Alleinsein denn schlimmer sein, als sich ganz offensichtlich verarschen zu lassen? Verstehst du so ein Verhalten? Du dachtest, ich wäre stark. Merkst du jetzt, dass ich sehr verletzbar bin? Kannst du dich in meine Gefühlswelt hineinversetzen?

Was ist nur aus den Menschen geworden? Es wird gelogen und betrogen, als sei es das Normalste auf der Welt. Warum ist das so? Wo sind die ehrlichen Menschen abgeblieben? Man muss sie wie eine Stecknadel im Heuhaufen suchen. Bei den meisten Menschen beginnt die Unehrlichkeit bereits damit, dass sie sich selbst bescheißen. Und sie fühlen sich auch noch toll dabei. Wenn ich mich nicht auf meinen Partner verlassen kann, auf wen denn, bitteschön, sonst? Ich möchte keine verlogene Beziehung leben. Das widerstrebt mir. Dann möchte ich lieber gar keine. Ich will mir um einen Mann, den ich kontrollieren muss, nicht meinen zarten Kopf zerbrechen müssen Habe ich das wirklich nötig? Nein, nein und nochmals nein. Entweder akzeptiert er meine Einstellung in dieser Hinsicht und ist bereit, mir ehrlich entgegenzukommen oder ich lasse die Finger davon. Mit etwas anderem kann ich nicht mehr umgehen und ich will das nicht.

Die Panikattacken schaukelten sich also erneut hoch. Wieder fühlte ich mich im Inneren im Stich gelassen und allein. Arztbesuche, auch in der Klinik, folgten. Ich war wieder da angelangt, wo alles begann. Mein Freund, der den Arschtritt von mir nicht erhalten hatte, wunderte sich, dass mein Zustand sich verschlechterte. Auch ich verstand das nicht. Er machte mir den Hof und kümmerte sich um mich. Doch mein Unterbewusstsein ließ mich nicht zur Ruhe kommen. Mein psychosomatischer Zustand sagte mir sehr deutlich, dass ich endlich die Finger von diesem Mann lassen soll. Ich verstand diese Zeichen aber, wie schon öfter, nicht wirklich und ließ mich zunehmend von meinem Freund um den Finger wickeln. Irgendwie hatte er die Gabe, mich einzulullen. Der nächste Hammer mit ihm fiel auf meinem Geburtstag, der kurz darauf anstand. Wir kannten uns zwei Monate. Ich möchte das Thema hier aber nicht weiter ausschlachten, weil ich keine Personen, die mir sehr am Herzen liegen, in diese Geschichte mit einbeziehen werde.

Wieder kam es zum Knall.

Schmeichelei, Kussi, Bussi, die Welt schien wieder in Ordnung zu sein. Nur, die Angst begleitete mich weiterhin auf meinem Weg durchs Leben. Wie sollte sie sich auch verziehen? Ich war schwach und nicht in der Lage, etwas an meiner beschissenen Situation zu ändern. Ich hatte keine Kraft mehr, aber auch längst keine Kraft mehr für meine Angst. Es interessierte sie nicht. Wie sollte ich sie nur abschütteln? Ich hätte gern einfach nur mit dem Finger geschnippt und gesagt: Verschwinde endlich! Lass mich in Ruhe! Ich will dich nicht. Du tust mir nicht gut. Aber so einfach war es nun einmal nicht. Ich musste das endlich begreifen, fiel es auch noch so schwer. Wie sehr wollte sie sich noch an mir laben? Das Problem war, dass diese Angst längst eine „generalisierte Angst" war, die mich Tag und Nacht begleitete. Ich hatte nicht nur Angst davor, allein einzukaufen, mit dem Auto zu fahren, usw.

Nein, die Angst war ständig präsent. Wenn ich am schwächsten war, war sie am stärksten. Sie wollte es nicht zulassen, dass ich stärker als sie werde.

Wieder einmal massakrierte ich mich selbst und war nicht in der Lage, mich von diesem Mann zu lösen. Das Problem bestand für mich darin, dass ich in ihm endlich den Mann gefunden hatte, auf den ich ein Leben lang gewartet hatte. Ich dachte das zumindest. Er hatte das, was ich suchte. Aber leider hatte er auch noch eine ganz andere Seite, diese verlogene. Wir redeten bis zum Erbrechen. Ich wollte ihm klar machen, dass es für mich unmöglich ist, eine Beziehung mit einem Mann zu führen, dem ich nicht vertrauen kann. Ich dachte, er hätte mich verstanden. Aber …

Ja, die Angst schaukelte sich wieder höher und höher. Ich war an einem Punkt angelangt, an dem Betablocker erneut mein ständiger Begleiter wurden. Sie konnten mich aber nicht von meiner Angst befreien. Ich hatte das Gefühl, sie würden meine momentane seelische Situation nicht auffangen können. Ich merkte, dass ich Hilfe benötigte. Aber woher sollte ich sie nehmen?

Es ging mir schlecht. Mein Freund rief mich an und sagte mir, dass er eine Bekannte hätte, die auch unter Angst leiden würde. Diese Bekannte würde sich bei einer Heilpraktikerin Abhilfe verschaffen. Hm, ich hielt ja nun wirklich nie etwas von so einem Kram. Wie sollte diese Frau mir denn helfen können, wenn es schon kein Arzt schaffte? Außerdem war ich nicht wirklich in so einer guten finanziellen Lage, dafür Geld rauszuschmeißen. Ich lehnte das Angebot erst einmal ab und quälte mich weiter mit meinen Problemen herum.

Nichts ging mehr. Ich musste etwas tun, dringend. Mein Freund bot mir an, dass er die Sitzung bei der Heilpraktikerin bezahlen würde. Sollte ich so ein Angebot annehmen können? Meine Zweifel sollten sich später bewahrheiten.

Ich entschied mich nun doch dafür, diese Heilpraktikerin aufzusuchen. So rief ich sie an und vereinbarte mit ihr den ersten Termin. Ich kratzte mein bisschen Kohle zusammen und war bereit, mich auf etwas einzulassen, was mir doch eher Angst bereitete, da ich nicht einschätzen konnte, was da auf mich zukommen würde.

Mein Freund begleitete mich zu diesem Termin. Während der Fahrt dorthin sagte er mir immer wieder, dass er gern an dieser Sitzung mit teilnehmen würde. Während er sich ständig wiederholte, drehte sich mein Rädchen im Oberstübchen. Warum wollte er unbedingt mit dabei sein? Ich wollte das doch gar nicht. Er fragte mich nicht. Ich ließ die Situation auf mich zukommen und hoffte darauf, dass diese Heilpraktikerin mich fragen würde, ob mir das angenehm sei, wenn mein Freund die ganze Sitzung über anwesend ist.

Wir waren in einem kleinen, verschlafenen Dorf angekommen. Hier sollte eine Heilpraktikerin wohnen? Na ja, egal. Heute kann ich verstehen, warum diese Frau auf dem Land wohnt und nicht in einer hektischen Stadt.

Sie bat uns zu sich. Ich hatte ein gutes Gefühl. Am Telefon erschien sie mir von der Stimme her ein wenig barsch. Aber da hatte ich mich getäuscht. Sehr einfühlsam fragte sie mich erst einmal nach meinen momentanen Problemen. Ich gab ihr meine Medikamente, die ich bis dahin einnahm und die ich ihr mitbringen sollte. Nun kam es doch tatsächlich während des Gespräches dazu, dass sie mich fragte, ob ich denn wünschte, dass mein Freund hier anwesend ist. Ich wollte das nicht und sagte es. Puh, ich hatte ihm eins zwischen die Hörner gehauen. Beleidigt musste er das Feld räumen. Aber ich hätte mich nicht auf diese Sache einlassen können. Ich merkte, dass es mir dabei nicht gut ging, wenn er das alles mitbekam. Ich wollte da alleine durch. Mein Vertrauen ihm gegenüber war ja eh schon miserabel. Es gibt einfach auch Dinge in meinem Leben, die ich für mich allein klären möchte.

Ich atmete auf, als er den Raum verließ und merkte gleich, dass mir seine Abwesenheit gut tat. Jetzt musste ich nichts mehr verheimlichen. Ich denke, er war einfach nur neugierig oder hatte Angst, dass ich etwas Schlechtes über ihn erzählen könnte. Selbstverständlich fragte mich diese Frau, wie es denn in meiner Partnerschaft im Moment aussieht. Ich sagte ihr die Wahrheit. Warum sollte ich lügen? Ich wollte ja, dass es mir wieder besser ging. Sie gab mir den Rat, mich nicht so aufzugeben. Ich sollte mehr an mich denken. Das Gespräch dauerte eine Weile. Kindheit und, und, und. Es wurde also wieder alles von vorn aufgerollt. Sie erhielt mein absolutes Vertrauen.

Sie begann mich auszupendeln und wusste genau, wo Blockaden in mir schlummerten, die dringend gelöst werden mussten. Für mich war das ein ganz neues Gefühl. In mir kribbelte alles. Ich spürte deutlich, wo sie ihre Hände auflegte, ohne dass ich das gesehen habe. Es tat mir unheimlich gut. Ich genoss das in vollen Zügen. Die erste Sitzung hatte ich hinter mich gebracht. Es ging mir so gut wie schon seit Ewigkeiten nicht mehr. Das ist kein Quatsch. Das war wirklich so. Der Kopf war frei und ich fühlte mich wie eine Feder. Meine Augen hatten nicht mehr diesen verzweifelten Ausdruck. Ich begann, wieder Lebensfreude in mir zu spüren und war total glücklich. Jedenfalls für den Moment. Was hatte diese Frau mit mir gemacht? Eins muss ich ihr lassen, sie kannte sich mit ihrem Handwerk richtig gut aus.

Ich möchte hiervon niemand überzeugen, aber vielleicht eine Anregung geben, sich mal auf so etwas einzulassen. Was jeder macht, ist ja seine Sache. Für mich war es auf jeden Fall eine sehr interessante und angenehme Erfahrung, die mich nachdenklich gemacht und verblüfft hat.

Ich genoss einige Sitzungen bei dieser Frau. Sie verschrieb mir Medikamente, von denen ich vorher nicht wirklich etwas gehört hatte. Außerdem riet sie mir, nicht immer nur für andere da zu sein, sondern auch auf meine Körpersignale zu hören und sie wirklich wahrzunehmen. Das musste ich erst lernen. Eigentlich gab es mich ja nicht wirklich. Ich war ein funktionierendes ETWAS, dass sich für andere den Buckel krumm bog. Ich wusste nicht, dass ich auch an mich und meinen Seelenfrieden denken musste. Die Klatsche dafür hatte ich längst bekommen. Mein Körper und meine Seele wollten endlich auch einmal von mir gestrei- chelt und nicht immer nur gehetzt werden. Es gab kein Dankeschön. Das musste ich mir selbst ganz hart erarbeiten. Wer sollte das für mich tun? Nur ich! Es gab keinen Zweifel. Ich verstand langsam, aber sicher, dass ich mir in all den Jahren viel zu viel zumutete, ohne mir selbst einmal etwas Gutes zu tun. Das war ein völlig fremdes Gefühl für mich. Ich musste lernen, „NEIN" zu sagen, was mir bis heute sehr schwer fällt. Es kostet mir jedes Mal Überwindung. Aber ich muss mich endlich vor dieser Ausnutzung durch andere schützen. Ich möchte nicht wieder in diese Spirale geraten. Ich weiß, dass ich andere manchmal damit vor den Kopf stoße, und das tut mir am meisten weh. Aber anders geht es nun mal nicht. Ein gesunder Egoismus hat noch niemandem geschadet, sicher auch mir nicht. Und wer das nicht versteht, dem kann ich leider auch nicht helfen. Natürlich habe ich keinen Stein in mir. Da ist immer noch dieses große, große Herz, das sich „einfach" nur nach Liebe sehnt. „Einfach" hört sich einfach an und lässt sich auch einfach schreiben. Doch es ist wohl das Schwierigste, wonach ich suche. Aber vielleicht sollte man gar nicht danach suchen. Erwartungen werden enttäuscht. Ich sollte mich eher vom Leben überraschen lassen. Vielleicht kommt das Glück irgendwann auch zu mir. Das wäre schön. Ich bin weder blind, noch taub, und in der Lage, mich über kleine Glücksmomente zu freuen. Und ich sehe und höre sie. Zum Glück kann ich diese mitt- lerweile auch genießen. Das Leben besteht leider nicht immer nur aus solchen Momenten. Ich kann froh sein, dass ich einigermaßen gesund bin, und dass es meiner Tochter und ihrer kleinen Familie in Amerika einigermaßen gut geht. Das Enkelkind ist gesund zur Welt gekommen und entwickelt sich prächtig. Aber ich erzähle dir gleich mehr davon. So, jetzt musste ich eine kleine Pause einlegen, denn es geht in die nächste Runde, die mir viel Kraft rauben wird. Ich musste erst ein wenig davon auftanken. Schnall dich noch einmal an! Nimm meine Hand, da- mit ich weiß, es ist jemand bei mir. Diese Fahrt möchte ich nicht allein durchstehen müssen. Nicht schon wieder. Es wird noch einmal heftig. Vielleicht nicht für dich, aber für mich. Ich brauche dich jetzt. Du wirst im Nachhinein verstehen, warum.

Eigentlich kostet mich dieses Buch wahnsinnige Kraft, aber es ist für mich auch Verarbeitung und Loslassen. Ich will nicht, dass mich die Vergangenheit immer noch so sehr belastet. Ich möchte endlich damit abschließen und darüber reden und schreiben können, ohne dass es mich schüttelt und quält. Eine große Strecke habe ich ja bereits hinter mir gelassen. Ich habe viel, sehr viel dadurch für mich verarbeiten können. Sicher, es war für mich nicht leicht. Vielleicht lässt sich das alles leicht lesen und aufnehmen, weil es einfach und verständlich geschrieben ist. Es war jedoch harte Arbeit. Ganz ehrlich! Tatsächlich bin ich ein bisschen stolz auf mich, dass ich das alles aufgeschrieben habe, auch wenn es zwischenzeitlich Phasen gab, wo ich überlegt habe, wofür ich das eigentlich tue. Heute weiß ich, dass es mir im Endeffekt weitergeholfen hat, mit der Angst fertigzuwerden. Vielleicht hilft es auch dir weiter, wenn du hörst, wie mein Leben verlief und du siehst, dass es doch immer wieder weiter geht. Jeden Tag geht die Sonne auf, wenn man sie auch manchmal nicht sieht. Die Welt hört nicht auf, sich zu drehen. Das Leben geht weiter, egal wie. Höhen und Tiefen müssen wir immer und immer wieder durchleben. Wir müssen nur aufpassen, dass uns die Tiefen nicht in die Knie zwingen. Aber ich bin nicht Gott, Berlin ist nicht Deutschland und Amerika ist nicht die Welt. Jeder muss für sich entscheiden, wie er seinen weiteren Weg im Leben gehen möchte. Auf die einfache Art und Weise, oder will er lieber den steinigen Weg nehmen. Ich habe mich, meistens jedenfalls, für den steinigen entschieden. Du fragst, warum? Wenn ich dir darauf eine Antwort geben könnte, würde ich das tun. Vielleicht wäre mir alles andere zu einfach und zu langweilig. Ich habe viel Gutes und Schönes im Leben erlebt, aber noch viel mehr Schlechtes und Aufregendes. Auf manches hätte ich gern verzichtet, glaube mir. Aber es war so, wie es war. Ich kann das alles ja nicht mehr rückgängig machen. Es gibt auch wenig, was ich bereue. Alles gehört zu meinem Leben. Und wer weiß, vielleicht hätte ich nie im Leben dieses Buch geschrieben. Also, es hatte auch was Gutes. Ich wünsche mir nur von ganzem Herzen, dass ich dir und vielleicht auch den Menschen, die sich dieses Buch reinziehen, die Augen auf irgendeine Art und Weise öffnen kann und sie verstehen, dass es für Probleme immer eine Lösung geben wird. Ich bin noch da und habe noch Kraft und Power. Ich bin neugierig darauf, was das Leben mir hier auf der Erde noch zu bieten hat. Vielleicht macht genau diese Neugier mich stark. Du weißt, ich habe auch meine Durchhängephasen. Die sind in Ordnung für mich. Dann fahre ich eben mal einen Gang runter und ruhe mich mehr aus. Selbst dann geht die Welt nicht unter. Wenn diese Phasen vorüber sind, geht das Leben wieder weiter. Na und, was soll´s? Soll ich mich verrückt machen? Für wen, für was? Arschlecken - darauf habe ich keinen Bock mehr. Ich habe lernen müssen, das Leben und meine Zipperlein anzunehmen. Und siehe da, „ich" komme klar damit. Was andere darüber denken, ist mir längst egal. Ich bin ich und ich bin, wie ich bin. Punkt! Ich pfeife drauf, wenn irgendjemand sich über mich das Maul zerfetzt. Du weißt ja, solange die Leute über einen reden, ist man wenigstens noch interessant. Na, wenn das nicht von Selbstbewusstsein zeugt, dann weiß ich auch nicht, grins. Ich provoziere gern und oft. Das hast du ja schon mitbekommen. Vielleicht bin ich auch ein etwas unbequemer Mensch. Aber was und wer ist, bitteschön, „normal". Ich passe in keine Schublade und es soll niemand versuchen, mich dort hineinzustecken. Am Ende mache ich doch, was „ich" will. Mittlerweile zumindest. Soviel dazu.

Ja, die Achterbahn setzte sich also schon wieder in Bewegung. Ich dachte, die Fahrt wäre vorüber, aber von wegen. Typischer Fall von „haste gedacht".

Die Medikamente, die mir die Heilpraktikerin verschrieb, begannen langsam zu greifen. Trotzdem schaukelte sich die Angst aber schon wieder ein wenig hoch. Mal war es besser, mal schlechter. Ich war noch nicht am Ziel angelangt. In mir machten sich erneut Unwohlsein und innere Unruhe breit. Es sollte mir doch schon viel besser gehen. Ich verstand das alles wieder einmal nicht. Es war ja auch sehr schwierig. Dieses Verzeihen, Vergeben, Loslassen und Verarbeiten war nicht so einfach. Mein Gehirn sollte das ja auch alles verstehen, warum ich mich mit diesem Seelenmüll beschäftigen musste. Das war nicht einfach. Es gab ja zum Teil wirklich Situationen in meinem Leben, die ich lieber nicht durchlebt hätte. Es war viel, was verarbeitet werden musste. Das konnte nicht mit einem Fingerschnipp verschwinden. Im nächsten Leben werde ich Magier.

Ich steckte also mitten in meiner Verarbeitungs-, Vergebens-, Verzeih-,

Loslass- und Annehmphase, als mich ein fürchterlicher Schock überrannte. Von Angst und Panik immer noch geschwächt und nicht wirklich fähig, das Leben „normal" leben zu können, kam es zum nächsten Knall. Es zog mir wieder den Boden unter den Füßen weg. Und diesmal so richtig heftig.

Die Achterbahn setzte sich in Bewegung und raste mit mir unaufhörlich und immer schneller. Die Angst freute sich. Sie war ja schwindelfrei. Ich kotzte mir die Seele aus dem Leib, doch das störte sie nicht. Die Angst fraß mich fast auf. Sie konnte mit mir zum Millionär werden, denn sie wurde immer reicher und ich immer ärmer. Was war nur los?

Ich hatte abends bis etwa gegen 22.00 Uhr mit meinem Freund telefoniert. Danach hatte ich noch ein wenig ferngeschaut und wollte dann ins Bett gehen. Es war so gegen 22.15 Uhr, als mein Telefon wieder klingelte. Alle meine Freunde, Bekannten und Verwandten wissen, wann ich morgens aufstehen muss, und dass man mich dann doch bitte nur in der allergrößten Not anrufen sollte. Es war ein Anruf mit unterdrückter Rufnummer. In meinem gesamten Bekanntenkreis gab es nicht viele, die mit unterdrückter Nummer anriefen. Zuerst dachte ich, mein Freund hätte irgendetwas vergessen, was er mir noch sagen wollte. Doch den Gedanken verwarf ich eigenartigerweise. Ich hatte das Gefühl, dass etwas passiert war. Also nahm ich den Hörer ab und meldete mich. Am anderen Ende der Leitung hörte ich nur jemanden sagen: „…, ist tot."

Was jetzt? Wie jetzt? Wer ist tot? Ich dachte im ersten Moment wirklich, da will mich jemand verarschen. Es war aber nicht so. Ich habe das nicht schnallen können. Wer war das? Wer rief mich da an und machte solche blöden Scherze? Meine Gedanken spulten. Ich war völlig aus dem seelischen Gleichgewicht geraten.

Mein Neffe war tödlich verunglückt. Starre! Einfach nur Starre und wahnsinniges Herzklopfen überrannten mich. Ich wollte das nicht durchmachen und verstand die Welt nicht. Wo war der liebe Gott? Hilfe, rettet mich doch endlich einmal! Nicht wieder eine schlechte Nachricht! Ich verkrafte das doch gar nicht mehr. Warum, warum, warum? Ich konnte keinen klaren Gedanken fassen, lief wie ein Tiger durch die Wohnung, kramte alle meine schwarzen Klamotten raus und wusste nicht, was ich tun sollte. Ich wusste nur, dass ich am anderen Tag in Mecklenburg sein wollte, an der Seite meiner Schwester. Ich wollte sie nicht mit ihrem Leid allein lassen. Mein Neffe war ihr einziges Kind, ihr

Sonnenschein, ihr Prinz. Natürlich wusste ich auch, dass ich sie nicht trösten konnte. Ich konnte einfach nur da sein. Ich rief meinen Freund an. Er setzte sich sofort ins Auto und wollte mich in dieser Situation nicht allein lassen. Ich war unendlich froh darüber. Jetzt musste ich das aber irgendwie meiner Tochter beibringen. Sie war gerade bei ihrem jetzigen Mann, damals noch ihrem Freund. Was sollte ich ihr sagen? Wie sollte ich es ihr sagen? Ich begriff das ja selbst kaum. Sie sollte sich nicht mit diesen Gedanken ins Auto setzen. Ich hatte auch Angst um sie, dass sie sich nicht auf die Straße und den Verkehr konzentrieren könnte. Ich versuchte, sie über das Handy zu erreichen. Meine Tochter meldete sich am Telefon. Sie fragte, warum ich anrufe. Ich sagte ihr, sie solle heimkommen. Jetzt, sofort! Ich konnte und wollte ihr nicht mehr sagen. Sie verstand das nicht und wollte wissen, was los sei? Ich sagte ihr, dass ich ihr das zu Hause erzählen würde. Sie war aufgeregt und ich versuchte, ihr die Aufregung zu nehmen. Die Nacht wurde lang. Meine Tochter kam und sah mein verzweifeltes Gesicht. Ich nahm sie in den Arm und wir setzten uns auf das Sofa. Nun musste ich ihr die grausame Nachricht mitteilen. Sie stand verständlicherweise auch unter Schock und wir weinten. Ich nahm mein Handy und schickte meiner Arbeitskollegin eine SMS, in der ich ihr mitteilte, dass ich dringend und sofort Urlaub brauchte und schrieb ihr auch den Grund. Mit meinem Urlaub ging es in Ordnung. Jetzt musste ich meine Tochter, die sich gerade in der Ausbildung befand, noch von der Berufschule befreien. Das erledigte ich am anderen Tag frühmorgens. Wir haben alle nicht geschlafen. Es war heiß und gegen 12.00 Uhr mittags, als ich mich mit meiner Tochter und unserem schon betagtem Hund ins Auto setzte und wir uns auf die große Reise ins Ungewisse machten. Mein Freund konnte uns nicht begleiten. Seine Tochter hatte das Wochenende darauf Konfirmation. Ich verstand, dass er bei ihr sein wollte.
Eine Strecke von circa 800 km lag vor uns. Stau, stockender Verkehr, Hitze und das Gefühl von unendlicher Ohnmacht. Gedanken, die irgendwo im Nirgendwo umherschwebten. Völlige Leere. Nicht begreifen oder verstehen können, aber annehmen müssen und nicht wollen. Hirn irgendwie zusammennehmen und auf den Verkehr konzentrieren. Zittern, weinen, traurig sein. Auto fahren - wie auch immer.
Der Schock steckte uns noch in den Gliedern und wir wussten nicht, was uns in Mecklenburg erwarten würde. Ich weiß nicht, wie ich die

Fahrt hinter mich gebracht habe, aber wir waren nach circa elf Stunden endlich am Ziel unserer Fahrt angelangt. Es war bereits dunkel und uns beiden war es unheimlich. Es war niemand da, der uns beiden Trost spendete und aus unserer Ohnmacht und Hilflosigkeit herausholte. Was sollten wir sagen? Was sollten wir tun?

Wir betraten das Haus. Mir kam es wie ein Geisterhaus vor. Es war nicht mehr das schöne, freundliche Haus, das ich aus vergangenen Zeiten kannte. Alles schien mir verändert. Eine eigenartige Ruhe strömte uns entgegen. Meine Tochter und ich gruselten uns tatsächlich. Aber der Tod fragt nicht danach, wie es den Hinterbliebenen geht. Mein Schwager erwartete uns bereits sehnsüchtig. Er war völlig aufgelöst und mir tat das alles unendlich leid und sehr weh. Wir alle waren am Verzweifeln. Meine Schwester befand sich im Schlafzimmer. Ich hatte mit Recht Angst davor, was mich jetzt dort erwarten würde. Der Schock, der uns noch in den Gliedern saß, wurde vom nächsten Schock übertroffen. Ich erkannte meine Schwester fast nicht. Sie saß im Bett und kam mir völlig fremd vor. Sie war um Jahre, nein, Jahrzehnte gealtert. Wir erschraken. Was sollte ich ihr denn jetzt nur sagen? Herzliches Beileid? Was für ein Quatsch! Das hilft doch niemandem weiter. Gewünschtes Beileid erweckt keinen zum Leben und vertröstet keinen Hinterbliebenen. Ich nahm sie in den Arm und habe mit ihr geweint. Wir alle haben geweint. Es war ganz, ganz schlimm. Ich wünschte mir, dass das alles nicht passiert wäre. Sie sollte auch das Glück im Leben haben, das ich mir immer so sehr herbeigewünscht habe. Aber es hat nicht sollen sein. Leider waren die Wirklichkeit und die Realität grausam und unwiederbringlich. Meine Tochter tat mir ebenfalls leid, weil ihre jugendliche Unbeschwertheit eine Wende nahm und sie Elend, Leid und Trauer miterleben musste. Ich konnte sie nicht davor schützen. Der Tod gehört mit zum Leben.

Meine Tochter und ich fürchteten uns irgendwie. Wir wollten eine Zigarette rauchen, aber es war bereits Nacht. Im Haus herrschte Rauchverbot. Wir gingen also hinaus. Draußen war eine bedrückende und beängstigende Stille. Meine Tochter wollte wieder nach Hause. Ich sprach mit ihr und versuchte ihr zu erklären, dass einfach nur unsere Anwesenheit jetzt zwar nicht helfen könne, aber dringend gebraucht wurde. Ich nahm sie in den Arm. Wir weinten und weinten. Was war das für ein unsägliches Leid.

Es ist das Schlimmste, wenn man ein geliebtes Kind verliert. Es ist das Schlimmste, so glaube ich, was einem widerfahren kann. Ob man so einen Verlust im Leben jemals verarbeiten kann?

Ich bin nicht in der Lage, das alles zu beschreiben. Eigentlich möchte ich auch gar nichts weiter darüber schreiben. Mittlerweile sind über zwei Jahre verstrichen, aber das Leben hat sich verändert. Es ist nicht mehr so beschwingt und froh, wie es mal war. Sicher, es geht immer weiter, aber anders. Auch die Trauer verändert sich. Doch so einen Verlust verkraften zu müssen, das ist eine Lebensaufgabe. Ich bin heute sehr froh darüber, dass meine Schwester nicht ganz daran zerbrochen ist. Ihr Leben hat andere Züge angenommen. Die Prioritäten haben sich geändert. Sie hat sich zum Glück nicht ganz aufgegeben und lieber Gott, wenn es dich tatsächlich gibt, dann danke ich dir wenigstens dafür.

Ich wurde mit dem Tod konfrontiert und musste mich der Situation stellen. Ich wurde stark, weil alle, die mitleiden mussten, auch stark, und zwar noch stärker als ich, sein mussten. Ich habe es geschafft, auf den Friedhof zur Beerdigung mitzugehen. Ich wollte keine Schwäche zeigen und bot der Angst die Stirn. Diesmal hatte sie mich nicht im Griff. Ich habe es nicht zulassen wollen. Sie hat versucht, mich wieder unterzubuttern. Aber ich verscheuchte sie. Sie hatte mich Nächte vorher nicht schlafen lassen. Jede Nacht vor der Beerdigung wachte ich mehrmals schweißgebadet auf. Nur vom Friedhof ließ ich mich nicht von ihr verscheuchen. Das wollte ich niemandem antun. Außerdem hatte ich ja, während ich an der Studie über Angst und Panik teilnahm, lernen müssen, auf einem Friedhof auszuharren, auch wenn die Angst noch so stark wird. Hier konnte ich das Erlernte tatsächlich in die Tat umsetzen. Sicher war es nicht einfach. Ich machte mir vorher wieder Gedanken, was denn werden würde, wenn ich wieder einen „sogenannten" Herzinfarkt erleiden würde, der sich dann als Panikattacke entpuppt. Ich verwarf diesen Gedanken ganz schnell, da ich an das Leid meiner Schwester dachte und jetzt keine Schwäche zeigen wollte. Sie sollte wegen mir und meiner Angst kein schlechtes Gewissen bekommen und sich um mich sorgen müssen. Sie hatte wirklich genug zu ertragen.

Während dieser Woche, als meine Tochter und ich uns bei meiner Schwester aufhielten und in den Beerdigungsvorbereitungen steckten, erhielt meine Tochter einen Anruf von ihrem Freund. Er musste in zwei Wochen wieder zurück nach Big Amerika. Auch das noch! Meine Tochter heulte sich die Augen aus dem Kopf. Ich tröstete sie und sagte ihr, dass ihr Freund, wenn das möglich sei, die restliche Zeit bei uns bleiben könnte, wenn wir wieder zu Hause wären. Hm, das Elend nahm und nahm einfach kein Ende. Er war Amerikaner und hier stationiert. Jetzt wurde er wieder in die USA versetzt. Auch das konnte niemand aufhalten. Meine Tochter war sehr verliebt und ich wusste, dass ich sie irgendwann auf diese Art verlieren würde und loslassen müsste. Mir war klar, dass sie mit ihm nach Amerika geht. Das hatte sie mir immer schon gesagt, als Kind schon. Sie sagte immer: „Mama, ich gehe nach Amerika. Kommst du mit?"

Ich habe das nie für Spinnerei gehalten, denn das habe ich ihr geglaubt. Es kam immer aus vollem Herzen, wenn sie mit mir darüber sprach. Und ich sollte recht behalten.

Wir waren wieder daheim. Unser Leben hatte nun auch andere Züge angenommen. Jeder trauerte auf seine Art und Weise. Manchmal trauerten wir beide gemeinsam und weinten viel. Der Freund meiner Tochter lebte noch diese eine Woche bei uns, bevor er zurück in die USA musste. Wir hatten viel Spaß mit ihm. Er brachte ein wenig Abwechslung in unser, mit Trauer getränktes, Leben. Dann kam der Tag, an dem er wieder abreisen musste. Ich habe mit meiner Tochter und meinem „fast" Schwiegersohn um die Wette geheult. Wir fuhren ihn zum Flughafen.

„Abschied ist ein bisschen wie sterben." Mensch, tat mir das alles leid. Zwei junge, glückliche Menschen wurden innerhalb von wenigen Sekunden getrennt, und dann auch noch diese Entfernung. Konnte das gut gehen?

Meine Tochter befand sich am Ende ihrer Ausbildung. Sie trauerte um ihren Freund, den sie nun auch verloren hatte. Ich verstand sie, und das alles tat mir auch unendlich weh. Urplötzlich bekam sie einen Knall. Sie stand kurz vor der Prüfung und wollte in den Sack hauen, um zu ihrem Freund nach Amerika fliegen zu können. Die Sehnsucht war stärker als alles andere. Ich musste mit Engelszungen auf sie einreden. Im Guten und im Bösen wurde diskutiert. Ich sagte ihr, dass sie nicht eher nach Amerika reisen darf, ehe sie nicht die Ausbildung beendet und die Prüfung hinter sich gebracht hat. Wir hassten uns zu diesem Zeitpunkt wohl beide.

Ich blieb auf meinem Standpunkt. Es gab kein Geld für die Reise ohne

Abschluss. Auweia. Was haben wir gelitten. Jeder von uns war auf den anderen böse. Aber es half nichts. Ich wollte nicht, dass sie diese ganze Ausbildung für die Katz gemacht hatte. Meine Tochter verstand mich nicht. Doch das war mir egal. Ich setzte mich durch, mit aller Kraft, die mir noch zur Verfügung stand, und prügelte sie verbal zur Prüfung. Ob das richtig war? Ich weiß es nicht. Auf alle Fälle hat sie ihren Abschluss. Mich schaukelte das alles von einer Ecke in die andere. Das war so viel auf einmal. Jetzt kam auch noch hinzu, dass unser Hund alt und krank war. Dieser Hund war für mich fast wie ein zweites Kind. Ein Kind, das nie erwachsen wurde. Er war mir ebenfalls ein treuer Weggefährte durch alle Höhen und Tiefen, die ich durchleben musste. Immer war er für mich da. Stets freundlich und niemals falsch. Über Jahre begleitete er mich zur Arbeit. Er war intelligent und ich war seine „Mama". Dieses treue Tier konnte sprechen, ohne etwas zu sagen. Wir zwei verstanden uns ohne Worte. Er konnte an meinen Gesten, Blicken und der Art meines Tonfalles erkennen, wie ich mich fühlte. Mein Hund war ein besonderer Hund für mich und ich war wohl auch eine besonders tolle Mama für ihn. Jetzt war er blind, taub, hatte Wasser in der Lunge, ein vergrößertes Herz und die Knochen …, ja, die Knochen hielt ich jedes Mal fast einzeln in der Hand, wenn ich ihn auf den Arm nehmen musste. Da er blind war, musste ich ihn nun des Öfteren tragen.
Eines Morgens wurde ich durch einen lauten Schrei vom Hund geweckt. Er hatte Schmerzen. Die Schmerzmittel und Spritzen versagten. Der Hund erlitt höllische Schmerzen. Meine Tochter hatte die Prüfungen für die Ausbildung noch nicht hinter sich gebracht. Eigentlich wollte ich den Hund wenigstens noch so lange am Leben lassen, bis die Prüfungen vorbei waren. Er schaffte es nicht. Er litt und ich hielt es nicht mehr aus. Mir tat das Tier leid. Ich rief beim Tierarzt an und meldete meinen Hund zum Einschläfern an. Vorher fuhr ich noch an der Ausbildungsstätte meiner Tochter vorbei, damit sie sich von ihm verabschieden konnte. Sie bat mich, ihn jetzt nicht einschläfern zu lassen. Das alles nahm sie auch mit. Sie musste das ebenfalls alles verarbeiten. Es blieb aber gar keine Zeit.
Eine Klatsche folgte der Nächsten. Oh, oh, oh! Meinen geliebten Hund musste ich jetzt „umbringen" lassen. Es half alles nichts. Er quälte sich nur noch. Ich fasste all meinen Mut und die übrig gebliebene Kraft zusammen und fuhr mit ihm an diesem Tag zum Tierarzt. Mein Ent-

schluss stand felsenfest, dieses Tier nicht mehr weiter leiden zu lassen. Meine supernette Tierärztin begrüßte mich freundlich und wusste, was auf dem Plan stand. Der Hund bekam seine zwei Spritzen. Ich hoffe nur, dass er nicht allzu sehr darunter leiden musste. Aber ich tröste mich und denke, es war für ihn eine Erlösung. Die Tierärztin weinte mit mir. Sie wusste, dass dieser Hund es gut bei mir hatte, denn sie kannte ihn von klein auf.

Jetzt hatte ich noch ein geliebtes Wesen verloren, an das ich und vor allen Dingen mein Herz hing. Wir hatten viel, viel Spaß mit diesem Hund. Meistens hatte er Unfug im Kopf. Ich weiß nicht, aber er hatte immer irgendwelche verrückten Ideen. Das ist nicht nur so daher geschrieben. Es war tatsächlich so. Aber das ist hier nicht das Thema. Jetzt musste ich wieder einen Verlust verarbeiten. Zeit dazu blieb mir wenig.

Meine Tochter hatte ihre Prüfung nun bestanden und drängelte, endlich nach Amerika fliegen zu dürfen. Mir war unwohl bei dem Gedanken. Sie war nie allein von zu Hause weg und dann gleich nach Amerika? Ich war eine „Über"- Mama. Ich versuchte, die Gedanken zu verdrängen, die sich da bereits wieder in mir breit machten. Es gelang mir nicht. Eigentlich wusste ich genau, wenn sie dort hinfliegt, will sie irgendwann dableiben. Ich wollte sie nicht verlieren und loslassen. Das Leben fragt manchmal nicht danach, was man will. Andere – wie zum Beispiel meine Tochter – müssen ihr eigenes Leben führen. Ich konnte und durfte ihr einfach nicht im Weg stehen, nur damit es „mir" gut ging. Sie hatte eine andere Einstellung.

Wir buchten den Flug. Ich hatte Herzklopfen, fühlte mich elend und machte mir Gedanken um ungelegte Eier. Man kann sich wirklich verrückt denken. Schlafstörungen machten sich immer mehr bemerkbar. Ich hatte wieder Angst vor dem Alleinsein und Angst vor der Angst. Mein geliebtes Kind musste ich nun loslassen und einem fast Fremden überlassen. Ich konnte sie nicht mehr beschützen. Sie wollte es nicht mehr. Sie wollte endlich aus dieser Zwangsjacke ausbrechen und volle Kanne ins Leben springen. Mir blieb nichts anderes übrig. Ich musste mich beugen. Sie sollte ja auch glücklich sein. Vor allen Dingen sie. Ihre Kindheit war nicht gerade prickelnd. Sie hatte jemanden gefunden, bei dem sie das Gefühl hatte, geliebt zu werden. Ich durfte mich nicht dazwischen werfen. Was hätte mir hier eine unglückliche Tochter genützt? NICHTS.

Sie sagte einmal zu mir: „Mama, du sagst immer, es ist leicht WAS zu finden, aber es ist schwer, DAS zu finden. Und ich denke, ich habe DAS gefunden."

Sollte ich dagegen noch einen Spruch loslassen? Sollte ich dem noch etwas entgegensetzen? Sie war über beide Ohren verliebt und sollte diese Liebe genießen dürfen. Es war ja eh alles schon sehr schwierig. Die beiden chatteten jede Nacht. Es kam, wie ich es vorausgeahnt hatte. Meine Tochter flog nach Amerika. Jetzt war ich total einsam.

Wieder machte sich Angst breit. Was würde aus mir werden, wenn sie in Amerika bleiben, heiraten und eine Familie gründen wollte? Langsam, aber sicher, überkam mich die Lebensmüdigkeit. Was hatte ich eigentlich noch zu verlieren? Was sollte mir nun noch genommen werden? Ich war kaum noch fähig, das Bett zu verlassen. Ich hatte keine Kraft mehr, die Rollläden hochzuziehen und ertrank in Selbstmitleid auf dem Sofa. Manchmal fragte ich mich, was ich Schlimmes verbrochen hatte, dass ich so gestraft und mir alles genommen wurde. Alles, was ich liebte. Alles das, wofür ich meine große Liebe ausleben konnte und durfte. Ein Burnout hatte mich voll im Griff, gekoppelt mit Angst, Panik und Depressionen vom Allerfeinsten. Ich hatte nie richtig gelernt, mich mit mir zu beschäftigen. Mein Leben war auf meine Tochter und den Hund ausgerichtet. Und jetzt? Nur ich war übrig geblieben, aber ich existierte ja nie. Meine Hausärztin erkannte, wie beschissen es mir ging. Sie verschrieb mir Medikamente. Ich war nicht mehr fähig, arbeiten zu gehen. Ich konnte mich kaum selbst versorgen. Nichts ging mehr. Stillstand. Ganz, ganz schlimme und fürchterliche Gedanken spukten in meinem Kopf herum, die mir selbst Angst machten. Ich möchte das nicht weiter beschreiben, denn ich will ja Mut machen.

Mein Lachen, meine Fröhlichkeit, mein Pfeifen, mein ganzes „spinnertes" und verrücktes Wesen, meine dumme Sprücheklopferei, alles war weg. Pfffff, einfach weggepustet. Die Sonne ging für mich nicht mehr auf. Die Welt hörte auf, sich zu drehen, für mich jedenfalls. Das kann sich niemand vorstellen, der das nicht durchlebt hat. Das ist einfach nur Scheiße. Alles war dunkel.

Ich musste da raus. Nur wie? Gab es dafür einen Ausweg? Ja! Du siehst mich ja heute. Du siehst, dass es mir gut geht. Vielleicht siehst du mich jetzt mit anderen Augen. Aber ehrlich, das hättest du niemals vermutet. Du hast zwar ein zartes Persönchen, aber auch eine starke Frau gesehen. Am Anfang jedenfalls. Wenn du denkst, dir geht es schlecht, dann lies diese Zeilen immer und immer wieder. Überlege, ob es dir wirklich schlecht geht. Lass dir das alles durch den Kopf gehen! Vielleicht kann dich das ein wenig stärken. Du bist mit deiner Verzweiflung und in deiner Ausweglosigkeit nicht allein. Hier heißt es immer und immer wieder: Aufraffen, auch wenn es noch so schwer fällt. Aufstehen, sich nicht gehen lassen.

Natürlich darf man traurig sein. Selbstverständlich ist man nicht jeden Tag gut drauf und möchte sich mal den ganzen Tag die Decke über den Kopf ziehen, das Telefon einfach klingeln lassen. Das darf man auch. Keine Frage. Das tut auch mal gut. Manchmal kann man daraus auch Kraft für sich schöpfen. Aber, das Leben, das wirkliche und reelle Leben, geht weiter. Für dich, einfach nur für dich. Nutze die Zeit, in der du dich gut fühlst! Jeden Moment! Dreh die Musik mal so richtig auf! Geh tanzen, geh ins Kino und schau dir einen lustigen Film an! Verwöhn dich mit gutem Essen und Trinken und lass keine Feier aus! Lass die Sau fliegen, wenn dir danach ist und bereue es nicht! Es gibt nichts zu bereuen. Lass dir ein Bad ein und genieße den Wein dazu! Spinn dir irgendwas Lustiges zurecht! Sei wieder Kind und tanze fröhlich durch die Wohnung! Was auch nicht zu verachten ist, lies gute Bücher! Ich habe nie viel gelesen. Aber ich habe gute Bücher gelesen, als es mir schlecht ging. Wenn du das Gefühl hast, du kommst aus deinem riesengroßen Loch nicht mehr heraus, scheue dich nicht, einen Psychologen aufzusuchen. Es wird dir garantiert hinterher nicht schlechter gehen. Was hast du dadurch zu verlieren? Dir muss nichts peinlich sein. Unser Leben besteht nun mal auch aus Peinlichkeiten. Es kostet mich schon viel Überwindung, meine Peinlichkeiten hier auszubreiten. Aber, verdammt nochmal, das war nun mal so in meinem Leben. Vor wem muss ich mich denn eigentlich verstecken? Was soll ich rechtfertigen? Immer raus damit! Lass nicht zu, dass Gedanken dich am Stück quälen und dir dein Leben vermiesen! Tu was! Nur du kannst etwas dagegen tun. Es wird dir niemand sonst weiterhelfen. Öffne deine Seele und du wirst sehen, dass dir geholfen wird. Nimm die Tipps an! Nimm sie einfach nur an und lerne sie zu verstehen! Versuche, dein Leben zu ändern! Stell von mir aus alles auf den Kopf, aber ändere etwas! Es geht nicht anders. Alles andere hält dich nur auf. Auch du schaffst das. Vertrau mir! Du weißt ja jetzt, wie beschissen es mir ging. Und du siehst ja, dass mir jetzt eigentlich gar nicht so schlecht geht. Also, ändere dein Leben! Jetzt und nicht erst nächste Woche, nächsten Monat oder nächstes Jahr.

Es geht weiter. Hör mir zu! Komm, jetzt nehme ich dich in den Arm. Weine dich aus! Schäm dich nicht! Ich verstehe das, glaube mir. Du hast hier einen Freund an deiner Seite, nach dem du vielleicht gesucht hast, der dein Leid und deine Aussichtslosigkeit versteht. Bei mir und mit mir muss sich niemand für irgendetwas schämen.

Meine Hausärztin sprach das Thema „Kur", oder besser „Reha", an. Öhhhh, neee! Kannste gleich abhaken, Frolleinchen! Nich mit mir! Hat mir schon wer anders anjeboten. Will ick nich. Da hab ick dann ja janz eenen anne Klatsche (habe ich so bei mir gedacht) und janz balla-balla bin ick ja nu oooch nich. Könnte ick da aba vielleicht werden.

Meine Güte, was habe ich mir denn nur unter einer psychosomatischen Reha vorgestellt? Einfach nur lauter völlig Bekloppte und Abgedrehte. Ich darf nicht mehr raus und werde mit Medikamenten ruhiggestellt und voll gestopft. Meine sieben Sinne wollte ich schön beieinander halten.

„Neee, neee, ick will nich zur Kur. Dat ham se mir ja schon vor zwee Jahren anjeboten und die Uniklinik ooch. Dat is nüscht für mich. Kann man dat nich anders loswerden? ´N Psychologe nochmal wär nich schlecht. Aba een, der oooch Zeit hat, damit ick nich wieda wochenlang alleene rumschlenka und nich weeß, wo ick hinsoll, mit meine Probleme." Hört sich vielleicht lustig an, war es aber damals nicht. Das kann ich dir sagen.

Also, es schaukelte mich weiter und weiter. Mittlerweile war ein Arbeitskollege von mir, der in meinem Alter war, schwer erkrankt. Er wusste, dass er nicht mehr lange zu leben hatte. Wir haben manchmal telefoniert. Ab und zu rief er auf der Arbeit an. Kurz bevor es mit ihm zu Ende ging, ließ er sich noch einmal zur Arbeit fahren, um sich von seinen Arbeitskollegen zu verabschieden. Huh, das ist auch ein Gänsehautgefühl, oder? Kurz darauf ist er tatsächlich verstorben. Ich bin mit zur Urnenbeisetzung gegangen, obwohl ich wusste, dass es mir selbst nicht gut ging. Aber irgendwie hatte ich das dringende Bedürfnis in mir, ihm die letzte Ehre zu erweisen. Heute bin ich froh darüber, dass ich das damals gemacht und mich nicht von der Angst unterkriegen lassen habe. Du siehst, alles kostet Überwindung. Heikle Situationen, die einem schon in Gedanken Angst machen, sowieso. Du kannst die Angst nur überlisten, in dem du dich immer wieder diesen Situationen stellst und der Angst die Stirn bietest. Sie wird sich verändern und irgendwann ganz verschwinden. Das kostet unendlich viel Kraft. Kraft, die man eigentlich gar nicht hat, denkt man jedenfalls. Ist aber nicht so. Der Mensch hält soviel aus. Ich bin ja immer noch da.

In der Zwischenzeit hatte ich auch wieder Termine bei einem Psychologen. Nochmal und wieder alles aufrollen, von vorn bis hinten. Och Mensch! Ich wollte mich nicht mehr damit beschäftigen müssen, doch mir blieb nichts anderes übrig.

Jetzt muss ich mal ganz kurz vom Thema abschweifen. Ich möchte hier deutlich machen, dass mir die Wege zum Psychologen nie geschadet haben. Von den Therapien kann ich nichts Schlechtes berichten. Und - niemand bezahlt mich für diese Worte. Sie haben ihr Handwerk gelernt, von der Pieke auf. Ich glaube, einfach haben sie es auch nicht. Es liegt ihnen viel daran, dass es ihren Patienten wieder besser geht. Sie können selbstverständlich nur Tipps und Ratschläge geben. Es liegt an mir und an jedem einzelnen Patienten, was er damit macht, wenn er seine Therapiestunde beendet hat. Will er etwas annehmen und verändern oder soll sein Leben so beschissen weitergehen. Wenn man nichts annehmen will und sich nicht öffnet, ist es natürlich hinterher immer leicht zu sagen, dass man einen schlechten Psychologen hatte. Ich kann das von mir nicht behaupten. Alles nur meine Meinung, es kann sich ja jeder hierzu selbst eine bilden.

Meine Tochter war wieder aus den USA zurückgekehrt. Sie hatte ja nur ein Kurzzeit- Visum erhalten. Doch sie wollte ganz nach Amerika gehen. War mir völlig klar! Die Liebe und die Sehnsucht übermannten sie. Jetzt wusste ich genau, dass ich sie nicht mehr halten konnte. Es gab für sie kein Zurück mehr, nur noch ein Vorwärts. Ihre Gedanken beschäftigten sich längst mehr mit ihrem zukünftigen Leben in Amerika. Innerlich war ich zerrissen und zerfressen. Ich wollte sie nicht hergeben. Nicht mein Allerliebstes auf der Welt. Mir blieb aber nichts anderes übrig. Sie war überglücklich und ich todtraurig. Ich verfiel in Depressionen. Die Psychologen- Besuche taten mir zwar gut, aber mir konnte niemand aus meiner Verzweiflung helfen. Mir graute vor dem Tag, an dem sie das ersehnte Langzeit- Visum in der Hand halten und ich sie zum Flughafen fahren würde, und vor diesem schmerzlichen Abschied. Nur die Gedanken daran zerrissen mein verliebtes Mutterherz. Ohnmachts- und Komagedanken. Mensch, Mensch, Mensch … Wie sollte das alles weitergehen und enden? Zukunftsängste! Ich machte mir ja auch darüber Gedanken, wie das ausgehen sollte, wenn sie heiraten und Kinder bekommen und dann die Ehe in die Brüche gehen würde. Wie sollte ich ihr dann nur helfen. Sie war doch etliche tausend Kilometer von Deutschland entfernt. Ich könnte doch nicht sofort einen Flug buchen und sie und das Kind zu mir holen. Alles nicht so einfach.

Die Termine beim Psychologen besuchte ich regelmäßig, immer einmal die Woche. Im Anschluss fuhr ich meistens noch eine gute Freundin besuchen. Ihr ging es auch nicht so gut. Sie hatte ebenfalls viel aus ihrer Kindheit und ihrem Leben zu verarbeiten. Wir waren irgendwie Seelenverwandte und bereits seit Jahren befreundet. Sie hatte einen netten Mann. Es war so im September, als ihr Mann sich nicht wohlfühlte. Von Woche zu Woche verschlimmerte sich sein Gesundheitszustand. Er war unheilbar erkrankt. Es sollte nicht allzu lange dauern, bis auch er verstarb. Mich nahm dieses ganze Leid wieder total mit. Ich versuchte, wenigstens ab und zu da zu sein und ein offenes Ohr zu haben. In der Not für beide da zu sein. Sein Kampf half nicht, der Tod hatte ihn zu sich geholt. Er war etwa in meinem Alter. Man bekommt schon einen Schreck und die Angst zeigt sich, wenn derartiges in so kurzer Zeit passiert. Ich hatte keine Zeit, das alles zu verarbeiten. Eine schlechte Nachricht folgte der anderen.

Es war ein grausames Jahr. Mein Neffe verunglückt, mein „Schwiegersohn in spe" nach Amerika, den Hund einschläfern lassen, die Tochter nach Amerika, den Arbeitskollegen und einen guten Freund verloren. Das muss man erst einmal verdauen.

Meine Hausärztin pochte jetzt darauf, dass ich die Reha machte. Nun war auch ich soweit und stimmte dem Vorschlag zu. Ich war am Ende, hatte keine Kraft mehr. Der kleinste Windhauch hätte mich umgepustet. Ich wollte auch noch leben dürfen und mich nicht immer nur mit schlechten, quälenden Gedanken herumquälen müssen. Zwar ging ich wieder arbeiten, war aber innerlich total ausgemergelt.

Jetzt musste richtig etwas getan werden. Die Besuche bei der Heilpraktikerin halfen mir nicht mehr wirklich weiter. Natürlich hatte ich immer noch Bammel davor, was mich da wohl in der „Kur" erwarten könnte und malte mir wieder die tollsten Sachen aus. Verrückte, Bescheuerte, mit Medikamenten Vollgestopfte - und ich mittendrin. Hilfe! Ich wollte das eigentlich nicht. Aber ich musste sehen, dass ich mich wieder auf die Reihe bekam. Zu allem Übel kam jetzt noch hinzu, dass meine Tochter in der Zwischenzeit heimlich in Amerika geheiratet hatte und schwanger war. Sie hatte ein Langzeit- Visum beantragt und wartete auf diesen Bescheid. Niemand wusste, wie lange sie noch in Deutschland blieb. Im Stillen hoffte ich, dass sie das Kind hier entbinden würde. Ich hätte ihr so gern zur Seite gestanden. Tja, falsch gedacht! …

Ich flüchtete mich in die Arbeit, um mich von meinen Gedanken abzulenken. Daheim habe ich kaum etwas auf die Reihe bekommen. Meine Tochter verlangte meine Hilfe. Sie wusste ja nicht viel vom Leben. Ich kannte mich aber mit einer Visum- Beantragung nicht aus und war total verzweifelt, weil sie mich verlassen wollte. Oh Gott, mich schaukelte das alles von einer Ecke in die andere. Am liebsten hätte ich sie irgendwo eingesperrt und nicht mehr herausgelassen. Einfach nur, dass sie nicht abhaut. Kannst du das verstehen?

Völlig apathisch funktionierte ich wieder mal irgendwie. Ich weiß bis heute nicht, wie ich das alles durchgestanden habe. Fast wäre ich daran zerbrochen.

Schau, das Leben geht doch weiter. Meine Termine waren immer enger gestrickt. Das war auf eine Art auch gut so. Ich kam nicht so viel zum Nachdenken. Und wieder und immer wieder Herzklopfen, Angst vor dem, was mich in nächster Zeit erwarten könnte, nein, würde. Totale Angst vor dem Abschied und dem völligen Absturz ins Leere, ins NICHTS. Wieder Hilflosigkeit und kein Ende in Sicht.

Der Bescheid für die Kur war da. Hm, und jetzt? Sollte ich wirklich zur Kur fahren und meine Tochter schwanger allein Zuhause lassen? Und was, wenn in der Zeit der Bescheid für Amerika eintrudeln würde? Was sollte ich dann tun? Die Kur abbrechen? Ja, das hätte ich auf alle Fälle getan. Ich hätte meine Tochter nicht ohne Abschiedszeremonie in die Fremde gelassen. Im Innern hoffte ich immer darauf, dass sie es sich doch noch anders überlegen würde. Aber das war und blieb Wunschdenken meinerseits. Meine Tochter wusste, dass sie mir sehr weh tat und mein Herz fast verblutete, aber die Liebe zu ihrem Mann siegte. Wer weiß, vielleicht hätte ich mich auch von nichts und niemanden davon abbringen lassen, wenn ich an ihrer Stelle gewesen wäre. Sie ging schnurstracks durchs Leben und jeder wunderte sich über sie. Das erste Mal in ihrem Leben ist sie über ihren Schatten gesprungen. Es machte sie stark und tat ihr gut. Sie war flügge und reif für den Flug in eine unbekannte Welt. Sie freute sich darauf. Ich durfte ihr diese Freude nicht verderben.

Wir führten beide lange Gespräche. Ihr Entschluss stand mehr als felsenfest. Ich hatte auch diesen Kampf verloren.

Demut, Verletzung, Verzweiflung, Trauer. Alles spielte eine Rolle. Meine Gefühle wurden durcheinander geschüttelt. Ich konnte sie nicht ordnen. Noch einmal mit ihr lachen, noch einmal mit ihr weinen, sie noch so oft wie möglich in den Arm nehmen und ihr immer wieder sagen, wie lieb ich sie doch habe - mehr blieb mir nicht. Ihr noch einmal soviel „Mutterliebe" wie möglich geben, damit sie noch lange davon zehren und sie auch weitergeben konnte. Noch einmal diesen letzten Strohhalm grabschen, der immer kürzer wurde. Jeden Tag, Stück für Stück. Mehr blieb auch ihr nicht. Sie hatte keine Angst vor dem, was da auf sie zukommen würde. Ich schon. Ich fürchtete mich direkt davor. Puh, das tut mir aber noch so richtig dolle weh. Ich glaube, da muss ich noch einmal was tun. Da kullern selbst mir beim Schreiben die Tränen, obwohl ich schon ewig nicht mehr weinen konnte. Ja, mein liebendes Mutterherz leidet wohl immer noch ganz stark darunter.

Meine Kur musste beruflich um circa ein halbes Jahr verschoben werden. Auch das noch! Würde ich noch ein halbes Jahr aushalten? Oder sollte der totale Zusammenbruch kommen? Er kam nicht. Ich war stark für meine Tochter. Ich kniff echt die Arschbacken zusammen, um nicht ins Wachkoma zu fallen.

Wie war das? Eine Katze hat sieben Leben. Ich glaube, ich habe tausend. Na ja, das ist ein bisschen übertrieben, ich weiß. Doch ich habe mehr als eine Katze, das steht fest. Sorry, ich muss grad mal lachen, aber das ist wohl eher ein „Verzweiflungslachen".

Weil das jetzt so heftig war, mal ein kleiner Witz am Rande.

Treffen sich zwei Freundinnen nach langer Zeit. Fragt die eine: „Schön dich wiederzusehen, wie geht es dir?" Sagt die andere: „Frag bloß nicht! Ich bringe in letzter Zeit alles durcheinander. Letztens wollte ich mir abends noch ein Glas Rotwein einschenken und hab mir doch ein Bier nachgeschenkt." Antwortet die andere Freundin: „Das ist ja noch gar nichts. Ich sitze letzten Sonntag mit meinem Mann am Frühstückstisch und will ihn fragen, ob er noch einen Kaffee möchte und sage doch: DU ALTES ARSCHLOCH HAST MIR DAS GANZE LEBEN VERSAUT." Auweia …, hihi.

Ich musste mich jetzt mal ein bisschen da herausholen und dich sicherlich auch. Das Leben ist auch manchmal lustig. Meins ist nun mal eine Achterbahn. Was soll ich tun? Eins wird es ganz sicher nicht werden, langweilig. Das hast du ja schon bemerkt. Ich kann ja nicht alles hier in das Buch schreiben. Das würde völlig vom Thema ablenken. Aber ich könnte dir Storys erzählen, die ich erlebt habe, du würdest sie mir wahrscheinlich nicht glauben. Es gab und gibt nicht nur schlechte Begebenheiten in meinem Leben. Was bin ich froh! Das würde kein Mensch aushalten, auch ich nicht.

Ich schleppte mich also dahin, bis es endlich soweit war und diese Kur in Angriff genommen werden konnte. Mann, Mann, Mann, was würde mich dort nur erwarten. Meine Tochter hatte bis zu diesem Zeitpunkt für ihre Ausreise nach Amerika noch keinen Bescheid. Ihr kleines Bäuchlein wuchs so langsam, aber sicher.

Ich hatte meine persönlichen Sachen eingepackt, die ich glaubte, für circa fünf bis sechs Wochen zu benötigen. Mit einem innerlich mulmigen Gefühl fuhr ich in den Schwarzwald. Meine Gedanken drehten sich um meine Tochter und um das, was mich erwarten könnte.

Die Strecke habe ich mit dem Auto ganz gut hinter mich gebracht. Mir schlackerten aber schon die Knie, weil ich ja nicht wusste, was da auf mich zukommen würde. Komisch, alles, was man nicht kennt, macht einem manchmal unnötige Gedanken, die man sich eigentlich sparen kann.

Eine schöne Klinik, sehr ruhig mitten im Wald gelegen, erwartete mich. Diese Klinik bestand aus mehreren Häusern, getrennt für Patienten mit psychosomatischen Leiden und Patienten, die an Lungen- und Herzkrankheiten litten.

Ich meldete mich an und bezog mein Zimmer.

Hä? Wat ist dat denn für'n Scheiß? Kein Fernsehgerät? Ick will hier raus! Ick will wieda nach Hause! Ohne Fernseher geht ja gar nich, jedenfalls nich 5 oder 6 Wochen. Nö, können se vergessen. Bin ick hier im Knast, oda wat? So'n Teil jehört zu mein' täglichen Leben. Fernseher her, oda ick hau hier ab! Is dat 'n Kindagarten, oda wat is dat denn hier? Woll'n die mich vaarsch'n? Ick bin üba 40 und krieg Fernsehvabot. Ne, ne, Leute, so funktioniert dat nich! Nich mit mir! Lasst mich ma zu den richtigen Leuten und dann seh'n wa weita. Allet klar? Is ja schlimma wie im Osten!

Klar, ich war bei den richtigen Leuten. Fernseher gab es nicht! Punkt
– aus – fertig! Ich sollte mich ja mit mir selbst und mit meinen Problemen beschäftigen und nicht nur in die Glotze starren. Da kam Freude
auf, das kann ich dir sagen. Ich hatte die totalen Entzugserscheinungen.
Seit ich 20 Jahre alt war, hatte ich bereits einen Fernseher im Schlafzimmer, von dem ich mich abends einlullen ließ. So hatte ich Ablenkung,
dachte ich zumindest. Und jetzt, jetzt sollte ich mir ein Kuscheltier mit
ins Bett nehmen. Na, das kam für mich aber nicht in Frage. Ich habe
gelesen, gelesen, gelesen. Nach circa zwei Wochen hatte ich mich an das
Schlafen ohne Fernseher mehr schlecht als recht gewöhnt.
Du willst jetzt sicher wissen, wie es mir auf der Kur erging. Ja, was soll
ich dazu schreiben? Die ersten 14 Tage konnte ich das überhaupt nicht
annehmen. Ich war zu sehr damit beschäftigt, wie es wohl meiner Tochter allein zu Hause ergehen würde. Es gelang mir nicht, abzuschalten
und mich einfach nur mit mir zu beschäftigen. Es gab ja dort für mich
nichts weiter zu tun, außer Gespräche, Wanderungen, Sport, Essen,
Trinken und Schlafen. Ich wollte nach Hause und kochen und putzen
dürfen. Ich wusste nichts mit mir anzufangen. Aber ich musste es lernen, sonst wäre ich nach der Kur heimgefahren, genauso, wie ich angekommen war, nämlich voller Probleme.
Ich hatte wirklich Glück. Das muss ich sagen. Es war eine tolle Klinik.
Man war dort sehr gut aufgehoben. Die Mitpatienten waren wie eine
große Familie. Fast jeder verstand den anderen, manchmal ohne Worte.
Das war ein Zusammenhalt, den man sich außerhalb kaum vorstellen
kann. Es war keine geschlossene Klinik. Wir hatten unseren Freiraum
und unsere Freizeit, die wir nutzen konnten, um uns die schöne Gegend anzuschauen und mal etwas anderes zu sehen. Ich habe dann
auch die Zeit genutzt und war sehr beeindruckt. In der Woche war das
Programm ziemlich eng gesteckt. Man wurde ganz schön ausgepow-
ert. Das sollte ja alles seinen Sinn haben. Am besten jedoch waren die
Gespräche, die man mit den anderen Patienten führte. Da war so viel
Vertrauen, Mitgefühl, gemeinsames Weinen, gemeinsames Lachen und
Verständnis auf höchster Ebene. Jeder, der schon mal zur Kur war, wird
mir das sicher bestätigen können. Ich habe dort Freunde gefunden, die
es im wahren Leben kaum irgendwo zu finden gibt.
Selbstverständlich war es dort nicht immer nur anstrengend. Wir haben viel, viel gelacht und Spaß gehabt. Manche konnten sich dort öff-

nen und manche überhaupt nicht. Na, wie im wahren Leben eben. Wie schon gesagt, dir kann nur geholfen werden, wenn du aufmachst und bereit bist, Hilfe anzunehmen. Alles andere bringt dich einfach nicht weiter. Ich kann das hier nur immer wiederholen, damit du das verstehst und auch umsetzt. Ehrlichkeit ist angesagt. Sonst strampelt sich dein Gegenüber umsonst ab. Wie soll dir denn geholfen werden, wenn du die Karten nicht offen auf den Tisch legst? Was soll dir passieren? Es gibt eine Schweigepflicht, die eingehalten werden muss. Also, nutze wenigstens die Einzelgespräche für dich und schäme dich nicht vor dir selbst! Das bringt nichts. Halte nichts zurück und versuch nicht, deine Fehler zu wiederholen! Du sollst aus Fehlern lernen. Fehler sind da, um gemacht zu werden und daraus zu lernen. Versuch, die gut gemeinten Ratschläge anzunehmen und für dich umzusetzen! Mir ist klar, dass das vielleicht nicht immer gleich auf Anhieb funktionieren kann. Aber auf lange Sicht wird es dir helfen. Du wirst in deinem weiteren Leben davon profitieren können. Es wird dich stärken, dich und dein Selbstbewusstsein. Zieh für dich die „positiven" Sachen heraus! Aus allem, was du erlebst. Setz es um und quäl dich nicht selbst! Vor allen Dingen lass nicht zu, dass andere dich quälen! Geh aus Situationen heraus, die dir nicht gut tun. Und gehe in Situationen hinein, die dein Leben bisher eingeschränkt haben. Entscheide für dich, was in deinem Leben wichtig ist, was du brauchst. DU SCHAFFST DAS! Du musst bereit sein, umzudenken und im Leben etwas dazu zu lernen. Tu es, und lass dich durch nichts und niemanden aufhalten! Es ist dein Leben! Niemand hat das Recht, dir weh zu tun. Aber auch wirklich niemand. Versuch dich abzugrenzen! Denk an schöne Zeiten in deinem Leben und versuch, Kraft und Positives daraus zu ziehen! Wenn es dir schlecht geht, denk an etwas Schönes oder mache etwas, was dir angenehm erscheint! Gönn es dir und verwöhn dich selbst! Es ist nicht alles schlecht im Leben. Das gibt es bei niemandem. Ich träume auch immer noch davon, wie schön es war, als meine Tochter noch bei mir war. Und wer weiß, vielleicht konnte ich ihr etwas Gutes für ihr weiteres Leben mitgeben. Ich habe sie mit ganz viel Liebe groß gezogen. Vielleicht kommt ihr das in ihrem Leben zugute. Wir haben heute ein ganz tolles Verhältnis. Ob es so geblieben wäre, wenn sie mich nicht verlassen hätte und nicht ihren Weg hätte gehen können? Vielleicht hätten wir längst nicht mehr miteinander reden können, weil wir uns auf den Keks gegangen wären. Sicher, es schmerzt immer noch und sitzt ganz tief. Aber sie soll glücklich sein und ihre Zeit genießen dürfen. Hätte es mir wirklich etwas gebracht, wenn ich sie aufgehalten hätte? Ich glaube nicht.

Nachdem ich mich ungefähr zwei Wochen dagegen gewehrt hatte und diese Kur einfach nicht für mich annehmen wollte, habe ich mir gedacht, wenn ich jetzt nicht aufmache, fahre ich mit meinen ganzen Problemen wieder nach Hause. Ab jetzt ließ ich mich auf diese Sache ein, mit Haut und Haar. Es tat mir gut. Ich führte unheimlich gute Gespräche, nicht nur gute, sondern auch tiefgehende. Oberflächliche Gespräche kann man mit jedem führen. Aber Gespräche, die ans Eingemachte gehen, daran hapert es meistens. Mich hat es auch dort abgeschüttelt, weil ich die tief sitzenden Probleme, an die ich mich fast nicht herangetraut habe, angesprochen und verarbeitet habe. Vielleicht könnte ich sonst heute nicht so offen darüber schreiben. Dort hatte ich einmal in meinem Leben die Möglichkeit, mich völlig auf mich zu konzentrieren und mich mit mir zu beschäftigen. Ich habe gelernt, dass es mich auch noch gibt. Das war ganz, ganz wichtig. Ich habe mich und mein Leben angenommen. In der Kur hatte ich auch wenig anderes zu tun, als darauf zu achten, dass es „mir" gut ging. Ich hatte Zeit zum Verarbeiten und ich habe mir diese Zeit für mich genommen. Heute bin ich froh und dankbar dafür. Diese Zeit habe ich für mich und mein weiteres Leben genutzt.

Was ich nicht wollte? Mir dort einen Kurschatten suchen. Ich wusste von vornherein, dass das für mich nicht in die Tüte kommt. Ich wollte dort meine Probleme loswerden und nicht mit einem größeren Paket von Problemen wieder heimfahren. Das kann jeder machen, wie er will. Heute bin ich froh, dass ich in dieser Hinsicht meinen Prinzipien treu geblieben bin. Und ich freue mich immer, wenn ich mit den Leuten telefoniere, die sich zur gleichen Zeit in der Reha befanden wie ich. Das sind tatsächlich Menschen, die mich und meine Situation verstehen, und ich verstehe sie und ihre Situation. Ich weiß, ich war zur richtigen Zeit am richtigen Ort.

Die Betreuung passte ebenfalls. Alle waren einfach nur super nett und hatten immer ein offenes Ohr für die Probleme der Patienten. Also, es braucht sich niemand davor scheuen, wenn ihm eine Reha angeboten wird, diese anzunehmen. Die Situation kann sich dadurch nicht verschlechtern.

Die Kur neigte sich dem Ende zu. Jetzt hatte ich eigentlich eher Bammel davor, wie es wohl zu Hause weitergehen würde. Ich war ja in der Kur in Watte gepackt, unter einer Glasglocke. Dort verstand mich jeder und ich konnte mich den Leuten anvertrauen. Nun wurde man wieder zurück ins „wahre" und „harte" Leben geschubst. Konnte mich dort auch jemand auffangen?

Der Abschied fiel schwer und es flossen viele Tränen. Wir wussten alle, dass wir diese Zeit nie mehr im Leben haben würden. Verständnisvolle Menschen auf einem Haufen. Die meisten fürchteten sich davor, wieder nach Hause zufahren und den Alltag bestehen zu müssen. Es blieb uns nichts anderes übrig. Alles Schöne geht einmal vorbei. Und wenn es nicht schön gewesen wäre, würde es nicht wehtun. Adressen und Telefonnummern wurden ausgetauscht und kleine, liebevolle Geschenke machten die Runde.

Ich war wieder bei mir in meinem Zuhause. Auf eine Art war ich froh darüber, auf der anderen Art ängstlich davor, was mich demnächst erwarten würde. Ich hatte noch eine Woche Urlaub, die ich gemeinsam mit meiner Tochter nutzte. Danach habe ich mich wieder in den Arbeitsalltag gestürzt, um die Gedanken beiseitezuschieben. Diese unangenehmen Gefühle, die ich hatte, bevor meine Tochter mich und Deutschland verließ. Ich wollte mich nicht krankschreiben lassen. Dann wäre ich aus dem Grübeln überhaupt nicht mehr herausgekommen.

Die Zeit ging dahin. Jeden Tag hatte meine Tochter die Hoffnung, dass endlich der Bescheid für ihre Reise im Briefkasten sein könnte. Es dauerte und dauerte. Wir hatten aber diesbezüglich auch noch genug Rennerei. Mal musste dies noch eingereicht werden, mal das. Es zog sich und zog sich. Diese Zeit war anstrengend. Ich wusste ja, dass sie geht. Mir kam das vor wie Folterei. Das Baby- Bäuchlein wuchs und wuchs und ihr blieb nicht mehr viel Zeit zum Fliegen. Ihr Ehemann sollte ja auch etwas von der Schwangerschaft mitbekommen. Ich war hin und her gerissen. Auf der einen Art wünschte ich mir, dass sie so schnell wie möglich zu ihrem Ehemann fliegen konnte. Auf der anderen Art wünschte ich mir, dass sie ihr Baby hier in Deutschland zur Welt bringen würde und ich bei der Geburt dabei sein könnte. Ach Mensch! Ich wusste nicht mehr, wo mir der Kopf stand. Ich dachte immer nur: Lieber Gott, lass meine Tochter bitte nicht nach Amerika gehen. Es half aber nichts. Wieder einmal hat der liebe Gott mich nicht erhört. Er wollte, dass wir getrennt werden.

Ich war traurig und es hat mich innerlich fast zerrissen. Das Visum war fertig. Auweia! Was nun? Bitte nicht! Ich wollte das nicht. Alles, nur das nicht. Mein Herz zerbrach fast daran. Na, ich kann dir sagen, jetzt ging es mir nochmal so richtig beschissen. Zum Glück habe ich in all der Zeit, die für mich spielte, gelernt, mit Angst- und Panik umzugehen. Ich habe es umgesetzt, immer und immer wieder, bis zum Abwinken, bis zum Erbrechen. Nur war dieses Gefühl keine Angst. Das war fast noch schlimmer. Ich fiel in ein ganz, ganz tiefes Loch und hatte nur noch unangenehme Gefühle. Ich wusste nicht, wie ich das alles aufhalten und aushalten sollte. Kann ein Mensch so viel Leid ertragen?

JA, ER KANN! NEIN, ER MUSS!

Ich hätte ausflippen und um mich schlagen können. Das hätte mir alles nicht genutzt. Hier war die Devise, einen kühlen Kopf zu bewahren und dieses Loch nicht größer werden zu lassen. Mir war schlecht und es schaukelte mich hoch und runter. WAS SOLLTE ICH TUN? WAS KONNTE ICH TUN, um das aufzuhalten? NICHTS!!!

Es blieb bis zum Abflug nicht mehr viel Zeit. Wir buchten die Reise innerhalb einer Woche. Oh Gott! Was hast du da mit uns gemacht?

Während dieser Zeit hatten wir viel Besuch von den Freundinnen meiner Tochter. Es fiel mir immer schwerer. Ich wusste ja, jetzt würde die Zeit gegen mich spielen. Wie intensiv konnten wir diese Zeit noch nutzen? Am Abend vor dem Flug gab es eine kleine Abschiedsfeier. Ich hätte mich am liebsten verkrochen. Das konnte ich aber meiner Tochter nicht antun. Ich machte gute Miene zu einem Trauerspiel. Die ganze Nacht schlief ich nicht. Die Nächte zuvor waren schon nicht berauschend. Ich hatte kaum noch Kraft.

Wegen dieser Geschichte musste ich ja auch mit meinem Ex- Mann in Verbindung bleiben. Wir beschlossen, dass wir sie gemeinsam zum Flughafen bringen. Er machte das Angebot. Zuerst sträubte ich mich dagegen. Ich wollte eigentlich nichts mehr mit ihm zu tun haben. Das aber wollte ich meiner Tochter nicht antun. Also ließ ich mich auch darauf ein. Mir sträubten sich die Nackenhaare bei dem Gedanken, mit ihm allein vom Flughafen zurückfahren zu müssen.

Ein letztes Mal gingen wir am Abreisetag meiner Tochter dann alle drei noch einmal gemeinsam essen. Ich bezahlte mein Essen selbst. Danach fuhren wir unsere Tochter schweren Herzens zum Flughafen. Im Auto habe ich gemeinsam mit meiner Tochter geschluchzt und geweint. Uns zerriss es beiden unsere Herzen. Wir wussten, es würde nie mehr so schön sein, wie es einmal war. Wir konnten die Zeit nicht zurückdrehen. Sie hatte sich für das andere Leben entschieden. Es war nicht mehr aufzuhalten. Sie litt genauso wie ich. Dieses junge Mädchen wusste ja auch nicht wirklich, was sie dort auf Dauer erwarten würde. Sie wusste auch, dass ich zur Geburt ihres Kindes und meines Enkelkindes nicht in Amerika sein könnte. Für sie standen jedoch alle Ampeln auf Grün. Sie wollte weder von ihrem Weg noch von ihrem Ziel abweichen.

Es wurde eingecheckt und dann mussten wir warten. Mir kam diese Wartezeit kurz und gleichzeitig lang vor. Ich weiß auch nicht, wie mir die Zeit überhaupt vorkam.

Es war soweit. Ich mag diesen Abschied hier gar nicht beschreiben. Er war einfach nur schwer. Das Herz meiner Tochter und mein Herz waren ohnmächtig. Wir weinten und weinten und konnten uns überhaupt nicht beruhigen. Liebevoll umarmten wir uns und klammerten uns aneinander fest. Jetzt musste sie gehen.

HALT! STOPP! NEIN, BITTE VERLASS MICH NICHT! LASS MICH NICHT ALLEIN! BITTE! ICH HABE DOCH SONST ALLES VERLOREN, WAS MIR LIEB IST!

Sie ging durch die letzte Schranke und winkte nochmal kurz, bevor sie mit einem völlig verweinten Gesicht ins „NICHTS" verschwand. Ich dachte, ich falle in ein Koma und komme da nie wieder heraus. Wenn es mir nicht so peinlich gewesen wäre, hätte ich vor lauter Trauer und Hilflosigkeit den ganzen Flughafen zusammengebrüllt und geschrien, einfach nur aus Verzweiflung.

Meine Knie schlotterten, ich zitterte und konnte mich nicht beruhigen. Ich heulte mir die Augen aus dem Kopf. Zu allem Übel war auch noch ein fürchterliches Unwetter über dem Flughafen. Jetzt zerbrach ich mir auch darüber noch den Kopf. Mein „kleines" Mäuschen, mit einem Baby im Bauch, auf einem weiten Flug - und dann das Unwetter. Ich war nicht mehr fähig, mit meinem Ex- Mann zu reden. Die ganze Rückfahrt über heulte ich. Wieder einmal diese Leere und Hilflosigkeit und nichts daran ändern können.

Mein Zuhause hatte sich verändert. Jetzt war alles nur noch trist und öde. Ich war nicht fähig und nicht in der Lage, einen klaren Gedanken zu fassen. Alles war grau und leer. Ich allein in der Wohnung und die Wohnung allein mit mir. Es war niemand so Nahes mehr da, mit dem ich lachen, weinen, streiten, gute und intensive Gespräche führen konnte. Dieses Vertraute war einfach weg, über den Wolken verschwunden. Einfach so. Ich habe zu niemandem so viel Vertrauen gehabt, wie zu meiner Tochter. Ich will es mal so beschreiben. Es war eine andere Vertrautheit. Ich habe dieses Kind unter meinem Herzen getragen, habe sie nach bestem Wissen und Gewissen groß gezogen, bin mit ihr durch dick und dünn gegangen und sie mit mir. Wir haben viel Spaß gehabt und viel gelitten. Wir konnten über alles reden, manchmal auch streiten. Meine Tochter und ich wussten, dass wir uns aneinander anlehnen können, und dass eine für die andere da ist, wenn es uns mal nicht so gut ging.

Ich wollte das behalten, für immer. Das wollte ich nie verlieren!!!

Der Himmel, die Wolken, das Unwetter und der Horizont fraßen das Flugzeug. Es düste längst in Richtung „BIG AMERIKA" mit meinem Kind und meinem ungeborenen Enkelkind.

Die Welt war mir fremd geworden. Was mir blieb, waren einige persönliche Sachen von meiner Tochter: Spielzeug aus längst vergangenen Zeiten, ein Kinder- oder besser Jugendzimmer, Bilder und Erinnerungen an unsere gemeinsame und intensive Zeit. Das Zimmer strahlte eine unheimliche Leere für mich aus. Und wieder hört die Welt nicht auf, sich zu drehen. Ich muss jeden Tag meinen Hintern hochbekommen. Egal, wie beschissen es mir geht. Mir fällt das nicht immer leicht, das kann ich dir sagen. So etwas will erst einmal überwunden werden. Das geht leider nicht von heute auf morgen. Ich kann nicht mit dem Finger schnipsen und die Gedanken damit wegzaubern. Laufend mache ich mir Mut und denke, dass ich immer noch für meine Tochter und ihre Familie stark sein muss. Was nützt ihnen eine kranke, depressive Mutter? Sicher sage ich ihnen in Telefongesprächen, dass sie mir unendlich fehlen und ich traurig bin, dass sie so weit entfernt von mir sind. Ich denke, das darf ich auch. Und selbstverständlich darf ich auch traurig darüber sein. Wenn ich mir das auch noch verkneifen soll, dann verdränge ich ja wieder. Und, was kommt dann im Endeffekt heraus? Nichts Gutes.

Manchmal wünschte ich, ich könnte zaubern. Dann wäre ich mal kurz in Amerika. Wünschen kann man sich viel, in Erfüllung geht leider wenig. Das Leben ist so. Ich bin ja schon froh und dankbar, wenn das Wenige in Erfüllung geht.

So, jetzt war ich also allein. Vorsorglich hatte ich mir ein wenig mehr Urlaub gegönnt und bin nach dem Abreisetag meiner Tochter, gemeinsam mit meinem „Freund", nach Mecklenburg gefahren. Ich hätte das hier zu Hause nicht ausgehalten. Ich musste mich ablenken, wie auch immer. Es war September. Meine Schwester und mein Schwager freuten sich auf unseren Besuch. Ich freute mich auch, sie wiederzusehen und versuchte, den Urlaub so gut wie möglich zu genießen. Es fiel mir schwer. Die Gedanken an meine Tochter wollten mich nicht verlassen. Wir unternahmen viel: Pilze suchen, die wunderschöne „Mecklenburger Seenplatte" ansehen, eine Schifffahrt auf der Müritz, Windmühlen anschauen, Rügen bestaunen. Deutschland ist schön.

Mein Vater rief bei meiner Schwester an. Wir waren telefonisch nicht erreichbar, da wir unterwegs waren. Er klingelte mein Handy an. Ich wollte nicht mit ihm telefonieren. Er hatte es nicht für nötig gehalten, sich telefonisch von seiner Enkelin zu verabschieden. Das traf mich wieder mal sehr hart. Ich war stinksauer auf ihn. Meine Schwester und ich unterhielten uns darüber. Dabei ließ ich meinem Frust verbal freien Lauf, weil ich so viel Gleichgültigkeit einfach nicht verstehen kann. Meiner Schwester sagte ich, dass ich keine Lust mehr dazu habe, immer gute Miene zum bösen Spiel zu machen. Bloß keine Probleme ansprechen. Warum eigentlich nicht? Hatte er uns denn nicht schon genug angetan? Klar, er ist nicht mehr der Jüngste. Aber ich werde auch nicht jünger und quäle mich jahrelang mit meiner beschissenen Kindheit herum. Er hat ja schließlich seinen Teil dazu beigetragen, dass ich mit einigen Dingen nicht klargekommen bin. Ich habe dir die Geschichten erzählt. Warum sollte ich ihn eigentlich immer schonen? Hat er sich im Leben jemals Gedanken darüber gemacht, wie wir damals mit unseren Sorgen herumgelaufen sind? Hat er jemals gefragt, wie es uns geht und seine Hilfe angeboten? Er hat uns Jahre nicht mal mehr gekannt und behandelt, als wären wir völlig fremde Menschen. Seine eigenen Kinder! So etwas kann man als Erwachsener nicht verstehen und soll das als Kind verkraften.

Nicht, dass das hier falsch rüber kommt. Mein Vater ist ein Mensch, mit dem ich mich nicht streiten kann und nicht streiten möchte. Eigentlich. Aber die seelischen Verletzungen sitzen tief. Ich muss wegen so etwas

zum Psychologen rennen. Ich liebe meinen Vater. Immer noch. In mir
ist zugleich Wut und Liebe ihm gegenüber. Er ist und bleibt ja mein
Vater. Das kann ich nur schlecht erklären. Blut ist nun mal dicker als
Wasser.

Vielleicht spricht er im Leben nie mehr mit mir, wenn er dieses Buch lesen sollte. Es wird ihm ungeheuer peinlich sein. Mir war das alles damals
aber auch sehr peinlich. Niemand, vor allen Dingen er nicht, hat auf
meine Gefühle, auf unsere Gefühle Rücksicht genommen. Das ist keine
Rache. Hier sind auch keinerlei Rachegedanken im Spiel. Hier kommen
Ehrlichkeit und sehr verletzte Kindergefühle heraus. Vielleicht hat er
das alles ganz anders gesehen. Ich kann ja nur von mir berichten, wie es
mir erging. Vielleicht hat er damals auch gedacht, er würde alles richtig
machen. Aber dann hätte ich mich tatsächlich sehr in diesem Mann getäuscht. Vielleicht tut es ihm gut, wenn er dieses Buch liest und endlich
weiß, wie es seiner Tochter wirklich im Leben erging. Sonst wird ja immer die Maske aufgesetzt. Nein, ich will das nicht mehr! Ich möchte das
alles endlich loswerden dürfen. Und ich werde einen Teufel tun, hier
diesen ganzen Mist zu beschönigen. Einfach nur für mich. Jetzt bin ich
einmal egoistisch! Ich schreibe mir den ganzen Frust, der sich in all den
Jahren angestaut hat, von der Seele, ohne Rücksicht auf andere. Diesen
Luxus gönne ich mir. Der längst übergelaufene Seelen- Papierkorb wird
endlich entmüllt. Fast zu spät, gerade noch die Kurve gekriegt.

Ja, mein Vater hatte mich endlich am Telefon erreicht. Gerade wollte er
sich doch darüber aufregen, dass ich mich nicht nach meiner Ankunft
bei meiner Schwester bei ihm gemeldet hatte. Vorwurfsvoll wollte er
mich zurechtweisen. Uuuuuuiiiii, jetzt platzte mir der Kragen! Was, er
war enttäuscht? Das war für mich Anlass, mal Tacheles mit ihm zu reden. In mir brachte es das Fass zum Überlaufen. Jetzt packte ich die
Gelegenheit beim Schopf und pustete ihm durchs Telefon meine Enttäuschung entgegen. Meine Hand zitterte, ebenso wie meine Stimme.
Ich fragte ihn, welchen Grund er denn schon hätte, enttäuscht zu sein.
Ich warf ihm verbal meinen aufgestauten Frust an den Kopf. Das hatte
gesessen.

Meiner Schwester war schlecht. Sie wollte sich das nicht mit anhören.
Wir hielten uns in ihrer Küche auf. Sie sagte, ich solle im Wohnzimmer
weiter telefonieren. NEIN, sie sollte sich das einmal schön mit anhören. Schließlich litt sie ja auch jahrelang darunter. Von wegen, Probleme

unter den Teppich kehren. Hier wird mal reiner Tisch gemacht! Jetzt sofort! Basta! Mir war total mulmig zumute und ich dachte, ich würde das nicht aushalten. Das kostete mich soviel Kraft. Ich dachte, ich breche zusammen. Mein Mund war trocken und mein Herz raste. Aber jetzt wollte ich nicht aufgeben und nahm all meinen Mut zusammen.

So, nun war wenigstens schon einmal etwas heraus, wenn auch nicht alles. Mein Vater sagte, dass wir ja nicht streiten müssten. Wir könnten uns ja mal darüber unterhalten. Streiten wollte ich ja auch nicht, nur „endlich" etwas loswerden. Dieses Telefongespräch hat ihn zum Nachdenken bewegt. Das weiß ich. Es war nicht umsonst.

Ich fühlte mich hinterher weder schlecht noch gut, aber ein wenig befreiter. Jetzt wusste ich aber gar nicht, ob ich mich noch einmal bei ihm blicken lassen konnte. Er schlug vor, am anderen Tag ein Gespräch mit mir zu führen. Ach Gott, so was kannte ich ja überhaupt nicht. Ich hätte es allzu gern angenommen. Es ging aber nicht, weil wir am anderen Tag nach Rügen fahren wollten. Er sagte, dass es mir dann wohl doch nicht so wichtig sei, und legte einfach auf.

Hm, und nun? War der Kontakt zu meinem Vater jetzt ganz abgebrochen? Mein Freund und ich fuhren am selben Tag noch nach Waren/Müritz. Eine tolle Schifffahrt auf der Müritz versüßte meinen Urlaub und meine Gedanken ein wenig. Es war ein schöner Tag. Auf dem Rückweg fuhren wir durch das Dorf, in dem meine Tante gewohnt hat. Das, mit dem schönen Schafstall. Ich wollte noch einmal meine Kindheitserinnerungen wecken und mir das alles unbedingt anschauen. Das Schloss, den Schafstall, den Walnussbaum, an dem immer diese Schaukel hing, auf die ich nie klettern konnte, weil sie damals viel zu hoch für mich war. Den Pferdestall, in den dieser Kaltblüter mit mir ritt. Wie würde das wohl aussehen?

Wahnsinnige Enttäuschung. Nichts war mehr so, wie es früher in Kindheitstagen einmal war. Das Schloss sah aus, als hätte dort niemals jemand gewohnt. Total runtergekommen. Der Putz blätterte von der Außenfassade, die Fenster waren eingeschlagen. Der schöne kleine Garten, der sich früher davor befand, und den alle so liebevoll gepflegt hatten, war zugewuchert. Ich bekam eine Gänsehaut. Dort war die Zeit nicht stehengeblieben. Nein, dort sah es wie vor zweihundert Jahren aus. Nicht, wie vor fünfunddreißig Jahren. Ich war erschüttert. Die Neugierde packte mich jetzt aber noch mehr. Wie würde es wohl drinnen aussehen? Irgendetwas trieb mich. Ich musste unbedingt nachschauen. Ich fasste an den Griff der Tür und siehe da, sie öffnete sich. Gänsehaut pur. Es war wie in einem mystischen Film. Es roch sehr muffig, modrig, oder was weiß ich. Der gesamte Fußboden war aufgerissen. Türen gab es in dem Haus nicht mehr. Alles war offen. Ich stolperte durch den aufgerissen und ausgehobenen Fußboden, oder wie immer man das auch nennen konnte. Ach was, der Kachelofen im Wohnzimmer stand immer noch.

Kleine Anekdote am Rande. Mein Onkel hatte damals nur ab und zu mal eine Zigarre geraucht und meine Tante Zigaretten. Der Onkel wollte aber nicht, dass meine Tante raucht. Wenn er auf dem Sofa schnarchte, rauchte meine Tante ab und zu heimlich eine Zigarette. Sie kniete dann vor der offenen Ofentür und blies den Zigarettenqualm dort hinein. Mein Onkel roch das. Er fragte sie dann im Halbschlaf: „A., rauchst du?" Sie antwortete: „Nein, E." Er sagte dann nur: „Dann ist ja gut, A." Ich fand das immer sehr nett von meinem Onkel. Klar wusste er, dass sie raucht und ihn beschwindelt. Er hat aber großzügig drüber hinweggesehen und sich im Stillen köstlich darüber amüsiert. Dort habe ich Streit nie erlebt.

Mich schauderte es dort. Aber diese Neugierde musste einfach gestillt werden. Ich wollte es ja so. Irgendwann hielt ich es nicht mehr aus. Ich musste dort wieder raus. Als ich so beim Hinausgehen war, hatte ich etwas Ungewöhnliches in meinem Blickwinkel. Es war unten auf dem Fußboden. Da hatte sich etwas an meinem Fuß bewegt. Ich blieb stehen und schaute hinunter. Hilfe! Schlangen schlängelten sich da herum. Boah, das war einfach nur eklig! Dieses mittlerweile gruselige Schloss, der unangenehme Geruch, das überhaupt fast verfallene Gebäude und dann noch die Schlangen dazu. Das war dann doch ein bisschen viel auf einmal. Ich ließ einen Schrei los und rannte so schnell wie möglich da raus. Puh, da schlotterten mir aber ganz schön die Knie. Schade, dass alles nicht mehr so war wie früher.

Der große Pferdestall stand auch halb verfallen da. Den habe ich nicht mehr betreten. Von außen sah er bereits sehr baufällig aus.

Den Schafstall, diesen schönen großen Schafstall, den musste ich mir unbedingt noch reinziehen. Das war aber gar nicht so einfach. Er war jetzt umzäunt und am Tor hing ein großes Schild: „Betreten verboten!" Hm, ich wollte aber unbedingt diesen Stall noch einmal sehen. Ach, was kratzt mich schon dieses Schild. Wird mich ja nicht gleich jemand erschießen, wenn ich dieses „verbotene Gelände" betrete.

Ich konnte einfach nicht anders. Ich öffnete das Tor. Es war nicht verschlossen. Auf diesem Gelände befand sich ein Hundezwinger. Die Hunde waren es nicht gewohnt, dass sich Fremde dort „verlaufen". Mir klopfte das Herz wie verrückt. Ich dachte, sie beißen das Gitter vom Zwinger durch oder öffnen vor lauter Wut die Zwingertür. Sie waren zum Glück gut eingesperrt. Ich glaube, sie hätten mich zerfleischt. Ja, leider war auch der Schafstall nicht mehr das, was er früher war. Alles dort hatte sich verändert. Es waren nur einige Schafe im Stall. Die Muttertiere und die kranken Schafe. Weit und breit war kein Mensch zu sehen. Ich ging durch den Stall und träumte von alten Zeiten. Nur in Gedanken konnte ich die Zeit zurückdrehen, leider. Mein Freund und ich wollten das Gelände verlassen, als uns ein junger Mann entgegenkam. Was sollte ich ihm denn jetzt sagen? Er würde sicher fragen, was wir hier verloren hätten. Ich begrüßte ihn freundlich und entschuldigte mich. Dann erzählte ich ihm, warum ich die Frechheit besaß und das „Verbotsschild" ignorierte. Er schien mich und meine Neugierde zu verstehen. Ich erkundigte mich noch nach dem alten Schloss, in dem meine Tante ja früher gewohnt hat. Ich wollte wissen, ob es nun ganz seinem Schicksal überlassen werden würde. Dieser junge Mann erzählte, dass dieses Schloss aufgekauft wurde und wieder saniert wird. Das freute mich. So wie es jetzt war, nagte schwer der Zahn der Zeit am und im Gemäuer. Eine Sanierung war sicher längst überfällig.

Das alles wühlte mich doch ziemlich auf. Es war enttäuschend und interessant zugleich. Heute bin ich wirklich froh darüber, dass ich über meinen Schatten gesprungen bin und mir das einmal angeschaut habe. Ich konnte mich noch einmal in meine Kindheit zurückbeamen.

Wir fuhren weiter. Nun kamen wir in diese Kleinstadt, in der einige Windmühlen stehen. Mein Vater wohnt dort in der Nähe. Ich hatte so im Hinterkopf, was er denn wohl sagen würde, wenn ich ihn jetzt vom Handy aus anrufe und fragen würde, ob mein Freund und ich mal kurz vorbeischauen dürfen. Den Gedanken verwarf ich ganz schnell wieder. Also schauten wir uns diese wunderschönen Windmühlen an. Das Wetter war toll. Blauer Himmel, nur ein paar kleinere, weiße Wolken, und die Sonne schien. Der Gedanke an einen Kurzbesuch bei meinem

Vater wollte mich nicht loslassen. Ich nahm mein Handy und steckte es unbenutzt wieder in meine Handtasche. Ich hatte Angst davor, dass er mir eine Abfuhr erteilt. Handy raus aus der Handtasche, Handy wieder rein in die Handtasche. Immer und immer wieder.

War ich gerade dabei, wieder einmal ein Problem beiseitezuschieben und damit herumzulaufen? Nein, diesmal nicht. Ich fasste mir ein Herz und rief endlich an. Das hat mich sehr viel Überwindung gekostet. Angst vor Enttäuschung!

Mein Vater meldete sich. Ich sagte ihm mit zittriger Stimme, dass wir gerade in der Nähe wären und ob wir kurz auf einen Sprung bei ihm vorbeischauen dürften. Wider Erwarten freute er sich. Mein Herz machte Luftsprünge. Puh, das hatte ich nun auch geschafft. Jetzt konnte ich endlich wirklich den Anblick der tollen Windmühlen und das ganze Drum und Dran genießen.

Bei meinem Vater und seiner Frau angekommen, wurden wir herzlich begrüßt. Mein Vater kannte meinen Freund nur vom Telefon. Ich kannte seine Lebensgefährtin auch nur aus Telefonaten. Alles war anders, als ich es mir vorgestellt hatte. Es kam viel Herzlichkeit herüber. Ich denke, wir waren alle froh, dass die Wogen sich doch geglättet hatten. Sicher hätte ich ihm Vorwürfe machen können. Das wollte ich aber nicht mehr. Am Telefon hatte ich ihn schon genug angepfiffen. Er wusste, wie es in mir aussah. An diesem schönen Tag wollte ich keine weitere Aussprache mehr mit ihm. Es war gut so, wie es war. Was sollte ich ihm lange Vorhaltungen an den Kopf werfen? Er kann nichts mehr rückgängig machen und ich auch nicht. Ich wollte nur, dass er endlich einmal wusste, wie beschissen es mir ging, und dass mich das ein Leben lang gequält hat. Vielleicht hält er dieses Buch tatsächlich mal in seinen Händen, wer weiß? Dann versteht er mich - vielleicht. Ich musste diesen Krempel loswerden.

Wir hielten uns nicht mehr allzu lange bei meinem Vater auf. Meine Schwester erwartete abends Besuch und wir wollten grillen. Immer, wenn ich in Mecklenburg zu Besuch war, wurde ein Fest veranstaltet. Während unseres Urlaubs besuchten wir meinen Vater noch einmal und die Freude war wieder groß, auf beiden Seiten. Dieses Kapitel kann ich auch langsam, aber sicher von mir abstreifen. Natürlich bleiben verletzte Gefühle und Kindheitserinnerungen, aber die Sichtweise verändert sich. Ich bin nicht mehr so voller Vorwurfsgedanken. Es geht mir damit jetzt besser. Vergessen werde ich es niemals. Ich bin jetzt befreiter, denn ich habe ja wieder ein kleines Stück aus dem Papierkorb entfernt. So langsam bekomme ich wieder die Übersicht. Es ist nicht mehr dieser Wirrwarr. Alles ist geordneter. Die Achterbahn hat ihr Tempo längst gedrosselt. Das Arschloch Angst verzieht sich langsam. Ich bin mir sicher, dass es jetzt nach anderen, schwachen Individuen Ausschau hält und sich die Pfoten reibt. Es weiß, dass bei mir der Platz zu eng wird. Dieser Mietvertrag wird jetzt von „mir" gekündigt. Ab jetzt bin ich am Zug. Ich entscheide, wer bei mir und in mein Leben Einzug halten darf. Jetzt entscheide ich, wer meine Freunde sind. Die Angst gehört ganz sicher nicht dazu. Ich weiß, dass sie mich ab und zu noch besuchen und um Einlass betteln wird. Nur, ich will keine „falschen" Freunde haben. Auf Freunde, die mir nur wehtun und mich verletzen wollen, kann ich verzichten. Ich muss nur aufpassen, dass ich mich nicht von ihr einlullen lasse. Du weißt ja, manchmal hat man auch diese schwachen Phasen. Ich bin längst bereit, diesen Kampf auf mich zu nehmen. Durch diese Verarbeitung weiß ich, was mich stark und was mich schwach macht. Immer mehr. Der lange, weite, steinige Weg dahin hat sich gelohnt, einfach nur für mich. Ich habe gelitten wie ein armseliger Straßenköter. Ich musste eine harte Schule durchlaufen, einfach nur, damit es mir wieder besser – oder viel mehr –gut geht. Fast alle Steine, die sich mir in den Weg legten, habe ich beiseite geschafft. Nach jedem noch so kleinen Strohhalm habe ich gegrabscht. So manches Mal habe ich gedacht, ich könnte nicht mehr weiter machen, ich hätte keine Kraft mehr. Schau mich an und denk dir deinen Teil! Mach mir keine Komplimente, denn ich kann mit sowas nicht umgehen. Ich kenne mein Leben, besser als jeder andere.

Weißt du was, Schätzchen? Jetzt erzähle ich dir noch von meiner Reise nach Amerika, zu meiner Tochter und ihrer kleinen Familie. Komm, lehn dich bei mir an! Diesmal wird es nicht mehr ganz so heftig. Versprochen! Auch irgendwie beschissen, aber doch nicht ganz so arg.

Mein Enkelkind war in Amerika geboren. Ein süßer, strammer Junge. Vorher herrschte viel Aufregung. Meine Tochter rief mich nachts an. Sie stand kurz vor der Entbindung. Ich schreckte hoch, als das Telefon klingelte. Sie sagte mir, dass sie im Hospital wäre, weil die Wehen regelmäßig und ziemlich stark wären. Wie gern wäre ich gerade zu diesem Zeitpunkt bei ihr gewesen. Innerlich wäre ich vor Aufregung fast geplatzt. Nützte mir aber alles nichts. Mir blieb nur, in Gedanken bei meiner Tochter zu sein. Äh - blinder Alarm!

Am anderen Tag konnte sie die Klinik wieder verlassen. Eine schlaflose Nacht voller Sorgen. Es konnte jedoch nicht mehr allzu lange dauern, bis das Baby das Licht der Welt erblickte. Der Geburtstermin war da. Und, was soll ich dir sagen? Das kleine Würmchen hielt den Termin ein. Meine Tochter quälte sich sehr lange mit Wehen herum und ließ sich eine PDA (Rückenmarkspritze) setzen. Jetzt ging wohl alles ziemlich schnell. Bupps, Baby war da. Ach Gott, was war ich glücklich. Hier eine glückliche Omi und dort stolze Eltern.

Klar huschten mir auch andere Gedanken durch den Kopf. Das Baby war in Amerika geboren. Was würde werden, wenn die Ehe nicht hält? Und so weiter und so fort. Oma- Gedanken eben. Wissen kann man es ja nie. Aber wer weiß denn schon, was das Leben mit uns so vor hat? Niemand!

Wir telefonierten viel. Meine Tochter schickte mir Bilder via Internet. Mensch, was war ich stolz auf sie, auf das süße kleine Enkelkind, und dass sie das alles so allein geschafft hatte.

Ich bin froh, dass es das Internet gibt. Die Telefonate sind auch nicht mehr so teuer wie früher. Das kann man sich leisten.

Nun war dieser kleine Mensch auf der Welt. Ich hatte solche Sehnsucht. Was ich aber auch hatte, war Flugangst. Wie sollte ich das vereinbaren können? Und reichte das Geld für einen Flug nach Amerika? Eigentlich hatte ich nie vor, in dieses Land zu fliegen. Der Flug dauerte mir einfach zu lange. Jetzt war das aber etwas anderes. Diese sehnsüchtigen Gedanken beherrschten mein Leben. Ich wollte meine Tochter wieder in die Arme nehmen und lieb knuddeln können. Was sollte ich nur tun? Ich hatte mittlerweile einen Zweitjob angenommen, damit ich mich daheim nicht zu Tode grüble. Das war nicht einfach. Einen Ganztagsjob und einen Nebenjob. Das erledigt man nicht so nebenbei. Ich bin ja auch keine Zwanzig mehr. Auch das Geld konnte ich gut gebrauchen. Vor allen Dingen das Geld, sonst wäre ich wohl nie nach Amerika gekommen. Dafür fressen heutzutage die laufenden Kosten zu viel.

Mich grauste vor dem kommenden Weihnachtsfest. Jetzt war ich ja ganz allein. Stimmt zwar nicht ganz, denn ich hatte auch noch einen Freund. Ich war aber nicht in der Lage, mit einer anderen Familie Weihnachten zu feiern. Das hätte ich nicht gekonnt. Dann hätte ich mir lieber die

Decke über den Kopf gezogen und gewartet, bis Weihnachten vorüber war. Dafür hing mein Herz zu sehr an meiner Tochter.

Ich weiß nicht, ob du meine Gedanken nachvollziehen kannst. Aber es war nun mal so. In mir steckte einfach noch viel zu viel Traurigkeit, weil ich annahm, etwas „verloren" zu haben.

Meine Tochter fragte jetzt immer öfter, ob ich es nicht doch möglich machen könnte, sie zu Weihnachten zu besuchen. Ja, na klar! Ich würde ja gern kommen. Schon der Gedanke an den Flug, dann noch allein, so weit weg, über den großen Teich - na Hilfe! Wie sollte ich aus dieser Masche des eng geflochtenen Netzes nur herauskommen?

Das hätte ich mir vor mehr als zwanzig Jahren auch nicht träumen lassen, dass ich einmal im Leben nach Amerika fliegen würde. Wenn mir das damals jemand vorausgesagt hätte, ich hätte ihn für verrückt erklärt. Aber alles ist möglich, wie du siehst.

Nun hieß es, ran an die Buletten, egal wie. Und wenn es das Letzte wäre, was ich tun könnte. Ich spürte diesen Drang in mir. Ich musste dort hin.

Da mein Ex- Mann unsere Tochter auch besuchen wollte, versuchte ich mit ihm auszumachen, wie wir es handhaben könnten, damit wir uns dort nicht begegnen. Ich ließ ihm den Vortritt. Er sollte mir einen Termin nennen, wann er fliegt und wann er zurückkommt. Ich wollte mir nicht den Urlaub versauen lassen.

Nachdem wir diesbezüglich gefühlte eintausend Mal telefoniert hatten und er sich wieder mal nicht entscheiden konnte, buchte ich meinen Flug ins Ungewisse. Ich nannte ihm die Termine, in der Hoffnung, dass er während dieser Zeit nicht dort aufschlägt.

Was soll ich sagen? Ich hatte mich gewaltig getäuscht. Mein Flug stand fest. Gott, ich war vielleicht nervös! Schwitzige Hände, Schlafstörungen, Herzklopfen, Durchfall. Na ja, das ganze Programm wieder mal.

Zwei Tage vor meinem Abflug in Richtung „Land der unbegrenzten Möglichkeiten" rief mein Ex mich an und teilte mir mit, dass er zwei Tage nach mir losfliegen würde.

Buff, da hatte er mir ja ein schönes Ei ins Nest gelegt. Ich hatte fürchterliche Wut in mir. Was war da nur in seinem Kopf vorgegangen? Hatte er sich etwa eingebildet, dass ich dort einen auf „heile" Familie mit ihm mache? Ich sagte ihm, dass mir das überhaupt nicht passte. Doch das interessierte ihn nicht. Er ignorierte, wie immer schon, meine Meinung. Was für ein Arsch! Ich konnte und wollte diesen Flug jetzt wegen ihm nicht absagen. Meine Tochter freute sich auf mein Kommen. Sie freute sich ebenso darüber, dass ihr Vater sie besuchte. Jedoch wusste sie, dass ich den Urlaub dort nicht mit ihm gemeinsam verbringen wollte. Sie kannte meine Meinung. Ein Gespräch mit ihrem Vater brachte ihn aber auch nicht zur Vernunft. Er hatte das alles ohne uns beschlossen. Wieder einmal! Was interessierte ihn schon unsere Meinung. Er ging seinen Weg, ohne Rücksicht auf Verluste. Wie eh und je.

Es war so weit. Der Abreisetag. Oh je! Flugangst! Und jetzt? Na, ganz einfach. Arschbacken zusammenkneifen, Augen zu und durch – wie so oft. Gedanken beiseiteschieben? Nur wie? Schwitzattacken mitten im Winter!

Einchecken - der Countdown läuft immer schneller.

Ich hatte einen trockenen Mund und aß ein Salbei- Bonbon. Das Bonbon lutschend, bekam ich so ein komisches unangenehmes Gefühl im Mund. Es wurde ein Stechen und beißendes Ziehen bis zum linken Ohr. Aua, was war das denn jetzt? Ich bekam noch mehr Herzklopfen. Ne, ne, jetzt durfte mir nix passieren. Ich hatte eine dicke Beule unter dem linken Ohr. Mein Ohrläppchen wurde irgendwie taub. Den Hals konnte ich kaum noch bewegen.

Mensch, wat soll dat denn jetzt? Waren die Lymphknoten urplötzlich vor Angst angeschwollen, oda wat? Oh Gott! Hilfe! Kann man mit so'n dick'n Hals neun Stunden nach Amerika fliegen? Soll ick jetzt noch schnell 'n Arzt komm' lassen?

Nach einer guten halben Stunde hat sich das wieder beruhigt. Aber es machte mir Gedanken. Im Nachhinein hat sich herausgestellt, dass das wohl ein Speichelstein in der Ohrspeicheldrüse ist. Aha, so was gibt's also auch. Na ja, hab ick eben ooch so'n Scheiß.

Mein Gott, was tut man sich nur alles im Leben an? Ich sagte meinem Freund am Flughafen, wenn ich etwas rückgängig machen könnte, dann wäre es dieser mit Angst behaftete Flug. Bin ick denn total bescheuert? Wat mach ick hier eigentlich? Ick schaff dat nich.

Mir kam jetzt ja schon das Herz zum Hals raus. Dabei saß ich noch nicht einmal im Flieger. Ich hoffte darauf, dass wenigstens ein Arzt an Bord sein würde, der mich aus meiner bereits vorhergesehenen Ohnmacht befreien würde oder zumindest Medikamente für einen drohenden Herzinfarkt im Handgepäck hatte.

Anstellen, Tickets vorzeigen, Gangway ins Flugzeug. Alles verschwommen, alles in und an mir bebte, vor allen Dingen mein Herz. Ich wollte mich irgendwie beruhigen. Es hat nicht funktioniert. Tief durchatmen, Augen schließen. Es dauerte und dauerte. Ich wollte jetzt endlich in der Luft sein. Sofort! Panik- Gedanken. Finger in die Sitze krallen. Nervös auf dem Sitz hin und her rutschen. Meiner Nachbarin ein Gespräch aufdrängeln. Meine Güte! Jetzt heb doch endlich ab, damit dieses Leiden ein Ende nimmt! Diese Wartezeit kam mir wie eine Ewigkeit vor. Ich dachte nur bei mir: Jetzt reiß dich bloß zusammen! Es waren auch Kinder im Flugzeug. Komisch, denen hat das alles überhaupt nichts ausgemacht. Aber Kinder kennen die Gefahren auch noch nicht. Ich wäre jetzt gern ein unbekümmertes Kind gewesen, das kann ich dir sagen. Irgendwann musste dieser Klotz doch mal in die Luft steigen. Wie ich mich so umschaute und die vielen Menschen sah, fing ich an nachzudenken. Jeder darf ja zwei mal 23 kg Gepäck mit nach Amerika nehmen und dazu noch das Handgepäck. Nicht alle Passagiere waren so schmal wie ich. Ich wollte anfangen zu rechnen, was dieses Teil wohl alles in die Luft heben müsste und sich selbst auch noch. Doch dann ließ ich es lieber bleiben und drückte meiner Sitz- Nachbarin eine Kassette ins Ohr. Ablenkung. Flucht in eine andere Gedankenwelt.

Das Monstrum kam ins Rollen. Sehr langsam. Ich wusste, dass das der eigentliche Anfang der Tortur sein würde. Hilfe, ick brauch ´ne Vollnarkose! Ick will hier raus! Ick will nich nach Amerika, und ich will meine Tochter und mein Enkelkind nich seh´n.

Das Flugzeug hielt für einen kleinen Moment. Es fragte mich nicht, was „ick will". Geräusche, die mein Herz bis an die Decke schlagen ließen. Atemnot. Schnappatmung und Blackout. Von jedem etwas, aber wahrscheinlich in guter Mischung, denn ich sitze ja hier und kann das Buch weiterschreiben. Och Mensch! So was kann sich doch kein Mensch antun, der klare Gedanken fassen kann. Wie soll ich das mit meinen Panikattacken nur hinter mich bringen? Wie doof ist das denn? Muss man sich das im Leben wirklich antun? Ja, denn sonst hätte ich ja darauf verzichtet.

Der Flieger verließ den Boden. Ich war nicht mehr fähig zu denken. Mein Gehirn war völlig durcheinander gerüttelt. Jetzt schlenkerte dieser Riesenvogel auch noch von einer Seite auf die andere. Oh Gott, oh Gott. Hoffentlich waren der Flugkapitän und sein CoPilot nicht besoffen oder verkatert. Hoffentlich hatten sie richtig ausgeschlafen und waren kerngesund. Völlig verkrampft habe ich diese Prozedur hinter mich bringen müssen. Alles andere half ja nix. Ich war allem hilflos ausgeliefert und konnte nicht weg. Aussteigen? Hihi …

Endlich waren wir über den Wolken angekommen. Jetzt durften wir uns alle erst einmal von unseren Gurten befreien. Meine Güte, was war ich stolz auf mich. Ich hätte heulen können, denn ich hatte es geschafft. Wie ein kleiner Gott habe ich mich gefreut, einfach nur über mich. Mit geschwellter Brust saß ich, zwar wie ein Häufchen Elend, auf meinem Sitz. Gedanken an den Rückflug wollten mich beherrschen. Ich bezwang sie. Auf dem Flughafen hatte ich mir einen Fensterplatz anbieten lassen. Jetzt genoss ich diese wahnsinnig wunderschöne Aussicht. Ich fing an, diesen Flug zu genießen, das Essen, das Verwöhnen. Komische Geräusche. Hm. Nicht weiter schlimm. Wir flogen über den Atlantik. Ich sah von oben herunter. Was ich erkennen konnte, waren Wellen mit Gischt. Ich dachte so bei mir, wie das wohl wäre, wenn wir jetzt und hier abstürzen würden. Könnte ich den Aufprall im Meer noch bei vollem Bewusstsein wahrnehmen? Ich denke nicht. Es wäre auch egal. Sterben müsste ich dann sowieso und alle anderen mit mir. Gedanken – wieder um ungelegte Eier. Aber, sie waren da.

Über dem Wasser kamen ziemlich starke Turbulenzen auf. Wir alle mussten uns wieder festschnallen. Auch das noch! Mein Kopf fuhr mit mir Achterbahn, und mich befiel dieses unangenehme Bauchkribbeln. Huh!

Festland war in Sicht. Das Gröbste war also überstanden. Leider war das Wetter nicht so berauschend. Die Sicht verschlechterte sich. Trotzdem stierte ich aus dem Fenster und freute mich so auf meine kleine Familie. Ich kann das gar nicht beschreiben.

Washington D.C. – der Flughafen wurde angesteuert. Das war also AMERIKA. Aha, hmhm. Die Landung verlief für uns alle glücklich und zufrieden. Ich konnte das Ganze kaum fassen. Vor neun Stunden war ich noch in „Good Old Germany" gewesen. Achterbahngefühle überrumpelten mich. Ich war, glaube ich, der glücklichste Mensch auf der ganzen Welt. Gespannt wie ein Flitzbogen konnte ich es kaum erwarten, meine Familie in die Arme zu schließen. Die Neugier auf meinen Enkelsohn verschärfte diese Gedanken noch. Jetzt hieß es aber erst einmal durch die Kontrolle, die Koffer holen und … Ja und? Ich sollte doch vom Flughafen abgeholt werden? Es war niemand da. Und jetzt? Ach du Scheiße! Verzweifelt wartete ich auf irgendein Zeichen. Fast alle Passagiere, die mit mir geflogen sind, waren bereits abgeholt worden. Oder sie standen noch fest umarmend mit ihren Familien, Freunden und Bekannten herum. Hatte meine Tochter den Tag verwechselt? Nein, wir haben ja gestern noch telefoniert.

Ich wartete und wartete und überlegte, was ich wohl anstellen könnte, wenn ich nicht abgeholt werden sollte. Die Zeit verging. Yes, Baby! Sie waren da. Was für eine Freude.

25. Dezember und ich war überglücklich. Mein Enkelkind, ein kleines Würmchen. Ich konnte mir gar nicht vorstellen, dass meine Tochter auch einmal so klein gewesen war, sogar noch kleiner. Es war egal. Wir alle waren sehr, sehr glücklich. Das sind Momente im Leben, die man in vollen Zügen genießen sollte. Jetzt und sofort. Ein Hauch von Glück, der schnell weggepustet werden kann.

Wir fuhren mit dem Auto zur Wohnung meiner Tochter und ihrer Familie. Amerika war und ist anders als Deutschland. Alles viel größer und viel weiter.

Sie wohnten in einem schönen Haus in einer netten Wohnung. Wir hatten uns viel zu erzählen. Zu essen gab es einen riesengroßen Truthahn. Nach zwei Tagen war es mit dem Genießen vorbei. Mein Ex musste vom Flughafen abgeholt werden. Ich fuhr nicht mit und blieb mit dem Baby daheim. Mein wohlverdienter Urlaub. Ich hatte mich doch so darauf gefreut. Er wurde gestört. Einfach nur durch die Anwesenheit meines Ex- Mannes. Ich war nicht mehr so locker drauf. Ständig schwirrte mir die Vergangenheit mit ihm im Hirn herum. Ich wollte nicht mit ihm auf „heile Familie" machen. Ich wollte ihm überhaupt nicht begegnen. Es reichte mir schon, wenn wir mal wegen unserer Tochter telefonieren mussten. Und jetzt sollte ich mit ihm auch noch auf engem Raum zusammenleben. Ich platzte innerlich fast. Die Luft konnte ich schneiden, so dick war sie, jedenfalls für mich. Ich fand das einfach nur unverschämt von ihm und knallte es ihm irgendwann auch an den Kopf. Das konnte ich nicht für mich behalten. Das musste raus. Er sollte wissen, was ich von ihm und diesem falschen Getue halte.

Amerika war schön. Wir haben viel gesehen. Der Tag des Rückfluges rückte immer näher und mir ging es nicht gut. Ich wusste, dass ich meine Tochter und mein Enkelkind einige Zeit nicht mehr sehen kann. Die Knete dazu fehlte mir einfach. Ich kann das nicht mit links aus dem

Ärmel schütteln. Diese Gedanken quälten mich mehr als die Angst vor dem Flug. Ich hatte gesehen, wie meine Tochter lebt und dass es ihr einigermaßen gut ging. Ich konnte sie wieder einmal knuddeln und mit ihr von Angesicht zu Angesicht reden. Das ist doch etwas ganz anderes, als wenn man nur telefoniert.

Der Rückflug. Alle begleiteten mich zum Flughafen. Die Flugangst hielt sich in Grenzen. Ich dachte still bei mir, wenn jetzt etwas passieren würde, hätte ich wenigstens noch erlebt, wie es meiner Tochter in Amerika geht.

Der Abschied fiel uns schwer. Ich heulte mir fast die Augen aus dem Kopf. Wann würden wir uns wohl wiedersehen? Dieses Jahr geht nicht. Kein Geld. Nächstes Jahr? Vielleicht, wenn ich eisern spare. Ist auch schwierig. Die Kosten fressen einen ja fast auf.

Ich war todtraurig. Ich wusste, in meiner Wohnung werden mich die Einsamkeit und die Stille verschlingen.

Na ja, ich lebe immer noch. Durch meinen Nebenjob komme ich nicht ganz so viel zum Grübeln. Und mit der Schreiberei kann ich hier wirklich Einiges verarbeiten. Die Sehnsucht nach meiner kleinen Familie wird sicher bleiben. Es hat sich alles ein wenig geändert. Ich versuche, das Beste für mich daraus zu machen. Es bringt mir nichts, wenn ich mich kaputt denke. Ich will nicht, dass mich das alles krank macht. Ich lebe hier und sie leben da. Wer weiß, wie es im Leben noch kommt? Ich lasse mich überraschen. So schmiede ich ein paar Pläne. Aber es sind auch Pläne, die realistisch sind. Sonst wird die Enttäuschung zu groß.

Mittlerweile sind acht Monate vergangen, seit ich in Amerika war. Geld für den nächsten Flug habe ich noch nicht. Meine Tochter ist mit Mann, Kind und Schwiegermutter auf dem Weg nach Arizona. Mein Schwiegersohn ist dorthin versetzt worden. Das heißt, wenn ich das nächste Mal fliege, dauert der Flug nicht neun Stunden, sondern etwas länger. Na, prost Mahlzeit! Ich hoffe, dass ich einen Direktflug bekomme. Denn zweimal hoch und runter, oh je, ich weiß nicht. Alles verrückt, und ich mittendrin. Ich bekomme schon Bauchschmerzen, wenn ich nur daran denke.

Tja, nun habe ich mir mit diesem Buch ein wenig die Seele frei geschrieben. Höhen und Tiefen haben mich und auch dich begleitet. Ich bin froh, dass du bei mir gewesen bist und mir die Hand gehalten hast. Wie du siehst, geht es immer irgendwie weiter im Leben. Ich bin noch fähig zu gehen und immer wieder aufzustehen. Sicher war es nicht leicht. Das wird es auch in Zukunft nicht werden. Das weiß ich. Zum Verzagen ist es für mich noch zu früh. Den Kopf tief in den Sand zu stecken, dazu bin ich noch nicht bereit. Auch du kannst DEIN Leben ändern. Es dauert vielleicht einige Zeit, bis du ein Erfolgserlebnis bemerkst. Öffne dich, öffne deine Seele! Sieh und hör in dich hinein! Es liegt vielleicht einiges im Argen. Das vergeht, irgendwann und irgendwie. Glaub mir! Ich gaukle dir nichts vor, und ich mache dir keine leeren Versprechungen. Aber DU musst etwas tun. Du musst für diese Veränderung bereit sein. Hab keine Angst davor! Es kann dir dadurch nur besser gehen. Verschließ dich nicht und folge deinen guten Gedanken! Setz ganz viel Vertrauen in dich selbst! Dein Gefühl wird dich nie bescheißen. Auch du wirst das schaffen. Anpacken musst du es selbst.

Ich habe viel zu selten auf meine Gefühle gehört. Das ist heute anders. Selbstverständlich bin ich nicht fehlerfrei, das weiß ich. Wer ist denn schon vollkommen? Ich weiß, was ich will. Und ich weiß noch besser, was ich nicht will. Das ist dieser Lernprozess. Jeder lernt jeden Tag etwas dazu, bis an sein Lebensende. Mach das Beste daraus! Setz dir ein Ziel und lass dich nicht davon abbringen! Geh DEINEN Weg!

Ich habe mich wirklich ganz viel mit meinen Angstzuständen auseinandergesetzt. Vielleicht auch, weil ich es musste. Ich wollte es aber auch unbedingt loswerden. Diese ewige Zwangsjacke kotzte mich einfach nur noch an. Ich wollte sie von mir streifen. Nein, ich musste sie abstreifen. Ich weiß nicht, wo ich heute wäre, wenn ich mich da nicht so hineingekniet hätte. Ich hoffe, dass dieser böse Traum endlich ein Ende gefunden hat.

Einige Menschen werden halt mit dem „goldenen Löffel" im Mund geboren. Andere beißen sich am verbogenen Alu- Löffel ihre billigen Zahnkronen aus. So ist das nun einmal im Leben. Vielleicht hat das tatsächlich etwas mit unserem „KARMA" zu tun, vielleicht auch nicht. Wer weiß das schon? Es ist egal.

DU musst für DICH den richtigen Weg suchen und finden. Denk über diese Zeilen, die geschrieben wurden und über die Geschichte, die ich dir erzählt habe, nach! Das alles wird dich in einigen Situationen deines Lebens begleiten. Ich werde dir lautlos die Hand halten. Ich werde unsichtbar bei dir sein. Du wirst wissen, was du tun musst. Wenn nicht, lies das noch einmal. Dann weißt du, dass du nicht allein bist.

Und noch etwas! Verschenk deine Liebe! All deine Liebe, die du in dir trägst. Gib sie den Menschen, die sie benötigen und denen, die bereit sind, sie anzunehmen. Liebe verschenken tut dir nicht weh und kostet kein Geld. Es ist egal, ob du arm bist oder reich. Du kannst andere und dich selbst damit glücklich machen. Schon allein das wird dein Leben verändern. Löse dich endlich von Dingen und Personen, die dir nicht gut tun! Weg damit! Schmeiß das weg! Du hast ein Recht auf ein angenehmes Leben. Beginn mit dem Ausmisten! Entmüll deine verletzte und traurige Seele! Sprich über deine Probleme und Sorgen! Kuschen und Mund halten bringen dich nicht weiter. Es kann dir ja niemand hinter die Stirn schauen. Es weiß niemand, was dich belastet, wenn du es nicht ansprichst. Scheu dich nicht zu sagen, was DU willst und was DU nicht willst. Schau, ich bin über meinen Schatten gesprungen und habe meinem Vater am Telefon meinen über Jahre angestauten Frust unter die Nase gerieben. Mir geht es dadurch besser. Wie es ihm geht, weiß ich nicht. Ich musste das tun, weil ich es los werden wollte. Vielleicht hat er sich nie getraut, mit mir darüber zu reden. Es ist egal. Es ist raus. Er weiß heute, wie ich denke. Und das ist gut. Ich will nicht verhasst und vergrämt durchs Leben rennen. So etwas belastet nur und macht krank.

Steinchen für Steinchen, Brocken für Brocken mussten aus dem Weg geräumt werden. Im Nachhinein hat mich das alles freigemacht. Längst bin ich aus dem „goldenen" Käfig herausgeflogen. Ich habe meine Chancen beim Schopf gepackt und nach den Strohhalmen gegriffen, waren sie auch noch so klein. Das hat viel Kraft gekostet, aber es hat sich für mich gelohnt. Ich kann wieder durchatmen und durchstarten. Was will ich mehr. Ich brauche Kraft für mein weiteres Leben. Jeder braucht diese Kraft. Niemand weiß, was uns morgen einholt, welche Probleme auftauchen. Das Leben ist kein Wunschkonzert. Es ist hart. Ob privat oder beruflich. Wer hat es schon einfach im Leben? Also, weg, weg, weg mit dem alten Müll, um Platz für den Neuen zu schaffen. Ich hoffe und wünsche, du verstehst mich und weißt, was ich dir damit sagen will. Denk darüber nach!

Noch ein Thema brennt mir unter den Nägeln.

Kinder sind unsere Zukunft. Lass es nicht zu, dass sie eine schlechte Zukunft haben. Steck all deine Liebe in deine Kinder! Wir haben eine Vorbild- Funktion. Kinder, die keinen Rückhalt in ihrer Familie haben, müssen sich ständig im Leben durchbeißen und zwar allein. Was sollen sie weitergeben können, wenn sie nicht in und mit Liebe erzogen werden? Anti-autoritäre Erziehung? Da scheiden sich die Geister, ich weiß. Ich will hier gar keine Welle lostreten. Aber Respekt sollte wenigstens vorhanden sein. Wenn Kinder keinen Respekt vor ihren Eltern haben, wie sollen sie dann vor anderen Respekt haben? Redet mit euren Kindern! Sie sind kein Spielzeug, das man aus einer Schublade kramen kann, wenn man gerade einmal Zeit hat. Schafft Vertrauen für eure Kinder! Sie brauchen in der heutigen Zeit einen Anker, mehr denn je. Sprecht bitte mit den Kindern über Probleme! Schafft eine Vertrauensbasis, damit sie nicht gezwungen sind, zum Psychologen zu laufen. Du hast gehört, wie es mir in der Kindheit erging und wie ich damit umgehen musste. Es war niemand da. Diesen Fehler möchte ich nicht begehen. Ich werde immer für mein Kind da sein, egal wie alt es ist. Das wird mir im Leben stets wichtig sein. Das ist auch etwas, was mich stark gemacht hat. Es ist jemand für mich da, wenn auch weit weg. Ich bin für meine Tochter da, wenn auch weit weg. Wir wissen genau, dass einer den anderen nie hängen lassen würde. Das ist doch toll und ich bin dankbar dafür.

So. Das Buch neigt sich nun seinem Ende zu. Eigentlich fällt es mir schwer, es zuzuklappen. Was mir noch bleibt ist, dich noch einmal in den Arm zu nehmen und dir ganz, ganz viel Kraft für dein weiteres und vielleicht anderes Leben zu wünschen. Ich bin froh, dass ich dir diese Geschichte erzählen durfte. Du warst mir ein guter Zuhörer und angenehmer Begleiter. Ich habe mit dir geweint und gelacht.

Ich wünsche dir alles Glück dieser Welt. In stiller Ehrfurcht verneige ich mich für die Zeit, die du dir für mich genommen hast. Und wer weiß, vielleicht sehen wir uns irgendwo und irgendwann einmal wieder, und ich erzähle dir dann eine andere Geschichte.

Das „Arschloch ANGST" hat uns, glaube ich, beide begleitet. Obwohl …? Für mich hatte es auch seinen Sinn. Ich denke heute anders über mein Leben nach. Alles hat sich verändert. Ich lasse nicht mehr so viel mit mir machen. Ich bin ich und das werde ich auch bleiben. Alles, was ich getan habe, um die Angst loszuwerden, hat mir auf irgendeine Art und Weise geholfen, aus meinem „alten" Leben auszubrechen und ein „Neues" zu beginnen. Auch dir wünsche ich von ganzem Herzen die Kraft dafür. Wir sind stärker, als wir denken.

Für mich war und ist es Verarbeitung. Für dich war und ist es Zuhören und Nachdenken.

Der Vorhang wird nun geschlossen. Freu dich auf dein zukünftiges Leben! Ich danke dir nochmals. Ich bin sicher, dass wir uns wieder auf eine Bank setzen. Bis bald. Ich freue mich.

Erklärung einer Depression

Ich bin das, was Dich runter zieht.
Ich bin die, die Dir tiefere Tiefen als die des Ozeans zeigt.
Ich bin das Schwarz in Deinem Leben.
Ich bin eine Last, die Du nicht tragen kannst.
Ich verbiete Dir Dein Lachen.
Ich bin es, die Deine Gedanken bestimmt.
Ich mag es nicht, wenn Du das Haus verlässt,
also beuge Dich!
Ich untersage Dir soziale Kontakte, denn Du bist mein!
Es freut mich, wenn Du weinst und verzweifelt bist.
Ich liebe Deine Schwächen, weil mich Deine Stärken schwächen
könnten.
Ich habe MACHT über Dich, weil Du es zulässt!
Ich halte Dich bewusst ganz klein.
Ich bin Deine Trauer.
Ich lähme Dich.
Bunte Farben gibt es nicht in meiner Welt, also wirst Du sie auch nicht
sehen.
Ich mag Dich, weil Du so bist, wie ich Dich gern haben möchte.
Viele Grüße von Deiner „Depression" – enttäusche mich nicht …

© Marie van Klant

Der Familienbetrieb

*… hat es sich zur Aufgabe gemacht, Bücher und Filme zu veröffentlichen,
die eventuell von großen Verlagen oder dem Mainstream nicht erkannt werden.
Besonders wichtig ist uns bei der Auswahl
unserer Autoren und deren Werke:
Wir bieten Ihnen keine Bücher oder Filme an,
die zu Tausenden an jeder Ecke zu finden sind,
sondern ausgewählte Kunst, deren Wert in ihrer Einzigartigkeit liegt
und die damit – in unseren Augen – für sich selbst sprechen.
Wir sind davon überzeugt, dass Bücher und Filme bereichernd sind,
wenn sie Ihnen Vergnügen bereiten.
Es ist allerdings unbezahlbar, wenn sie Ihnen helfen,
die Welt anders zu sehen als zuvor.*

**Der Brighton Verlag® sucht und bietet das Besondere –
lesen Sie selbst und Sie werden sehen …**

Ihr Brighton® Team

Sonja Heckmann
Geschäftsführung des Verlages · she@online.de

Jasmin N. Weidner
*Assistenz Geschäftsführung · Social Media Manager & Leitung PR
brighton@jasminweidner.com*

Anne Merker
Sekretariat Brighton® Group · info@brightonverlag.com

Ernst Trümpelmann
Satz, Buch- & Covergestaltung · ernst.truempelmann@t-online.de

Team Graphikdesign & Illustrationen:
Sabine Kosmin · *sabine.kosmin@web.de · www.sabine-kosmin.de/coverdesign*
Sabrina Kuhls · *sabrina.kuhls@freenet.de · www.pinselwichtel.de*
Viktoria Petkau · *info@gedankengruen.com · www.gedankengruen.com*
Lydia Pollakowski · *lydia.pollakowski.art@web.de*
Natalie Walden · *info@waldendesign.it*
Tamara Wessner · *TamiWessner@gmx.at*

Katharina Rickmann
Leitung Lektorat & Werbetexte · K.Rickmann.liest@gmx.de
Eva Lang, Tess Herzog, Tara R., HST
Lektorat und Texterstellung · info@brightonverlag.com